DE

L'ÉDUCATION

A L'ÉCOLE

CORBEIL. — IMPRIMERIE B. RENAUDET

DE L'ÉDUCATION A L'ÉCOLE

PRIMAIRE, PROFESSIONNELLE, SUPÉRIEURE ET NORMALE

PAR

A. VESSIOT

Inspecteur d'Académie
Ancien élève de l'École normale supérieure
Membre du Conseil supérieur de l'Instruction publique

PARIS
A. RACT ET Cie, ÉDITEURS
16 ET 18, RUE CASSETTE

1885

A LA

MÉMOIRE DE MON PÈRE

EN SON VIVANT

DIRECTEUR DE L'ÉCOLE PRIMAIRE SUPÉRIEURE

ANNEXÉE AU COLLÈGE DE LANGRES

PRÉFACE

Dans ces dernières années on s'est fort occupé des questions d'enseignement, et non sans raison, car l'enseignement à tous ses degrés, le primaire surtout, demandait de promptes et sérieuses réformes. Aujourd'hui ces réformes sont accomplies, du moins dans la législation, car il faut plus de temps pour changer des habitudes que pour modifier des programmes.

Quoi qu'il en soit, cette préoccupation un peu exclusive des choses de l'enseignement semble avoir fait perdre de vue ou relégué à l'arrière-plan une question d'une bien autre importance, celle de l'éducation.

En l'état des croyances et des mœurs, sous un régime qui donne le droit au nombre, instruire est bien, moraliser est mieux ; si l'un est utile, l'autre est nécessaire; car une société a encore plus besoin de moralité que de savoir, et d'honnêtes gens que de gens instruits. Si le nombre des honnêtes gens va diminuant, si le nombre des autres va croissant, il y a péril en la demeure. Ici la qualité ne supplée pas à la quantité; la société n'est pas une place forte où une poignée de braves puisse tenir indéfiniment contre des rassaillants innombrables.

Nous avons voulu contribuer, dans la mesure de nos forces, à ramener l'attention publique sur cette question, qui est à nos yeux, pour le pays et pour la république, une question d'un intérêt suprême, une question de vie et de mort.

Nous n'apportons pas un nouveau système; du reste, en matière d'éducation, les systèmes n'ont guère que l'apparence de la nouveauté, et cette nouveauté même est à bon droit suspecte, car l'humanité possède depuis longtemps, ou pour mieux dire a toujours possédé la règle et les instruments de l'éducation, c'est-à-dire la conscience et la raison.

L'éducation n'est pas une science née d'hier, comme la chimie ou la géologie; elle est aussi ancienne que le monde. Sans doute il y a des méthodes plus ou moins sûres, plus ou moins ingénieuses, et sous ce rapport le dix-neuvième siècle est privilégié, puisqu'il a à son service toute l'expérience des siècles écoulés. Mais malgré ces trésors d'expérience, on ne saurait prétendre que les générations nouvelles l'emportent autant sur les précédentes en moralité qu'en savoir. De tout temps, il y a eu d'honnêtes gens qui ont su faire d'honnêtes gens, et c'est là le tout de l'éducation. Ce n'est pas de systèmes que nous avons besoin, ce ne sont pas les lumières qui nous manquent, mais les exemples et les hommes; il faut donc former des éducateurs.

Le sentiment des besoins de l'heure présente, l'observation de l'état moral de l'enfance, des influences malsaines ou bienfaisantes auxquelles elle est actuellement exposée, des conditions favorables ou défavorables dans lesquelles s'entreprend l'œuvre de l'éducation nationale, du concours ou des obstacles que cette œuvre rencontre dans les institutions, les idées et les mœurs, ont donné naissance à cet ouvrage; il est né aussi du désir sincère de venir en aide aux instituteurs dans la grande tâche que les circonstances leur imposent.

Marseille, 2 mars 1885.

TABLE DES MATIÈRES

2
3
4

CHAPITRE III

DE L'ÉDUCATION, SA PORTÉE

CHAPITRE IV

LA RELIGION ET LA MORALE

CHAPITRE V

DE LA LOI MORALE, PRINCIPE ET INSTRUMENT DE L'ÉDUCATION

CHAPITRE VI

DES INFLUENCES QUI TENDENT A ALTÉRER LE CARACTÈRE DE LA LOI MORALE

CHAPITRE VII

DE L'IDÉAL MODERNE

CHAPITRE VIII

IDÉES FAUSSES A REDRESSER. — L'ÉGALITÉ

CHAPITRE IX

IDÉES FAUSSES A REDRESSER (SUITE)

CHAPITRE X

SENTIMENTS A RANIMER

CHAPITRE XI

DÉFAUTS DE L'ÉDUCATION SCOLAIRE

CHAPITRE XII

DES RÉCOMPENSES

CHAPITRE XIII

QUALITÉS A RÉCOMPENSER

CHAPITRE XIV

QUALITÉS A DÉVELOPPER (SUITE)

CHAPITE XV

PETITES LEÇONS DE L'ÉDUCATION

CHAPITRE XVI

DES PUNITIONS

CHAPITRE XVII

CHAPITRE XVIII

DE L'ÉDUCATION PAR LA FAMILLE. — SA PUISSANCE

CHAPITRE XIX

MOYENS DE FORTIFIER L'ESPRIT DE FAMILLE.

CHAPITRE XX

DE L'ÉDUCATION AU POINT DE VUE RÉPUBLICAIN

CHAPITRE XXI

PARTI QU'ON PEUT TIRER DE L'ENSEIGNEMENT AU PROFIT DE L'ÉDUCATION

FIN DE LA TABLE DES MATIÈRES

DE L'ÉDUCATION

A L'ÉCOLE

CHAPITRE PREMIER

NÉCESSITÉ EXCEPTIONNELLE DE L'ÉDUCATION

Que l'établissement du régime républicain rend l'éducation plus nécessaire. — État moral de la société actuelle. — Affaiblissement des croyances religieuses. — Une société peut-elle vivre sans religion positive? — Le catholicisme contemporain. — Disparition du catholicisme libéral. — Bourgeoisie cléricale et bourgeoisie républicaine. — La classe ouvrière. — Les paysans. — Les femmes. — L'aristocratie. — Le présent et l'avenir de la religion. — Les partisans de la morale philosophique. — Les partisans de la morale vulgaire. — Les gens sans morale. — Absence d'enseignement moral dans la société. — Philosophies anciennes et philosophies modernes; leurs différences. — Nécessité d'un grand effort d'éducation nationale. — Nécessité de former une génération d'éducateurs.

L'éducation est toujours nécessaire, mais il est des temps où cette nécessité se fait sentir plus impérieusement, où l'éducation devient la ressource suprême et l'instrument du salut commun. Nous sommes à l'un de ces moments. L'établissement du régime républicain, en réduisant la part de l'autorité matérielle qui s'impose, exige en retour un accroissement proportionnel de cette autorité morale qui s'accepte; étant moins gouvernés par une volonté extérieure, il faut que les hommes sachent mieux se gouverner eux-mêmes; ce qu'ils faisaient par force et par crainte, il faut qu'ils apprennent à le faire de plein gré et par devoir. Si à l'établissement d'institutions libérales et généreuses ne répond pas un progrès dans la moralité publique, si les hommes sont devenus plus libres sans devenir meilleurs, la liberté accrue ne peut qu'accroître la somme du mal, et les institutions nouvelles, au lieu d'assurer le relèvement du pays, ne font qu'en accélérer la décadence. La moralité doit donc se développer dans la mesure où se développe la liberté elle-même, et les hommes doivent se conduire d'autant mieux qu'ils sont plus libres de se mal conduire; à ce point de vue, l'éducation est l'espoir de la République et la garantie de sa durée, pour ne pas dire la condition même de son existence.

L'autorité religieuse va s'affaiblissant. Que cet affaiblissement provienne des abus, des excès, des exigences de cette autorité même, qu'il soit dû aux progrès de la science et de la raison humaines, ou, ce qui est plus vraisemblable, qu'il soit l'effet de l'une et l'autre cause, il y aurait puérilité à nier un fait aussi évident, il y aurait danger à en méconnaître l'importance. En sortant des âmes, la religion laisse un vide qu'il y à urgence à combler; il faut se hâter de créer une force et une influence morales qui compensent la perte de l'influence religieuse.

Si l'on peut se résigner sans peine à la disparition des dogmes inintelligibles et des superstitions grossières, la résignation est moins facile quand il s'agit de la morale elle-même qui pendant une longue suite de siècles a été mêlée à ces superstitions, comme l'or est mêlé à l'alliage; s'il est bon de rejeter l'alliage, il serait absurde d'abandonner l'or. Prise dans l'ensemble, à quelques lacunes et quelques exagérations près, la morale chrétienne s'accorde avec la raison, et dans ses prescriptions essentielles elle se concilie avec la doctrine républicaine de l'égalité et de la fraternité humaines. Si la raison condamne à la fois et les rigueurs d'un ascétisme qui tue le corps et les rêveries d'un mysticisme qui détend la volonté, elle n'en reconnaît pas moins la nécessité de la subordination des sens à l'esprit et la nécessité d'un idéal qui s'impose à l'admiration comme à l'imitation des hommes.

L'abandon des croyances religieuses peut être sans danger quand il est amené par le travail de la pensée, et qu'il arrive comme le terme de l'émancipation de la raison et la conséquence d'une évolution intellectuelle; il devient dangereux quand il est l'effet d'un entraînement irréfléchi et d'une sorte de contagion. Si l'on renonce aux croyances religieuses, il faut les remplacer par des croyances philosophiques; et si l'on n'enseigne pas à l'enfance une morale religieuse, il faut lui enseigner une morale rationnelle; on peut changer la nature de l'autorité, il ne faut pas la détruire; la substitution peut être utile, elle peut même, dans un certain état social, être nécessaire, mais la suppression ne peut qu'être funeste.

C'est cette suppression de tout frein moral qu'il importe à tout prix d'arrêter. Elle est malheureusement déjà faite dans une partie de la classe ouvrière, et l'on peut voir au déchaînement des passions subversives, quel danger elle ferait courir à la société tout entière, si l'on ne parvenait à enrayer le mal.

Notre devoir est d'envisager la situation, de reconnaître l'étendue du mal et d'en chercher le remède. C'est une grande expérience qui se tente aujourd'hui; une société peut-elle vivre sans religion? L'histoire répond non; mais le passé n'est pas nécessairement l'avenir; et il peut se faire que le progrès général de la raison assure aux sociétés modernes une force conservatrice et des éléments de moralité qui manquaient aux sociétés anciennes. Toutefois, ce n'est pas en spectateurs désintéressés, ce n'est pas les bras croisés que nous devons assister à cette expérience, la plus redoutable qui ait jamais été faite, car elle ressemble aux remèdes héroïques qui tuent s'ils ne sauvent : il nous faut une vigilance, une prévoyance, une activité patriotiques pour assurer le succès de l'épreuve, et rendre au corps social ce qu'il peut avoir perdu de force et de santé.

Quelle est donc la situation morale de la société actuelle ? L'Église catholique a été jusqu'à ces derniers temps une sorte de monarchie libérale, où l'autorité papale se trouvait tempérée par l'autorité des conciles ; aujourd'hui, c'est une monarchie absolue. A ce changement dans l'Église a répondu en France un changement politique absolument contraire ; l'Empire a fait place à la République. En outre, l'Église s'est armée de dogmes nouveaux et de miracles suspects, qui sont de vrais défis à la raison humaine ; elle a du même coup anéanti ce parti intermédiaire qu'on appelait catholique libéral, et qui cherchait un terrain de conciliation entre la foi et la raison, entre l'autorité et la liberté. Maintenant la disparition de ce parti modérateur met les deux extrêmes en présence.

Vis-à-vis du catholicisme ainsi concentré et tendu, quelle est l'attitude de la nation ? Effrayée par les violences et les menaces du socialisme, une bonne partie de la bourgeoisie libérale et sceptique de la monarchie de Juillet est rentrée dans le giron de l'Église : elle n'y a pas retrouvé la foi, car la foi perdue l'est pour toujours ; du reste, ce n'est pas ce qu'elle allait y chercher. Estimant, avec raison, que la religion est un instrument de conservation sociale, elle redevenait catholique, non par conviction religieuse, mais par calcul politique. Ces faux convertis ont apporté à l'Église le secours de leur fortune et de leurs situations, mais ils n'ont pas ajouté à son prestige; on pourrait dire qu'ils l'ont compromise et qu'en pratiquant et encourageant l'hypocrisie religieuse, ils ont aggravé les dangers de la situation présente. Tout accroissement de puissance matérielle qui n'est pas dû à un retour de foi, n'est qu'une fausse apparence, et un obstacle à l'amélioration réelle de l'état social.

L'autre moitié de la bourgeoisie est venue à la République : indifférente ou sceptique en matière de religion, elle se montre ouvertement hostile au clergé.

Le mouvement qui a ramené à l'Église catholique la partie effrayée de la bourgeoisie ne paraît pas avoir entraîné les classes populaires, qui n'ont pas ressenti au même degré la terreur du socialisme, parce qu'elles sont moins capables d'en prévoir et d'en mesurer les conséquences, ou qu'elles se croient moins intéressées à les éviter. La classe ouvrière est devenue presque entièrement rebelle à l'influence religieuse, et quant à la classe des paysans, si, dans certaines provinces et dans les campagnes reculées, la religion et le clergé conservent une grande partie de leur empire, ce n'est un mystère pour personne que l'incrédulité se répand des villes dans les campagnes, qu'elle y fait de rapides progrès. On peut dire sans trop d'exagération que le clergé a perdu l'oreille et la confiance du peuple. Le triomphe définitif d'une forme de gouvernement qu'il a ouvertement et violemment combattue n'est pas fait pour lui rendre l'autorité perdue; et enfin son domaine, réservé, celui où naguère encore il régnait en maître, j'entends le monde des femmes, dans ce domaine la science et l'instruction ont pénétré et fait quelques conquêtes. J'ajoute que le fonctionnement régulier du suffrage universel a singulièrement réduit et circonscrit l'influence sociale du sexe féminin et par suite l'influence du clergé qui s'exerçait par lui.

Ce qui reste de l'aristocratie est demeuré fidèle à la tradition, au moins dans son attitude et son langage, car dans la pratique ce n'est pas précisément par des excès de ferveur religieuse que de temps à autre les descendants de notre vieille noblesse ramènent sur eux l'attention publique.

En dépit de quelques manifestations bruyantes d'une dévotion surexcitée, manifestations moins utiles que dangereuses à la cause qu'elles prétendent servir, en dépit de quelques témoignages d'une générosité intéressée où la rancune se mêle à la piété, en dépit d'un accroissement de pompe un peu mondaine dans les solennités du culte, on ne saurait nier que la tentative essentiellement politique d'une restauration religieuse n'ait à peu près avorté. Est-ce à dire que la religion soit près de disparaître? Nous sommes loin de le croire; nous pensons même que si la philosophie spiritualiste, elle aussi fort affaiblie, se laisse vaincre ou gagner par le matérialisme et le fatalisme scientifiques qui avancent, les progrès, le spectacle et les excès de la démoralisation que ces doctrines engendrent, pourraient bien, comme aux derniers jours de la décadence romaine, rendre au sentiment religieux une force et une intensité nouvelles, et préparer à la religion une renaissance ou une restauration.

Quoi qu'il en soit, en l'état actuel, une grande partie de la société s'est détachée ou se détache de l'Église. Dans la masse de ceux qui vivent en dehors de toute confession et de toute action religieuse, les uns, et c'est le petit nombre, se sont fait à eux-mêmes une croyance et une règle de conduite; d'autres, et c'est la foule, vivent d'instinct et d'habitude, et suivent tant bien que mal les préceptes de la morale vulgaire, c'est-à-dire facile; d'autres enfin, et ils sont malheureusement trop nombreux, vivent en hostilité déclarée avec la morale et même avec les lois. Cette situation ne pourrait durer sans péril pour la société; elle crée au législateur des devoirs pressants; elle exige de tous ceux qui ont souci de l'avenir et qui aiment leur pays, un puissant et général effort en faveur de l'éducation.

Il n'y a ni pour les jeunes gens, ni pour les hommes faits, d'enseignement moral. L'avantage des religions, c'est que cet enseignement y dure autant que la vie et qu'une obligation commune ramène périodiquement les fidèles au pied de la chaire d'où cet enseignement descend. L'avantage d'une forte éducation morale serait de rendre cet enseignement inutile par la solidité des principes inculqués et la puissance des habitudes contractées dès l'enfance. Mais en l'état, qui pourrait soutenir que la génération présente ne gagnerait rien à entendre de temps à autre une voix autorisée lui rappeler les grands devoirs de la vie, et que la lecture des journaux politiques ou autres, celle des productions de la littérature contemporaine et les leçons de l'expérience personnelle suffisent, je ne dis pas au développement, mais même à la conservation de sa valeur morale ?

Sous ce rapport la société moderne se trouve moins favorisée que les sociétés grecque ou romaine. Là, en effet, à côté des religions, qui n'étaient pas toujours des gardiennes scrupuleuses et vigilantes de la moralité publique, il y avait des écoles philosophiques dans la véritable acception du mot ; des écoles qui, comme la pythagoricienne, la socratique, la stoïcienne étaient des écoles de vertu, où les grands exemples abondaient et où les principes étaient convertis en règles de conduite. Aujourd'hui les philosophies sont contenues dans les livres où elles restent à l'état de théorie ; elles n'ont qu'une influence peu sensible dans la pratique et sur les mœurs. Au lieu que

1.

dans ces sociétés antiques on reconnaissait bien vite non seulement à son langage, mais à sa conduite, le disciple de tel ou tel maître, l'adepte de telle ou telle doctrine, aujourd'hui les partisans des divers systèmes ne sont pas faciles à distinguer les uns des autres pas plus qu'à distinguer des autres hommes, et l'on peut dire que ces systèmes se partagent à peu près exclusivement les esprits, et que leur action sur les mœurs est à peine appréciable. Les philosophies sont des théories pures et non appliquées; les écoles sont des noms, elles n'ont ni enseignement oral ni prosélytisme, elles ne se révèlent que par des écrits, et demeurent renfermées dans le domaine des idées et des abstractions. Les philosophes de tout genre sont vêtus comme tout le monde, et leur vie ressemble à la vie du commun des mortels.

Toutes ces raisons rendent de plus en plus nécessaires l'adoption et la mise en vigueur d'un bon système d'éducation nationale; car cette éducation est la plus grande de nos ressources morales, et l'épreuve qui commence pour la génération nouvelle sera une épreuve décisive pour l'avenir de notre pays. Cette épreuve, si elle échoue, ne se recommencera pas. Si elle ne fait pas entrer dans la société la somme de moralité nécessaire, on ne voit pas bien où la société pourrait puiser de quoi réparer ses pertes.

L'enseignement religieux n'est plus donné dans

les écoles ; c'est aux familles seules qu'il appartient de le faire donner aux enfants, si elles le jugent convenable. La loi met ainsi les parents en demeure de se prononcer et d'agir. Jusqu'à ce jour nombre de pères de famille laissaient distribuer cet enseignement à leurs enfants, ils ne l'exigeaient pas, ils ne l'interdisaient pas ; par cela seul que l'enfant allait à l'école, il recevait cet enseignement comme il recevait les autres; le père se désintéressait. Aujourd'hui il faut qu'il sorte de son indifférence, qu'il fasse acte de volonté. Qui ne voit que, par ce fait seul, le nombre des enfants qui ne participeront plus à l'enseignement religieux va augmenter considérablement et d'un seul coup, et que ce nombre ira toujours croissant, puisqu'il est peu vraisemblable que les hommes qui, dans leur enfance, seront restés étrangers à cet enseignement, le jugent plus tard nécessaire à leurs propres enfants?

C'est donc une influence considérable et, à tout prendre, salutaire, qui se retire et qu'il faut se hâter de remplacer par une influence analogue, c'est-à-dire par un enseignement moral solide et complet. L'instituteur doit songer que parmi les enfants confiés à sa garde, beaucoup ne recevront que de lui seul les leçons nécessaires au développement de leur raison et de leur conscience, que vis-à-vis d'eux il est le seul à porter le poids d'une responsabilité autrefois partagée, et pour me servir d'une expression dont on a abusé, mais qui devient aujourd'hui rigoureusement vraie, qu'il a littéralement charge d'âmes.

Une tâche pareille, une responsabilité si lourde exigent un ensemble de qualités rares, et l'on est en droit de se demander si maintenant il n'y aurait pas lieu d'entourer de plus de garanties le choix des maîtres qui vont porter le poids de cette responsabilité; si de tout jeunes gens munis du simple brevet élémentaire et recueillis un peu au hasard, sans épreuve préliminaire, sans preuve de vocation, et pour répondre aux exigences d'une laïcisation devenue obligatoire, pris la plupart en dehors des écoles normales, si, dis-je, ces débutants peuvent être à la hauteur de la mission qu'ils acceptent souvent sans la connaître ou sans la comprendre. Il faut à la situation, il faut à la nation de véritables éducateurs, et pour les trouver, pour les former, pour les attacher à leur œuvre, nul sacrifice ne sera trop grand; dans un tel moment, pour un tel intérêt l'économie serait plus qu'une faute, elle serait une folie.

CHAPITRE II

NÉCESSITÉ D'UN ENSEIGNEMENT MORAL A L'ÉCOLE

Que la neutralité religieuse ne doit pas tourner en indifférence morale. — Que l'enseignement moral doit changer de caractère avec l'âge de l'enfant. — Comparaison entre le rôle du prêtre et celui de l'instituteur.

Le grand malheur serait qu'on parût ne pas se douter qu'il y a une question d'éducation et croire qu'il suffit d'avoir ramené l'enseignement religieux en son lieu et place et de l'avoir rendu à ses dispensateurs naturels et qu'on peut pour le surplus s'en remettre à la nature et à l'instinct. L'enseignement moral qui était lié à l'enseignement religieux se trouve en quelque sorte maintenant à l'état libre; mais ce n'est pas assez de l'avoir dégagé des liens confessionnels, il faut le retenir à l'école et l'y organiser. Que deviendrait la société, si la neutralité religieuse tournait en indifférence morale? Il serait imprudent de trop compter sur les familles; car il en est beaucoup où l'on ne prêche ni de langage ni d'exemple. La neutralité religieuse inscrite dans la loi ne peut avoir trait qu'aux dogmes, qui sont non seulement différents de religion à religion, mais inconciliables; elle ne doit pas s'étendre aux préceptes de la morale, qui sont communs à toutes les religions comme aux philosophies. Et qu'on ne croie pas qu'on peut se contenter de faire, comme on dit, la morale aux enfants et de leur conter des histoires ou des fables et d'en tirer la conclusion. Ces moyens sont excellents sans doute, mais ils sont insuffisants pour tous et surtout pour ceux qui ne recevront désormais aucun enseignement religieux, et le nombre en est grand, et ce nombre ira croissant. Je crois bon, je crois nécessaire que l'enfant entende parler morale non seulement par occasion et d'une manière indirecte, mais avec la suite et l'autorité que comporte l'enseignement d'une science et de la première de toutes les sciences.

Les lois civiles ont bien leurs interprètes et leurs commentateurs, pourquoi la première des lois, celle qui est le fondement des autres, n'aurait-elle pas les siens ? La forme anecdotique et maternelle convient et suffit au premier âge, mais à mesure que l'enfant grandit et que, sa raison s'éclaire cet enseignement doit sortir de ses langes, il doit par degrés prendre le même caractère que les autres enseignements, à cette différence, qu'il est à la fois théorique et pratique, et que la leçon du maître trouve dans la vie de l'écolier des occasions fréquentes d'applications immédiates; il doit peu à peu se dégager des fictions dont on l'enveloppe et des exemples dans lesquels on le concrète, pour arriver dans les classes élevées à une forme scientifique ou philosophique. Il ne faut pas laisser croire qu'on n'ose pas enseigner la morale, si l'on veut que cet enseignement soit pris au sérieux et porte tous ses fruits.

Mais, me dira-t-on, vous allez créer des prêtres laïques et un nouveau sacerdoce. Non, répondrai-je, car le prêtre a seul qualité pour enseigner une religion, tandis que tous les hommes ont qualité pour parler de la morale, pourvu que leur conduite ne jure pas avec leur langage. La vertu de cet enseignement s'exerce dans les deux sens et sur celui qui le reçoit et sur celui qui le donne; il profite au maître comme à l'enfant; il est pour le premier un memento comme pour l'autre une leçon. Le prêtre constitue une caste dont l'unique mission est d'enseigner sa religion; l'instituteur est un homme comme les autres, et qui ne doit s'en distinguer que par plus de vertu. Le prêtre parle au nom d'une autorité extérieure, il dicte des commandements, il s'adresse à la foi; le maître parle au nom de la conscience et d'une autorité que l'homme porte en lui-même, il amène l'enfant à la reconnaître et à s'y soumettre de plein gré, il s'adresse à sa raison; avec le prêtre la vérité vient du dehors, elle est inculquée à l'esprit, elle s'y établit en souveraine, elle impose silence et obéissance; avec le maître et par ses soins, la vérité que recèle la conscience, y germe, y éclot, s'y développe ; ce n'est pas au maître que l'enfant obéit, ce n'est pas à une volonté étrangère qu'il se plie, c'est à lui-même qu'il se soumet, c'est à sa propre raison qu'il cède, libre en son obéissance.

Le prêtre est un intermédiaire qui se place entre l'homme et Dieu, il transmet les ordres de la Divinité et les vœux des fidèles ; rien de semblable dans le rôle du maître ou du père ; il ne s'interpose pas, il se tient à côté de l'enfant, il le conseille, il le persuade, il l'éclaire ; il ne fait appel à aucune autre autorité que celle qui réside dans le cœur de l'enfant, autorité qu'il lui apprend ou l'aide à reconnaître et à respecter.

On ne trouve pas dans ce rôle cette attribution spéciale, cette délégation d'autorité surnaturelle nécessaire à la constitution et à l'existence d'une caste ; il y a simplement exercice d'un droit qui appartient à tous, dont un père, une mère, un frère, une sœur, un parent, un ami, un homme quelconque peut user, et dont l'usage se trouve non pas exclusivement mais particulièrement attribué à l'instituteur pendant les années de la scolarité, parce que pendant ces années l'enfant est remis à ses soins, qu'il n'a presque d'autre compagnie que son maître et que presque toute sa vie se passe entre les murs de l'école.

Ne craignons donc pas une assimilation qui est

trop superficielle ou pour mieux dire trop fausse pour que les gens sérieux et de bonne foi s'y laissent prendre un instant. Les rôles, en effet, sont non seulement différents, mais en réalité contraires.

Le prêtre ne demande pas à l'enfant s'il comprend et s'il approuve; il lui enseigne des vérités qu'il croit divines et qui par conséquent dépassent la portée de la raison de l'homme et plus encore celle de l'enfant; demander qu'il comprenne serait absurde, qu'il approuve serait ridicule ; dans les deux cas ce serait presque soumettre la Divinité à la faiblesse ou au caprice d'une raison enfantine; il n'a donc que faire de l'intelligence et de l'adhésion, l'obéissance lui suffit.

Tout autre est le rôle de l'instituteur ou du père; il ne cherche pas à obtenir une soumission absolue à des vérités inintelligibles ou incomprises: convaincu que l'enfant est nanti des vérités dont il a besoin pour la vie, il se borne à le ramener en lui-même pour les lui faire trouver et comprendre ; persuadé qu'il porte en lui la loi et la règle de sa conduite, il se contente de lui en montrer la sagesse et de l'amener à s'y soumettre. Il est un conseiller et un guide et, si possible, un exemple. Il veut mettre l'enfant en état de se conduire lui-même et de se passer de mentor ; le prêtre au contraire, convaincu que l'homme est mauvais ou perverti, que sa nature ne peut lui fournir ni vérité ni règle, s'emploie à faire entrer en lui les vérités qu'il n'en peut tirer, et demeure pour lui pendant toute sa vie un inspirateur et un tuteur nécessaire. Tout le catholicisme est en germe dans le dogne du péché originel; il repose sur la défiance ou pour mieux dire sur la négation de la raison humaine; l'enseignement moral au contraire repose sur la confiance et l'affirmation de cette même raison.

CHAPITRE III

DE L'ÉDUCATION, SA PORTÉE.

Ce qu'elle est par rapport à l'instruction. — Sens ordinaire du mot. — Son véritable sens. — Les gens bien élevés. — Les honnêtes gens. — Les gens vertueux. — Que l'homme ne naît ni bon ni mauvais, mais avec le pouvoir de devenir l'un ou l'autre. — Qu'il n'y a pas de limites dans le bien ni dans le mal. — A quel point de vue l'instituteur doit se placer pour comprendre l'importance de l'éducation.

Instruire est bien, élever est mieux. Le premier besoin d'une société, la condition de son existence, c'est la moralité. On conçoit une société composée de gens honnêtes sans instruction, mais on ne peut concevoir une société formée de gens instruits sans honnêteté. La famille, cette petite société, image et élément de la grande, ne saurait exister sans loi morale, elle peut vivre sans instruction.

Nous n'avons nulle envie de préconiser l'ignorance ni de rabaisser l'instruction, surtout en un siècle dont le plus grand honneur est de l'apprécier et de la répandre ; nous voulons seulement marquer sa véritable place, qui est la seconde, l'éducation occupant la première. Sans doute l'une et l'autre se peuvent et se doivent entr'aider, mais entre elles deux il y a cette différence profonde que l'éducation peut à la rigueur se passer de l'instruction, tandis que la première est indispensable à l'autre.

En effet, avec les lumières naturelles de la raison et à l'aide de la conscience on arrive à faire un honnête homme; tandis que tout le savoir du monde ne suffit pas à garantir du vice, ni même à préserver du crime. L'homme qui n'est qu'instruit en est plus dangereux : l'ignorance honnête est inoffensive, elle peut être vertueuse. Tous les ans l'Académie couronne des dévoûments qui ne savent pas lire, et tous les ans la justice condamne des crimes lettrés et des attentats savants. Il s'en faut étrangement que le progrès moral concorde avec le progrès de la science et que tous deux aillent du même pas ; le temps présent nous en fournit la preuve.

Est-ce à dire que l'instruction soit inutile à l'éducation ? elle lui est au contraire un auxiliaire précieux ; en éclairant l'esprit, elle crée au libre arbitre de nouveaux et puissants motifs, elle transforme en volonté claire et réfléchie les mouvements obscurs et instinctifs de la conscience. Du reste la statistique judiciaire est une irréfutable démonstration de la vertu moralisatrice inhérente à l'instruction ; l'immense majorité des crimes est à la charge de la brutalité ignorante.

Il y a un terme consacré, qui sert à résumer toute la série des jugements que nous portons sur les enfants comme sur les hommes dans la vie ordinaire. Quand on a dit d'un enfant qu'il est bien ou mal élevé, d'une personne qu'elle a ou n'a pas d'éducation, il semble qu'il ne reste plus rien à en dire : ils sont classés. Et en effet, en dehors des gens qui ont affaire à la justice, et qui par conséquent sont des ennemis de la société, il n'y a en réalité, au point de vue des relations sociales, que deux espèces d'hommes, ceux qui sont sociables et ceux qui ne le sont pas, c'est-à-dire ceux qui sont bien et ceux qui sont mal élevés. En ce sens restreint, l'éducation représente la somme d'efforts, de gêne et de petits sacrifices que nous sommes devenus capables de nous imposer pour nous rendre agréables aux autres et contribuer au charme de la vie commune.

Tous ces témoignages de bienveillance, d'estime, de respect, tous ces égards pour l'âge, le sexe et le rang, tous ces actes de prévenance, de courtoisie et d'obligeance, qui sont les marques auxquelles se reconnaissent les gens bien élevés, constituent une série de petites victoires remportées sur l'égoïsme, sur l'humeur, sur l'instinct, victoires qui assouplissent la volonté et la disposent à de plus grands efforts. Mais l'éducation va plus loin et plus haut. Elle ne s'arrête pas aux relations accidentelles et superficielles qui forment la trame légère et mobile de la vie de société ; prise dans toute la largeur de sa véritable acception, elle s'étend à tous les rapports étroits et constants qui lient l'enfant à sa famille, le citoyen à ses concitoyens et l'homme à ses semblables ; elle embrasse la vie tout entière, et se résume en un mot, le devoir.

Habituer les enfants à faire ce qu'ils doivent en toute occasion, envers tout le monde : les y amener par la douceur et la fermeté, par la raison et le sentiment, par la persuasion et par l'exemple, accroître par degrés l'empire de la volonté sur la passion et l'instinct : voilà l'œuvre première de l'éducation. Mais en dehors des devoirs stricts dont la loi morale commande et dont la loi civile impose l'accomplissement, il y a encore tout un ensemble de devoirs moins impérieux et plus difficiles, qui forment le domaine propre de la pure vertu. Dans ce domaine la volonté se meut librement, sans intimidation ni séduction, exposée aux seules influences de la raison épurée et de la conscience ennoblie, des hautes et généreuses pensées, des sentiments délicats et sublimes. C'est là que fleurissent l'humble abnégation, les dévoûments éclatants ou obscurs, c'est là aussi que s'allume le feu de l'enthousiasme et du patriotisme. Heureux l'éducateur qui peut y amener les âmes ! il a atteint le but suprême de l'ambition morale.

L'homme ne naît ni bon ni mauvais ; il naît avec le pouvoir de devenir l'un ou l'autre. Il apporte, en naissant, des instincts contraires, les uns compatibles, les autres incompatibles avec l'existence de la société ; il a en lui, dans son essence, les germes de tous les vices comme de toutes les vertus, de toutes les qualités et de tous les défauts. Doué de raison et de volonté, il discerne de bonne heure quels sont, parmi les instincts qui le poussent, ceux qu'il doit combattre, et, parmi ces germes, ceux qu'il doit développer. L'éducation n'est pas autre chose que le secours éclairé, affectueux, assidu, apporté à l'enfant dans la lutte qu'il engage de bonne heure contre ses mauvais penchants pour assurer le triomphe des autres. Le propre de l'homme est de pouvoir s'élever toujours plus haut dans le bien, ou descendre toujours plus bas dans le mal ; il n'y a pas de limite au progrès moral de l'homme pas plus qu'à sa démoralisation. Les journaux ne nous apportent-ils pas trop souvent le récit de crimes qui semblent reculer les bornes de la perversité et de la cruauté humaines, comme aussi d'actes de vertu ou d'héroïsme qui semblent dépasser les forces de notre nature ? Entre les points extrêmes et contraires, se déroule une série infinie de degrés intermédiaires dans laquelle se range et se meut l'humanité. Chez les autres êtres, il y a peu de différence entre les individus d'une même espèce ; mais parmi les hommes, entre les meilleurs et les plus mauvais, entre la plus haute vertu et la plus basse dégradation, il y a un abîme. On est effrayé en songeant jusqu'où l'homme peut descendre, on est ravi en voyant jusqu'où il peut monter. Aussi comprend-on sans peine avec quelle inquiétude émue un père se penche sur le berceau de son nouveau-né, cherchant à lire dans ces traits encore incertains le redoutable mystère d'une vie qui peut être si belle ou si affreuse. En cet enfant qu'il contemple dort en germe l'honneur ou la honte d'une famille, sa joie ou son désespoir.

Que l'instituteur se place à ce point de vue, il comprendra ce que c'est que l'éducation.

CHAPITRE IV

LA RELIGION ET LA MORALE

SOMMAIRE. — De l'affaiblissement de la foi religieuse. — Son influence sur la morale. — Rôle de l'éducateur dans ces temps de transition. — Suppression de l'enseignement religieux à l'école. — Conséquences de cette suppression. — Nécessité du développement de l'éducation.

Tant que les dogmes qui agissent par la crainte conservent leur empire, on ne saurait raisonnablement nier qu'ils sont un frein moral ; mais quand le doute vient à les atteindre, la morale qu'ils servaient en reçoit, elle aussi, une atteinte. Ainsi, lorsqu'on rejette le dogme des peines éternelles comme contraire à la raison, et incompatible avec la justice et la bonté divines, on s'en tient rarement là, on ne s'arrête pas où s'arrêtait Voltaire, et l'on rejette souvent du même coup la croyance fort raisonnable aux peines temporaires et en un Dieu rémunérateur et vengeur. La morale rationnelle ressent le contrecoup de la chute des dogmes, elle en est ébranlée.

Les dogmes inintelligibles sont ceux dont la disparition cause le moins de dommage, parce que, à raison même de leur nature, ils sont sans influence sur la conduite ; que l'homme y croie ou n'y croie pas, il n'en est ni plus mauvais ni meilleur; ces dogmes sont dans l'esprit, ou plutôt dans la mémoire comme un dépôt sacré, auquel on ne touche pas, et dont on ne tire aucun profit. Mais les dogmes intelligibles au moins en partie, ceux qui sont simplement en désaccord avec la raison et dont on peut par conséquent prouver la fausseté, ceux-là, quand ils cèdent à l'effort du raisonnement, rendent suspectes les vérités mêmes auxquelles ils étaient unis, et lorsqu'ils sortent de l'esprit, ils emportent presque toujours avec eux quelques lambeaux de la morale elle-même.

C'est là le danger des religions qui tiennent la raison humaine en servage ; on ne s'en dégage pas insensiblement et par une lente émancipation, mais on s'en échappe comme d'une prison en brisant ses chaînes. Quitter une religion parce que l'on ne croit plus à ses dogmes, c'est s'affranchir d'une autorité étrangère, pour rentrer sous l'autorité légitime de sa propre conscience; si cette transition était ce qu'elle doit être, les hommes en deviendraient meilleurs, parce qu'ils se seraient délivrés des superstitions pour ne plus obéir qu'à leur propre raison, et parce que, si les religions sont plus exigeantes de pratiques et d'exercices, la raison n'est pas moins exigeante de vertu.

S'affranchir, ce n'est pas secouer toute autorité,

c'est reprendre le gouvernement, la direction de soi-même.

Aussi, pour éviter le dommage que peut causer à la société comme à l'individu un affranchissement trop brusque ou mal compris, l'éducateur doit-il s'efforcer de faire comprendre à l'enfant que l'obligation morale est indépendante des religions, et que païens, bouddhistes, juifs, chrétiens, mahométans, tous les hommes enfin, à quelque religion qu'ils appartiennent, sont soumis aux mêmes lois; de telle sorte que si un jour l'enfant arrive par le raisonnement à cet état de l'esprit qui ne comporte plus la croyance aux dogmes, il sache bien que ses obligations morales restent les mêmes ou plutôt qu'elles n'ont fait que s'étendre, et qu'en s'affranchissant, il ne s'est pas dispensé d'obéir à la raison ; que s'il a acquis le droit de se conduire lui-même, il a le devoir de prouver qu'il est digne de cette liberté ; que tout changement, pour être légitime, doit être une amélioration, que ce n'est pas pour se livrer sans scrupule à ses passions qu on rejette des croyances, mais parce qu'on a trouvé une loi, une règle plus digne d'un homme raisonnable et libre.

Les exemples de vertu et de dévoûment inspirés par la morale seule ne lui manqueront pas pour appuyer sa démonstration.

Cette précaution est d'autant plus nécessaire que l'enseignement dogmatique a pris fin à l'école, et que, par suite, il a perdu et perdra de son prestige et de son action.

Ce n'est pas que l'enseignement religieux donné à l'école eût une haute valeur et une grande efficacité. La répétition machinale du catéchisme, tâche fastidieuse dévolue à l'instituteur, n'était pas faite pour développer beaucoup ni l'intelligence, ni le sens moral de l'enfant ; mais en lui montrant dans l'instituteur un auxiliaire, pour ne pas dire un serviteur du prêtre, il ne pouvait qu'accroître le respect de l'autorité religieuse et par suite contribuer au maintien de la foi.

Si la dignité de l'instituteur a gagné à la cessation de ces fonctions subalternes, on ne saurait nier que l'enseignement religieux n'y ait perdu un secours ; sa liberté reste entière, mais ses moyens d'action n'ont plus la même étendue ; il a conservé ses chaires et ses professeurs, mais il n'a plus cette légion de répétiteurs dociles que lui formait le personnel nombreux des instituteurs.

Cet enseignement sera mieux donné sans doute, il sera moins donné ; car beaucoup d'enfants n'iront pas chercher à l'église ce qu'ils trouvaient à l'école. Il faut donc qu'ils trouvent à l'école de quoi compenser et au delà une perte qui ne serait pas sans dommage si elle restait sans compensation ; c'est-à-dire, il faut que l'enseignement moral à l'école prenne tout le terrain devenu libre par le retrait de l'enseignement religieux.

S'il est inexact de dire que l'enseignement de la morale à l'école y fût rendu impossible autrefois par la présence de l'enseignement religieux, on peut affirmer qu'il n'y était pas rendu plus facile. D'abord par cela seul que le maître faisait réciter le catéchisme, il se croyait dispensé d'un enseignement moral qu'il confondait d'ordinaire avec celui des dogmes religieux ; et là même où le maître ne croyait pas devoir s'en tenir aux articles de foi, son enseignement, naturellement lié et subordonné aux croyances, ne pouvait prendre ni l'ampleur ni l'autorité nécessaires. Il venait en sous-ordre, et formait comme un complément facultatif. Les rôles sont changés ; la morale prend à l'école le rang qui lui appartient ; elle y est chez elle, maîtresse et non servante. Ayant son domaine à elle, elle n'a pas à faire d'incursions dans le domaine d'autrui ; placée sous l'égide de la loi, elle n'a pas non plus d'incursions à craindre dans son propre domaine. De plus, au lieu qu'autrefois elle n'existait pas par elle-même et n'avait pas de place dans le programme de l'école, aujourd'hui sa place y est marquée et cette place est la première, et c'est chose naturelle ; car de toutes les sciences la première et la plus importante est la science du bien, et le premier des arts est l'art de bien vivre. On peut à la rigueur se passer de la grammaire ou de l'histoire, même de la religion, comme l'ont fait tant d'honnêtes gens avant et depuis Socrate ; on ne peut se passer de morale.

Ainsi la conséquence naturelle du retour de l'enseignement religieux à ses véritables dispensateurs, c'est d'abord la constitution d'un enseignement moral proprement dit dans l'école ; c'est ensuite la nécessité d'y placer cet enseignement en tête de tous les autres, et de lui donner un développement proportionné à l'importance qu'il tient de sa nature et à celle qu'il tire des circonstances présentes.

CHAPITRE V

DE LA LOI MORALE, PRINCIPE ET INSTRUMENT DE L'ÉDUCATION

SOMMAIRE. — Caractères de la loi morale. — Qu'elle est en réalité la seule loi. — Que les lois civiles, politiques et religieuses lui empruntent toute leur autorité. — Comment elle se dégage de la conscience. — Qu'il serait impossible de donner l'idée du bien, si la raison n'en contenait le germe. — De la véritable méthode de l'éducation.

Élever les enfants, c'est les habituer à faire telle chose, à ne pas faire telle autre; c'est-à-dire à choisir. Tout choix suppose une règle, une loi. Cette loi existe, elle s'appelle la loi morale.

Si, pour réussir dans l'éducation, il suffisait d'enseigner la morale, ce serait chose facile; car, de toutes les sciences, il n'en est pas de plus simple, et l'on peut bien l'appeler une science infuse. En effet, elle tient tout entière dans un mot, le *devoir;* et le devoir, nous n'avons pas à le chercher bien longtemps ni bien loin; il est en nous; de lui-même il se révèle, il parle, il s'impose, il oblige. On peut discuter longuement sur la source de cette obligation et la faire découler soit d'une puissance surnaturelle, soit de la nature elle-même, soit des rapports que la famille et la société créent entre les hommes; mais, quelque origine qu'on lui attribue, son autorité reste entière, absolue.

Elle ne ressemble en rien aux autres lois, civiles, religieuses ou politiques; car celles-ci se font, se défont, et se refont sans cesse, elles sont dans un perpétuel changement; la loi morale est toute faite, elle l'a toujours été, les hommes ne se sont ni réunis ni concertés pour la faire (comment l'auraient-ils pu?), et il leur est impossible de la détruire; les autres changent non seulement de siècle en siècle, d'année en année, mais de pays en pays : la loi morale est la même toujours, partout; elle est universelle, immuable, et tandis que les autres tombent tour à tour en désuétude, seule elle reste éternellement en vigueur.

Bien plus, on peut dire que c'est la seule et unique loi, car les autres ne peuvent exister sans elle; c'est d'elle et d'elle seule qu'elles empruntent leur force, c'est de leur accord avec la loi morale qu'elles tirent toute leur autorité. En effet, du jour où cet accord cesse, leur autorité tombe, et ces lois éphémères non seulement ne sont plus obligatoires, mais c'est une obligation de leur désobéir. Toute injonction, de quelque autorité qu'elle émane, civile, politique ou religieuse, est nulle et sans vertu, du moment qu'elle est contraire aux prescriptions de la loi morale; et, dans ce cas, non seulement la désobéissance devient permise, mais elle est un devoir. Ainsi les lois humaines ne sont bonnes que par leur plus ou moins de conformité avec la loi morale; la meilleure est celle qui s'en rapproche le plus; la parfaite serait celle qui se confondrait avec elle.

Voilà la loi à laquelle il faut plier l'enfance; pas n'est besoin de la lui imposer, car elle s'impose d'elle-même; mais il faut l'amener à la reconnaître, à l'accepter et surtout à la suivre.

L'enfant, disons-nous, la porte en lui-même, d'abord à son insu et comme à l'état latent; puis, peu à peu, elle se dégage, elle sort des profondeurs mystérieuses de la conscience, elle fait sentir sa présence par des tressaillements muets, puis elle prend une voix, elle parle, elle commande, elle signifie sa volonté par des injonctions de plus en plus claires, de plus en plus pressantes, et enfin, quand elle est méconnue, par cette souffrance indéfinissable et tantôt sourde, tantôt aiguë et cuisante, qui s'appelle le remords. Si intolérable est cette souffrance, que parfois, pour lui échapper, l'homme se réfugie dans la mort.

Habituer l'enfant à écouter cette voix, à se recueillir pour mieux l'entendre, à faire effort pour mieux la suivre, c'est l'œuvre de l'éducation. L'enseignement n'y entre donc que pour la moindre part; car en moins d'une heure on peut passer en revue toute la série des devoirs qui embrassent la vie humaine, tandis que cette vie elle-même est trop courte pour former à l'accomplissement du devoir. Ici la théorie est peu, la pratique est tout; et cela est si vrai que la morale est parfois enseignée et bien enseignée par des hommes sans moralité, et que par contre elle est parfois pratiquée par des hommes sans instruction. La difficulté n'est donc pas de faire apprendre et comprendre, mais de faire vouloir et agir; elle n'est pas de donner à l'enfant l'idée du devoir, puisqu'il en a le germe, mais de lui en inspirer le goût et, si possible, la passion; de le tourner, de le pousser, de l'entraîner au bien, d'en obtenir cette suite et cette progression d'efforts qui en créent l'habitude et plus tard le besoin. Ce n'est point là une science, mais un art, et le premier des arts.

Supposons que l'enfant n'ait pas en lui l'idée du bien, comment s'y prendrait-on pour lui donner cette idée? Sans doute on partagerait les actions humaines en deux séries, et on lui dirait : voici les bonnes et voilà les mauvaises. Mais si sa propre raison ne lui faisait reconnaître le caractère inhérent à ces actes, cette distinction entre le bien et le mal serait pure affaire de mémoire, et comme la mémoire est de toutes les facultés la moins sûre et la plus inégale, la moralité humaine serait à la merci de ses caprices et de ses défaillances. D'ailleurs la mémoire n'est qu'un dépôt de connaissances, et comment une simple formalité d'enregistrement pourrait-elle créer cette puissance active, impérieuse et vivace de l'obligation morale? Non, la moralité a de bien autres racines qu'une classification arbitraire et nécessairement changeante et mobile; elle plonge au plus profond de notre être; invisible, inexplicable, elle est cependant ce qu'il y a en nous de plus réel, de plus vivant, de plus persistant, car elle embrasse et commande toute l'étendue de la vie humaine; elle dirige les pas chancelants de l'enfance et soutient la marche tremblante de la vieillesse. Nul n'essaye impunément de se soustraire à son empire, et elle poursuit encore les réfractaires jusque dans l'endurcissement du crime ou dans la torpeur de l'abrutissement.

C'est donc en lui-même que l'enfant porte sa règle de conduite, c'est en lui-même qu'il faut lui apprendre à la chercher, et, quand le maître commande, il doit s'appliquer à faire comprendre que ce n'est pas en son propre nom qu'il parle, mais au nom de la loi morale qui est inscrite dans le cœur de l'enfant et dont il n'est, lui, que l'écho et l'interprète. Amener l'enfant à se conduire en l'absence de ses maîtres et de tous ceux qui sont investis d'une autorité ou d'une part d'autorité quelconque, qui ont le droit de le forcer à bien faire et de le punir d'avoir mal fait, comme il se conduirait en leur présence; à ne voir en eux que les représentants et les porte-voix de sa propre conscience; à comprendre qu'une action doit être faite ou évitée, non parce qu'elle lui est commandée ou défendue, mais qu'elle lui est interdite ou imposée parce que sa conscience la lui commande ou la lui défend; en un mot, qu'en obéissant à ses maîtres, c'est à lui-même qu'il obéit; prendre son point d'appui en lui contre lui-même, lui faire voir qu'il peut arriver à se diriger sans secours étranger et l'amener insensiblement à se passer de cette direction extérieure : voilà la vraie méthode de l'éducation.

CHAPITRE VI

DES INFLUENCES QUI TENDENT A ALTÉRER LE CARACTÈRE DE LA LOI MORALE

SOMMAIRE. — Que cette loi est l'âme de la religion et de la philosophie. — Dangers que lui fait courir l'abus de l'expérimentalisme. — De l'influence de cette manie sur les lettres et les arts. — Systèmes philosophiques contemporains. — Leur prétention commune. — Que l'obligation morale ne peut se tirer de l'expérience. — Équivoque dangereuse sur le sens du mot loi. — Concordance nécessaire entre les principes philosophiques et les principes politiques. — Que la liberté politique dépend de la liberté morale. — Que matérialisme et républicanisme impliquent contradiction. — Qu'un être soumis à la fatalité ne peut avoir ni droits ni devoirs. — Que la chute des tyrannies est l'œuvre du spiritualisme. — Que ce ne sont pas les philosophes matérialistes du XVIIIe siècle qui ont préparé la déclaration des Droits de l'homme. — Empiètements de la méthode expérimentale. — Cause de la vogue dont elle jouit. — Ambition de la physiologie. — Que la notion du libre arbitre est faussée. — Littérature engendrée par l'expérimentalisme. — Du naturalisme. — Ses prétentions. — Ses caractères. — Ses effets. — De la petite presse. — Publicité faite au crime. — Comptes rendus, des séances de cours d'assises. — Influence que cette publicité exerce sur la moralité publique. — De l'aliénation mentale dans ses rapports avec le crime. — De l'indulgence systématique. — Ses effets.

Cette loi morale qui est à la fois le principe et l'instrument de l'éducation, on la retrouve au fond de toutes les religions ; c'est elle qui les fait vivre, et l'on ne peut concevoir une religion qui puisse se développer contre elle ou sans elle. Elle est aussi l'âme et la vie de la plupart des systèmes philosophiques. Cependant notre siècle voit se propager une doctrine qui, sans prétendre ouvertement la combattre, travaille à en dénaturer le caractère et par suite à en ruiner le prestige et l'efficacité.

Nous assistons avec tristesse aux efforts méthodiques et persévérants que fait une prétendue science pour rabaisser la loi morale au niveau des lois expérimentales et pour atteindre et corrompre le germe même de la moralité, qui est l'obligation.

Et, chose déplorable, ces efforts dangereux paraissent inconscients ; on ne peut s'indigner contre ces honnêtes savants, que leur candeur naturelle ou le joug salutaire des bonnes habitudes contractées sous l'empire même de la loi qu'ils altèrent, préserve des chutes et des excès, et qui, jugeant charitablement des autres par eux-mêmes, s'imaginent que l'humanité peut se passer du frein qui leur est devenu inutile à eux-mêmes.

Cette illusion provient en grande partie de l'abus d'une méthode puissante et perfide, à laquelle les sciences physiques et naturelles doivent, il est vrai, leurs progrès merveilleux, mais qui, transportée dans le domaine de la conscience, menace d'y détruire le principe de la vie morale.

La méthode baconnienne, sortant de ses limites

naturelles, a fait irruption dans le domaine de l'art et des lettres et elle y a laissé des traces comparables à celles d'un véritable fléau.

Ambitieuse et sans scrupules, dédaigneuse des grandes et hautes abstractions, enivrée de sa force brutale, éprise des seules réalités palpables, elle a rabattu l'essor des âmes, ravalé l'idéal, flétri la fleur de l'art et tari la source des aspirations sublimes et des inspirations fécondes. Elle a attaché l'effort de l'artiste à la reproduction servile des réalités banales et assuré le triomphe de la médiocrité patiente sur le talent créateur.

En philosophie, appliquant ses procédés à l'âme humaine, elle l'a réduite à une simple poussière de phénomènes sans support et sans lien, et, renversant la loi morale des hauteurs d'où elle commande, elle s'est efforcée de l'extraire comme la plus vulgaire des lois chimiques de la simple expérience, elle l'a ramenée à la valeur d'un fait généralisé, sans comprendre qu'on peut tordre et presser tous les faits du monde sans en faire rien sortir qui ressemble à l'obligation.

Heureusement de dessous l'amas de ces expériences la loi se relève imposante en sa victorieuse simplicité, elle se dégage de l'étreinte des systèmes et brille comme auparavant de son inextinguible éclat.

Il y a deux espèces principales de systèmes : ceux qui embrassent ou prétendent embrasser l'universalité des choses, et ceux qui, plus modestes, se bornent à l'humanité. Aux philosophes ambitieux qui aspirent à l'explication du grand tout on peut jusqu'à un certain point pardonner leur indifférence transcendante pour les conséquences morales de leurs systèmes; notre humble planète est si peu de chose et fait si pauvre figure dans l'immensité de l'univers et dans l'infinité des mondes, qu'ils en arrivent aisément à la perdre de vue, ou à la laisser en dehors de leurs données comme une quantité négligeable, dont l'omission n'affecte pas sensiblement le résultat de leurs calculs et ne compromet pas la solution du grand problème.

Mais ceux qui, laissant de côté la recherche de la vérité absolue, qu'ils croient inaccessible, et l'intelligence d'un ensemble dont ils ne sont qu'une partie infinitésimale, se contentent d'étudier la société et de chercher les lois qui règlent le développement de l'homme et de l'humanité, ceux-là sont inexcusables, ceux-là sont impardonnables, de se désintéresser de l'influence que peuvent exercer leurs théories sur la moralité publique; ils en arrivent à devenir les auxiliaires inconscients des corruptions volontaires, à fournir au crime et à la dégradation des justifications d'une apparence scientifique, à débarrasser les consciences des scrupules salutaires; par l'altération de l'idée du devoir, par la dépréciation de la valeur morale, en dénaturant le caractère de l'obligation, en affaiblissant l'autorité de la conscience, ils augmentent l'inefficacité des lois civiles, et préparent l'impuissance des répressions pénales. Le trouble, l'hésitation des consciences se révèle fréquemment dans les verdicts rendus par les jurys et qui causent à la saine partie du public des surprises pénibles et de légitimes appréhensions.

La prétention de la plupart des systèmes contemporains, c'est de tirer de l'expérience et des faits les lois qui doivent régir la société et par suite régler la conduite de l'homme.

Étrange erreur que celle de ces philosophes! car les lois qu'on peut tirer des faits, ne sont elles-mêmes que des faits généralisés, et ne sauraient par suite avoir un caractère obligatoire. Lorsqu'on aura réussi à établir qu'ici ou là, ou même partout, les hommes agissent de telle ou telle manière, s'ensuivra-t-il qu'on soit moralement tenu d'imiter leur exemple, et prétendra-t-on convertir en devoir une manière d'agir, parce qu'elle est plus ou moins générale? A ce compte, il suffirait de prendre telle ou telle société, au moment où la corruption y est répandue, pour se croire autorisé à ériger le vice en loi. Tous les faits du monde ne peuvent nous apprendre que ce qui est, et non ce qui doit être; autrement dit, les lois qu'on dégage de l'expérience ne sont que de pures constatations, dépourvues de toute valeur et de toute autorité morale. Le malheur, c'est qu'il y a une tendance de plus en plus marquée à s'appuyer sur ces prétendues lois pour rejeter ou ébranler la loi morale véritable, et conclure de la généralité des actes à leur légitimité.

Il règne sur le sens du mot *loi* une déplorable équivoque, qu'il importe de dissiper. Cette équivoque consiste à confondre sous le même nom les lois qui sont des ordres auxquels on peut désobéir, des injonctions auxquelles on peut résister, et celles qui ne commandent rien, parce qu'elles s'imposent, qui ne demandent pas l'obéissance, parce qu'elles s'en passent et s'accomplissent en nous avec ou sans le concours de notre volonté ; les lois qu'on peut violer, et celles qu'il faut subir ; elle consiste dans l'assimilation de deux choses qui sont non seulement différentes, mais absolument contraires, le libre arbitre et la fatalité. Cette équivoque, bien que fort grossière, fait plus de dupes qu'on ne le pense ; d'abord parce que les philosophes dont nous parlons se prêtent à cette confusion, et laissent attribuer à leurs généralisations une valeur qu'elles ne sauraient avoir ; en second lieu parce que ces prétendues lois mettent la conscience à l'aise et lui fournissent obligeamment des excuses pour toutes les faiblesses, des justifications pour tous les crimes.

Il s'est formé dans ces derniers temps d'étranges associations d'idées. De ce nombre est ce qu'on pourrait appeler le matérialisme républicain. Tout système politique repose nécessairement sur un système philosophique ou religieux ; entre les principes régulateurs de la conduite privée et les principes qui président au gouvernement des sociétés, il y a non seulement un rapport étroit, mais une concordance nécessaire. Les changements et les révolutions politiques ne sont que les conséquences des changements qui se sont produits dans les idées au sujet de la nature de l'homme, de sa bonté ou de sa perversité originelle, de sa bassesse ou de sa dignité. C'est ainsi qu'un système religieux qui ne voit dans l'homme qu'un être déchu, frappé d'une incurable impuissance de bien faire, engendre inévitablement un gouvernement tyrannique ; il est logique en effet d'enlever aux hommes une liberté dont on les tient incapables d'user et indignes de jouir. Par contre, à mesure que l'on conçoit de l'homme une idée plus favorable, et qu'on en arrive à une appréciation plus équitable de son aptitude au bien, les liens se desserrent, et le gouvernement devient plus libéral. Bref, la liberté politique se mesure à la confiance qu'inspirent les hommes, elle doit aller croissant avec leur progrès intellectuel et moral, et devenir entière quand l'homme est mûr pour la liberté. C'est l'honneur et la supériorité du gouvernement républicain d'accorder une pleine expansion à l'activité humaine sans compromettre l'existence et le développement de la société.

Si donc il y a deux termes qu'on s'étonne à bon droit de voir joints ensemble, ce sont ceux de république et de matérialisme, c'est-à-dire d'un système politique qui implique le développement de la liberté humaine et d'un système philosophique qui en est la négation. Cependant ce n'est point là une alliance de mots fortuite, mais l'expression d'une contradiction réelle, quoique monstrueuse. Il y a une école, si l'on peut l'appeler ainsi, de gens qui se disent à la fois matérialistes et républicains ; et cette école s'est malheureusement formée, ou du moins développée sous le patronage du plus grand des orateurs et du plus profond des politiques de la troisième république.

Est-il besoin de faire ressortir l'absurdité d'une semblable doctrine ? Quelle conciliation peut-il y avoir entre les contraires ? et si l'on ne croit pas à l'existence du libre arbitre et par suite à la responsabilité personnelle, au nom de quoi peut-on revendiquer des droits qui ont leur source dans cette responsabilité même ? Comment peut-on réclamer la liberté de penser, de parler et d'agir pour des êtres en qui rien n'est libre, ni l'action, ni la parole, ni la pensée ? Ces prétendus républicains suppriment le fondement même de la République et lui enlèvent du même coup sa raison d'être et sa légitimité. De quel droit demandera-t-il à se gouverner lui-même celui qui ne se reconnaît pas le pouvoir de se conduire, et à quoi lui servira la liberté qu'il réclame, puisqu'il s'avoue l'esclave de la fatalité ? Étrange aberration qui prétend maintenir les conséquences du principe qu'elle supprime, qui veut conserver l'eau en desséchant la source !

On comprend l'alliance du matérialisme et de l'absolutisme; cette alliance est ancienne, elle est naturelle, elle est logique, puisque l'un est la justification de l'autre. Si l'homme n'est que matière, s'il est radicalement incapable de se conduire, pourquoi ne lui imposerait-on pas la règle qu'il ne peut se tracer lui-même? pourquoi lui accorderait-on une liberté que ne comporte pas sa nature? Si l'homme n'est qu'un animal rempli de passions violentes, il est sage, il est juste de le mener comme on mène les animaux dangereux, par la crainte, par la force. La tyrannie est donc non seulement l'alliée naturelle, mais la fille légitime du matérialisme.

Quant à tirer la liberté politique de la négation de la liberté morale, je ne sache pas d'entreprise plus vaine, ni de plus flagrante absurdité.

C'est assurément un des phénomènes les plus curieux du temps présent que cette coïncidence de l'extension des libertés politiques avec la propagation des doctrines matérialistes. Il semble que le spiritualisme ait été enveloppé dans le discrédit des formes politiques sous lesquelles il a vécu et grandi et qu'il a incontestablement contribué à détruire; car c'est au nom de la dignité humaine et par conséquent de la liberté morale qui en est le principe, que s'est commencée et que s'est poursuivie pendant tant de siècles la lutte de la raison contre les tyrannies de tout genre. Il paraissait donc naturel que la victoire profitât à qui l'avait remportée, que le spiritualisme puisât de nouvelles forces et une

3.

vertu nouvelle dans le triomphe de la liberté politique, et que l'affaiblissement et la défaite de ses adversaires lui donnât plus de puissance et de vitalité. C'est à lui que revenait l'héritage des tyrannies mortes ou mourantes ; et voilà que le matérialisme, son ennemi-né, son éternel ennemi, le supplante et lui enlève une large part de l'héritage. Cette substitution inattendue est une preuve que l'éducation philosophique du pays est à peine ébauchée et que la conception de la liberté politique est encore à l'état rudimentaire dans un grand nombre d'esprits.

Les soudaines et rapides merveilles accomplies par les sciences expérimentales, merveilles qui prennent les hommes par les yeux, ont en quelque sorte effacé, éclipsé le spiritualisme, dont le long travail, pour être moins bruyant et moins frappant, n'avait pourtant pas été moins fécond, puisqu'il est le véritable auteur de la Révolution française. Ce ne sont pas les philosophes matérialistes du dix-huitième siècle, ce n'est ni d'Holbach, ni Helvétius, ni même Diderot qui ont préparé la déclaration des Droits de l'homme, ce sont des philosophes dont le spiritualisme bravait la raillerie des athées, c'est Voltaire, c'est Jean-Jacques Rousseau.

Quoi qu'il en soit, le progrès des sciences physiques et naturelles, les preuves éclatantes et multipliées que la méthode inductive a données de sa puissance, ont engendré une confiance trompeuse dans l'efficacité de cette méthode et une illusion dangereuse sur l'étendue de son domaine et la légitimité de ses applications. On s'est imaginé qu'il suffisait de la transporter dans la psychologie pour renouveler la science de l'âme et lui faire accomplir des progrès correspondants et équivalents à ceux des autres sciences. Cet espoir et cette ambition ne se sont pas réalisés, et par une bonne raison, c'est que l'âme n'est ni un corps, ni un agent physique comme la lumière et l'électricité, et que si la riche complexité des phénomènes psychologiques fournit à l'observateur une ample et inépuisable matière, la simplicité du principe générateur de ces phénomènes défie toute analyse et toute induction. C'est que l'observateur trouve sous les phénomènes une loi qu'il ne peut en induire, une loi qui n'est pas à faire, qui est toute faite, qui engendre elle-même des actes et qui, étant un principe actif, ne peut être rabaissée au rôle de simple conséquence. Cette loi est une volonté, c'est quelqu'un, ce n'est pas quelque chose.

De son côté la physiologie, ambitieuse entre toutes, prenant l'homme par le dehors, comme la psychologie par le dedans, avance dans l'étude analytique et minutieuse des organes supérieurs et se flatte d'arriver à découvrir les secrets de la production de la pensée. Mais quand elle aura mille fois parcouru les méandres du cerveau, quand elle aura débrouillé l'inextricable écheveau des circonvolutions cérébrales, quand elle aura dégagé et classé tous ces innombrables filets nerveux, puissants et délicats véhicules de la sensibilité et du mouvement, elle se trouvera toujours en présence d'un fait aussi inexplicable qu'incontestable, le libre arbitre, d'un principe aussi inaccessible que réel, la volonté, d'une loi aussi indestructible qu'irréductible, la loi morale.

Le malheur est que tous ces efforts de la science expérimentale semblent avoir pour but et ont certainement pour effet d'affaiblir dans les âmes le sentiment de la responsabilité personnelle, et que la pauvre volonté humaine emprisonnée dans le réseau des fatalités qu'on lui crée, se croyant travaillée par des influences invisibles et soi-disant irrésistibles, opprimée par le tempérament dont on exagère à dessein la puissance, accablée par cette hérédité incertaine encore et mystérieuse qu'on se hâte un peu trop d'ériger en loi, la pauvre volonté, dis-je, a grand peine à se mouvoir, et que cette liberté morale, qui fait la dignité de l'espèce et qui est ce qu'il y a de plus humain dans l'homme, qui est l'homme même, s'en va morceau par morceau, proie livrée à l'aveugle appétit des systèmes, et qu'enfin, si le bon sens et ce que j'appellerais le sentiment de la conservation morale ne se ranime et ne se défend, il ne restera bientôt plus dans la conscience humaine qu'un ressort inerte et brisé.

L'homme qui n'est pas pleinement et profondément convaincu qu'il est maître de lui-même et arbitre de sa destinée morale, l'homme qui se sent disposé à rejeter sur tout ce qui l'entoure la responsabilité de ses fautes et à abandonner au hasard ou à la fatalité le mérite et l'honneur de ses bonnes actions, celui-là abdique, il a cessé d'être homme, ce n'est plus qu'une chose.

Dans une société où ces sentiments auraient pris possession des âmes et où de pareilles doctrines auraient envahi les esprits, l'éducation n'aurait plus rien à faire ; elle céderait nécessairement la place à l'élevage et au dressage ; car l'éducation a pour but d'apprendre à l'enfant à bien et sagement user de sa liberté ; si cette liberté n'est qu'une apparence, l'éducation n'est qu'une tromperie.

Ces systèmes contemporains qui tous ont pour effet sinon pour but d'accroître démesurément la part et le poids des fatalités héréditaires ou autres, et de resserrer le libre arbitre dans un cercle qui va se rétrécissant et qui menace de l'étouffer, ces systèmes, soi-disant philosophiques et qui sont le fléau de la philosophie, ont engendré ou du moins nourri une certaine littérature qui s'est empressée d'incarner ses théories et de nous en dérouler les conséquences avec une impitoyable logique et une vérité à la fois saisissante et repoussante. Cette littérature, si l'on peut l'appeler ainsi, s'intitule *naturaliste*, nom qu'elle ne justifie guère, puisque de la nature elle ne montre que le côté bas et honteux. Elle affecte à l'endroit de la morale une prétendue neutralité, qu'on pourrait à bon droit qualifier d'abandon, ou mieux, de trahison. Elle s'en va fouillant dans les bas-fonds où s'amasse la lie des sociétés, elle s'en va furetant dans l'ombre où se dérobent le vice et la débauche, et ramène et étale triomphalement au grand jour ses précieuses et consolantes découvertes. Et ce n'est pas une curiosité malsaine qui la pousse à ces recherches ; s'il faut l'en croire, c'est le désir d'être utile, d'être vraie surtout, et de fournir à la science des matériaux et des documents. Mais sous couleur d'impartialité historique, sous ce faux dehors d'exactitude scientifique, elle n'est en réalité qu'une spéculation coupable sur l'instinct aveugle de la curiosité humaine. Vainement elle se flatte d'être un auxiliaire désintéressé de la science, et un utile agent d'informations psychologiques, elle n'est en réalité qu'un cupide auxiliaire du vice et un actif et détestable agent de démoralisation publique.

Les écrivains qui cultivent ce genre de littérature n'ont pas la naïveté de croire que les lecteurs qui se jettent sur leurs productions soient attirés par le désir de s'instruire ; les lecteurs en ce cas se tromperaient étrangement, car le soi-disant naturalisme n'est pas un enseignement, c'est un empoisonnement. Pas n'est besoin d'être grand philosophe pour savoir que le spectacle du vice est contagieux, que l'homme est par nature porté à l'imitation du mal comme à celle du bien, et qu'il y a au moins imprudence à placer sous les yeux des tableaux saisissants de la dégradation ou de la perversité humaines, surtout quand l'auteur paraît s'y complaire, quand par système ou par mépris de l'humanité il se borne à exposer sans rien dire, livrant ses lecteurs à l'influence malsaine de ces exhibitions ; c'est de l'enseignement à rebours, s'il y a enseignement, et plus propre encore à donner le goût du vice qu'à en inspirer le dégoût.

La science n'a que faire du secours que le naturalisme prétend lui apporter ; elle n'a pas besoin du roman même réaliste, la réalité lui suffit ; les tribunaux et les hôpitaux lui fournissent assez de matériaux pour l'étude des passions humaines ; les littérateurs ont mieux à faire que de se changer en approvisionneurs de laboratoires et pourvoyeurs d'amphithéâtres.

Jusqu'à nos jours la littérature avait pour mission d'élever les âmes et de les faire monter vers l'idéal ; l'école contemporaine a d'autres aspirations ; elle aspire à descendre ; d'un admirable instrument d'éducation et de progrès moral, elle a fait un instrument de dégradation et d'abrutissement.

Il est un autre genre de littérature ou pour mieux dire de publicité qui, sous une forme plus inoffensive, sans prétention littéraire, ni ambition scientifique, sans le vouloir ou sans le savoir, n'en contribue pas moins dans une certaine mesure à l'altération du sens moral, c'est la petite presse, la presse à un sou, celle qui est à la portée de toutes les bourses comme de toutes les intelligences. Cellelà n'est pas en guerre ouverte avec la morale, elle n'affecte même pas à son endroit la fausse neutralité de l'école naturaliste, elle est même pour elle un auxiliaire en apparence, et on ne peut lui reprocher ni l'atténuation systématique de la responsabilité humaine, ni l'indulgence et la complaisance pour le vice et pour la débauche; et pourtant cette presse fait du mal ; voici comment. Autrefois on ne connaissait guère dans un pays que les délits et les crimes commis dans le pays même, et c'était bien assez. Aujourd'hui, grâce aux découvertes de la science, chaque bureau de journal est devenu un point de concentration électrique de toutes les nouvelles, non seulement d'un même pays, mais du monde entier ; les fils télégraphiques y versent régulièrement chaque jour tous les crimes, tous les attentats commis sur la surface du globe, et le journal s'empresse de les jeter en pâture à l'insatiable avidité des lecteurs. Et qui pourrait lui en faire un reproche ? N'est-il pas dans son droit ? bien plus, n'est-ce pas son devoir, à lui journal, de recueillir les nouvelles à la hâte et de les répandre promptement ? Seulement cette averse quotidienne de crimes ramassés de toutes parts, produit sur le public des effets déplorables. D'abord elle trompe les honnêtes gens sur le véritable état de la moralité générale, ou plutôt sur le degré réel de la perversité humaine. A voir tomber chaque matin tous ces scandales, toutes ces horreurs incessamment renouvelées, on ne songe pas qu'il faut les répartir entre des millions et des millions d'hommes, on perd le sentiment de la proportion véritable entre le nombre des criminels et celui des honnêtes gens, et l'on en arrive à croire que l'humanité n'est qu'un ramassis de brigands et de monstres. De plus, à cette lecture, des gens de moralité douteuse ou fragile, ceux qui branlent au manche, se sentent sollicités, enhardis au mal, ayant encore tant de marge devant eux pour égaler les héros qu'on leur montre ; des gredins bons à pendre finissent par se trouver presque honnêtes par comparaison, et leurs crimes ne leur semblent plus que de simples peccadilles au prix des monstruosités qu'on leur étale ; les novices, les débutants apprennent à cette lecture à enrichir leurs méthodes, à perfectionner leurs procédés, et quant aux maîtres scélérats, ils sentent s'éveiller en eux un sentiment d'émulation qui ne peut manquer d'être redoutablement fécond.

Si encore on se bornait à annoncer brièvement ou à raconter sommairement les crimes ; mais cette discrétion serait plus sage que lucrative et on ne peut raisonnablement l'attendre. Un crime est une bonne fortune, un attentat est une fortune, une véritable mine. Aussi comme on l'exploite, avec quel art on en déroule, on en allonge le récit, quelle abondance de développements horribles, quelle précision dans les détails les plus repoussants ! les colonnes succèdent aux colonnes, les numéros aux numéros; le journal est intarissable, et le public insatiable.

On a recours aux moyens les plus grossiers comme aux plus ingénieux pour stimuler la curiosité; on insère des autographes de l'accusé tout comme on fait pour les grands hommes et les grands écrivains. Quel plaisir de connaître l'écriture d'un assassin, et quel fécond sujet d'observations instructives! On va même jusqu'à produire en tête du journal la figure du monstre; quelle satisfaction de contempler ces traits énergiques! quel bonheur de voir la face d'un homme qui a coupé une femme en morceaux!

Fatale loi de la concurrence! il faut à tout prix distancer le confrère, sans quoi le tirage baisse et les actionnaires crient. C'est là l'excuse, mais ce n'est qu'une excuse; car s'il est établi que ces complaisances pour une curiosité malsaine causent à la moralité publique un réel préjudice, le profit qu'on en tire peut bien les expliquer, mais il ne les justifie pas. Non, la presse n'est pas un métier. Écrire, c'est agir, et tout acte a des conséquences qui en éclairent la valeur et la portée.

Toutes ces influences tendent à altérer la nature des sentiments que le mal en général doit produire et à convertir en une sorte d'intérêt presque bienveillant ou au moins en indifférence morale, le mépris, le dégoût et l'horreur que les criminels devraient inspirer. On en arrive à les considérer non comme des criminels, mais comme des hommes autrement faits que les autres; on est porté à chercher obligeamment toutes les circonstances qui peuvent atténuer leur responsabilité, on ne serait pas fâché de les trouver irresponsables. Ici la science intervient encore, et son intervention est en général moins utile à la morale qu'aux coupables eux-mêmes, car elle met plus d'une fois sur le compte de la folie des actes accomplis en connaissance de cause. Et, en effet, quel est le point où commence la folie? Qui pourrait le fixer ou même l'indiquer? Tout crime, à le bien prendre, implique un trouble profond dans la conscience, un dérangement des facultés ; mais ce trouble, ce dérangement, celui qui le ressent en est presque toujours la cause; c'est l'abandon de la volonté, c'est la liberté laissée à la passion qui les produisent, de sorte que si le crime peut être attribué à la folie, cette folie elle-même est imputable au criminel. Un crime est commis dans l'ivresse; l'homme ivre n'est plus responsable; c'est donc l'ivresse qui est coupable du crime; mais le criminel est coupable de son ivresse; c'est lui qui a volontairement noyé sa raison. Presque toujours la folie qui engendre le crime est elle-même engendrée par la débauche ou la dépravation, elle est effet avant d'être cause, et la responsabilité peut bien être reportée en arrière, elle ne doit pas être écartée. L'aliénation mentale n'est souvent qu'une aliénation volontaire, et si la raison se retire, c'est qu'on l'a mise à la porte.

Une autre conséquence de cette exagération de

scrupules scientifiques, c'est que les sympathies s'égarent et se fourvoient, et qu'on oublie parfois les victimes au profit des coupables.

S'il est bien de songer aux circonstances qui peuvent atténuer la responsabilité du criminel, il est bon aussi de songer aux conséquences redoutables des acquittements faciles et des condamnations trop douces. Un crime acquitté est une semence de crimes; qui espère l'indulgence du juge est bien près d'y compter, et le droit de grâce lui semble bientôt le droit à la grâce. La défiance de la justice publique pousse aux vengeances personnelles, l'impunité de ces vengeances affaiblit à son tour la justice, si bien que, grâce à la douceur érigée en système et aux faiblesses d'une philanthropie fourvoyée, on reviendrait peu à peu à la barbarie.

CHAPITRE VII

DE L'IDÉAL MODERNE

SOMMAIRE. — Que l'éducation est chose difficile entre toutes parce que l'instinct et la passion agissent d'une façon permanente, tandis que la volonté est une force intermittente. — Que l'éducation devient particulièrement difficile en certains temps et dans certains milieux. — Que la société aide ou contrarie, achève ou défait l'œuvre de l'éducateur. — Que l'éducation suppose un type à réaliser. — Idéal des républiques anciennes. — Idéal social et national de la République française. — Sa supériorité morale. — Son respect pour la dignité humaine, pour la justice, pour le travail sous toutes ses formes. — Son humanité ; — sa prévoyance ; — sa sollicitude ; — sa largeur et sa générosité à l'égard des autres peuples ; — sa douceur ; — sa conception de la Divinité qu'il identifie avec la justice et la bonté. — Idéal individuel.

L'éducation est chose difficile par tous les temps et dans tous les lieux, car il n'est pas aisé d'assurer l'empire de la raison sur les passions, et partout et toujours les passions sont les mêmes ; vaincues parfois dans l'individu, elles subsistent dans l'humanité ; elles ne meurent qu'avec la mort, elles renaissent avec la vie. Ce qui fait leur force, c'est qu'étant innées, elles agissent d'une manière permanente, tandis que la volonté qui les combat a nécessairement des défaillances, qu'elle s'exerce par intermittences, et que dans ces moments où la volonté épuisée se relâche et se détend, la passion toujours active regagne le terrain perdu. Ce n'est que par la continuité et la durée de l'effort qu'on l'affaiblit, qu'on l'use et qu'on la décourage; ce n'est qu'en transformant en habitude les efforts d'abord successifs et inégaux de la volonté que l'on crée enfin une force morale dont l'action devient, elle aussi, permanente et enfin dominante.

Si forte est la passion, que, désespérant de la vaincre dans les milieux qui la ravivent et l'excitent, certains hommes s'arrachent à la société de leurs semblables et se réfugient dans la solitude pour venir plus aisément à bout d'un ennemi ainsi privé de tout auxiliaire, et que d'autres, non contents d'isoler la passion, vont jusqu'à macérer et dessécher leur propre corps par la souffrance et les privations volontaires, pour ôter à leur adversaire les forces qu'il puise dans la chair et le sang. Mais ces violences engendrées par l'inintelligence de la nature humaine, par la méconnaissance de ses besoins légitimes, et l'exaspération d'une volonté impuissante, n'aboutissent qu'à d'inutiles martyres; on peut affaiblir la passion, on peut la contenir, on peut la régler, on ne la détruit pas.

Ces luttes acharnées, outre qu'elles se proposent l'impossible, sont presque toujours entreprises trop tard, quand les passions, longtemps abandonnées à elles-mêmes, se sont développées et fortifiées en liberté. C'est de bonne heure qu'il faut s'y prendre, c'est dès leur naissance qu'il faut les saisir, ce sont leurs premiers mouvements et leurs premiers élans qu'il faut diriger.

Mais, indépendamment des difficultés que l'éducation rencontre partout et toujours et qui tiennent à la nature de l'homme, il en est d'autres qui tiennent aux temps, aux milieux et aux mœurs. Combien l'éducation est chose plus difficile dans l'agitation et la corruption des grandes villes que dans le calme et l'innocence relative des campagnes, au milieu des luttes politiques et religieuses que dans les temps de concorde et de paix, dans le raffinement des civilisations avancées que dans la simplicité des mœurs primitives!

Il y a eu certains peuples, comme les Athéniens, comme les Spartiates surtout, qui, à certaines époques de leur histoire, avaient réussi à se mettre d'accord sur les principes de l'éducation. Ils avaient conçu un certain type de l'homme et du citoyen et adopté un ensemble de moyens propres à le réaliser. La tâche de l'éducateur y était alors simple et facile; car autour de lui, tout concourait à le seconder. Les leçons données à l'école rencontraient de l'appui au dehors; l'enfant trouvait dans la vie domestique et dans la vie publique les modèles des vertus auxquelles on le formait. Rien ne contrariait les efforts de l'éducateur, rien n'affaiblissait l'autorité de sa parole ou ne détruisait l'effet de ses leçons. Commencée à l'école, l'œuvre se poursuivait et s'achevait sans peine dans une société qui n'était elle-même qu'une grande école d'application des vertus enseignées à l'enfance.

Il n'est pas besoin de dire que la société actuelle ne ressemble point à celle que je viens de décrire, non que nous n'ayons nous aussi conçu un type de l'homme et du citoyen, et même un type supérieur à ceux de Sparte ou d'Athènes; mais nous sommes loin d'avoir pour la réalisation de notre idéal les ressources que ces républiques ont un moment possédées; surtout ce qui nous manque encore, c'est l'accord si désirable des esprits, c'est cette harmonieuse unité du corps social, c'est cette concordance si nécessaire entre les idées et les mœurs. Nous sommes dans une période de transition, et notre idéal lentement et péniblement élaboré dans d'interminables luttes politiques et religieuses, notre idéal sorti tout sanglant des entrailles de la Révolution française, puis trois ou quatre fois refoulé par des réactions violentes, vient seulement de reparaître encore tout affaibli par les blessures profondes faites à la patrie, et attristé par son inconsolable deuil; il se relève languissant, au milieu d'une société longtemps énervée par une corruption systématique et en partie atteinte par le scepticisme et le découragement. Mais, tel qu'il nous apparaît, il doit avoir pour la jeunesse un charme puissant, il peut suffire à élever, à grandir les âmes ; la santé renaissante de la patrie, la vitalité de notre race, la confiance des générations nouvelles dissipera le voile de tristesse inquiète dont il est encore enveloppé.

Qu'était cet idéal des républiques de Sparte et d'Athènes? Celui d'une petite aristocratie intellectuelle et politique, dédaigneuse du travail, qu'elle appelait servile, debout en armes sur une double couche d'esclaves.

Le nôtre ne fonde pas la liberté de quelques privilégiés sur l'asservissement du plus grand nombre et l'égalité des uns sur la dégradation des autres ; il appelle à la liberté, à l'égalité, tous ceux qui vivent ensemble sur le sol de la patrie. il n'élève pas quelques milliers d'hommes par l'abaissement de tous les autres; bien loin de dédaigner le travail des mains, il s'efforce de l'ennoblir en l'associant aux travaux de l'esprit, d'en alléger le poids, d'en adoucir la rudesse par d'ingénieuses inventions ; le nôtre ne voue pas les neuf dixièmes des hommes au mépris de leurs semblables et il ne fait pas de l'humiliation du plus grand nombre un sujet d'orgueil pour leurs maîtres ; équitable et doux, dans tout homme, quel qu'il soit, il respecte la dignité de l'espèce, et il rougirait d'aggraver les inégalités que créent le hasard de la naissance et les caprices du sort, par des inégalités arbitraires ou cruelles ; humain, bienfaisant et réparateur, il respecte, il soulage la faiblesse, la misère et le malheur.

Notre idéal, c'est que la société arrive enfin à justifier son admirable nom, c'est-à-dire qu'elle ne soit plus une simple juxtaposition d'individus, mais un immense réseau aux mailles serrées formé d'associations de tout genre qui répondent à tous les besoins. Ne pouvant détruire les maux inhérents à la nature et à la condition humaines, la misère, les maladies, la vieillesse, la mort, nous voulons au moins les adoucir, en prévenir ou en atténuer de plus en plus les funestes conséquences. Nous voulons épargner à la dignité humaine l'humiliation de la mendicité ; bien loin de songer à tarir les sources de la bienfaisance, nous voulons qu'elle devienne plus large, plus égale, plus clairvoyante et plus prévoyante. Émus d'une pitié profonde pour les victimes de la destinée, nous voulons que l'homme surpris en pleine activité par la maladie voie accourir le médecin et affluer les remèdes ; que l'artisan, que le paysan soit attiré ingénieusement et généreusement vers l'épargne et que, par un prélèvement presque insensible sur son salaire quotidien, il arrive à conjurer la misère qu'engendrent les accidents et les chômages et à assurer le repos et la dignité de sa vieillesse ; que les orphelins sans fortune trouvent dans la patrie française une seconde mère ; que ces grands et malheureux enfants qui n'ont plus leur raison soient entourés d'autant de tendresse que ceux qui ne sont pas encore à l'âge de la raison, que les malheureux qui tombent en enfance trouvent pour leurs vieux jours un toit hospitalier. Nous voulons enfin que la société se considère comme une famille immense dont la sollicitude toujours en éveil et la prévoyance toujours en travail embrasse dans le présent et l'avenir toutes les misères physiques et morales de ses innombrables membres.

Il n'a rien non plus de la hauteur et de l'âpreté égoïste de l'idéal romain qui ne poursuivait dans la victoire que l'humiliation et l'exploitation du vaincu; s'il a aspiré aux conquêtes, c'était non pour asservir les peuples, mais pour les affranchir, non pour les avilir et les dépouiller, mais pour les admettre au partage des biens et des libertés dont nous jouissions nous-mêmes; et aujourd'hui, convaincu de la puissance irrésistible de la raison et de la justice, ses préférences sont pour les conquêtes pacifiques, pour celles qui se font par la vertu expansive des idées et l'efficacité assimilatrice de l'exemple. Mais il ne s'enferme pas dans les limites de la patrie, si grande et si belle qu'elle puisse être, il ne peut se résigner à l'égoïsme national dont d'autres peuples lui donnent l'exemple; il ne se sépare pas du reste de l'humanité, et, bien qu'il ait appris à ses dépens que la reconnaissance des peuples est un vain mot et que presque partout encore le droit plie sous la force, tout en faisant la part des nécessités présentes, tout en armant la patrie pour une défense nécessaire ou des revendications légitimes, tout en s'interdisant une propagande armée, il ne peut renoncer aux espérances sublimes de la fraternité et de la concorde universelles. C'est l'honneur de la race et du génie français, c'est l'honneur de la Révolution française d'avoir associé dans leurs conceptions et leurs aspirations les progrès et le bonheur de l'humanité tout entière aux progrès et au bonheur de notre patrie.

Notre patriotisme est devenu prudent sans devenir égoïste; malgré de redoutables et proches exemples, il n'enseigne pas, il n'enseignera jamais le mépris et la haine des nations étrangères; fort de son droit, épris de la seule justice, il ne respire pas la vengeance; il garde, dans l'amertume même des souvenirs, son fond de générosité naturelle et de bienveillance habituelle.

Profondément imprégné des influences du christianisme naissant, pénétré d'une immense pitié pour les misères sans nombre et les rigueurs arbitraires de la destinée humaine, son ambition la plus haute, sa passion la plus grande est de répandre dans les lois, dans les institutions et les mœurs, cette douceur fraternelle que respirait le langage du Christ, alors que la religion était encore contenue dans ces mots : Aimez-vous les uns les autres. Il se refuse à voir dans la Divinité une puissance vindicative et menaçante, qui poursuit dans la série des générations innocentes la faute d'un seul homme, qui frappe et qui punit de peines horribles et infinies les défaillances d'un être faible et fini. A ses yeux la

Divinité ne peut être que la personnification de la justice unie à la toute-puissance. Il ne demande pas aux hommes une perfection incompatible avec leur nature, il ne demande pas l'impunité des fautes, mais la mesure et l'équité dans les peines. Confiant sans aveuglement, indulgent sans faiblesse, il fait à la raison, à la volonté, à la conscience l'honneur de les croire capables d'éclairer et de diriger l'homme sans l'épouvante des supplices éternels et sans l'appât des béatitudes infinies. Il place la dignité humaine dans la responsabilité, il élève l'homme par et pour la liberté.

Voilà, en quelques traits, l'idéal que poursuit la société française; mais, pour l'atteindre, il faut l'effort de tous et le progrès de chacun, une liberté tolérante, ennemie des excès et des violences, plus soucieuse encore de ses devoirs que jalouse de ses droits; une égalité intelligente, respectueuse des supériorités intellectuelles et morales; une fraternité sincère qui ne s'exhale pas en discours, mais se traduise en actes; une raison éclairée aussi amie des progrès qu'ennemie des chimères; le respect et l'amour de tout ce qui est grand, de tout ce qui est bien; le courage de la modération, du bon sens et de la justice, le culte de la famille et la dignité de la vie. Telles sont les qualités dont l'éducation contemporaine doit s'efforcer de semer et de faire éclore les germes dans le cœur et l'esprit des générations nouvelles; car, sans ces qualités, l'idéal conçu ne sera qu'un rêve.

CHAPITRE VIII

IDÉES FAUSSES A REDRESSER. — L'ÉGALITÉ

Ce que deviennent les principes en passant dans l'esprit des masses. — Combien il importe de donner aux enfants des idées justes sur l'égalité et la liberté. — Des inégalités naturelles. — Des inégalités sociales. — Comment l'idée d'égalité a pris naissance. — Que sa source est dans la conscience. — Qu'elle doit son existence et son caractère à la liberté morale ou libre arbitre. — Des utopies égalitaires. — De la véritable égalité. — De l'inintelligence de l'égalité politique. — Ses conséquences. — De l'égalité en tant qu'elle s'applique au principe de l'admissibilité à tous les emplois. — Des influences qui gênent l'application de ces principes. — Des recommandations. — Rôle et devoirs de l'instituteur.

Il serait puéril de se dissimuler que cet idéal qui s'est laborieusement fait jour à travers les difficultés de tout genre, s'il a passé en partie dans les institutions et dans les lois, n'a pas encore pris possession des esprits, et surtout qu'il est loin d'avoir transformé les mœurs. D'abord quand l'idéal descend des grandes intelligences qui l'ont conçu, des grands cœurs qui en ont longtemps couvé la flamme, dans les esprits à demi cultivés ou incultes, dans des âmes communes ou basses, il s'altère, il se défigure, il se matérialise; c'est comme un tableau de maître, qui, sous le pinceau de copistes de plus en plus maladroits, va perdant peu à peu sa beauté première et finit par n'être plus qu'une image grossière ou même une véritable caricature.

Ainsi les grands principes de liberté et d'égalité politique et civile qui puisent leur force et leur noblesse à la source même de la moralité humaine et qui ne sont que les formes agrandies de la loi qui régit la conscience, ces principes d'abord si admirablement exposés par la philosophie du dix-huitième siècle, puis si admirablement compris par les législateurs de 1789, se retrécissant et s'altérant à mesure qu'ils pénétraient dans des intelligences étroites et obscures, se déformant et se soüillant au contact des passions ardentes et brutales, sont peu à peu devenus presque méconnaissables ; souvent invoqués à contresens, ils servent à couvrir du reste de leur prestige les revendications les plus absurdes et les attentats les plus monstrueux; c'est au nom de la liberté même qu'on prétend exercer de sanglantes tyrannies, c'est au nom de l'égalité qu'on prétend commettre les plus iniques spoliations. Et ces principes une fois faussés dans l'esprit des masses, vainement on s'efforce de les redresser. Trompées dans leurs convoitises, irritées par leurs déceptions, elles deviennent sourdes, aveugles, intraitables, elles se raidissent contre la vérité même évidente, elles s'enfoncent désespérément dans les erreurs qui leur sont chères.

Aussi est-ce de bonne heure qu'il faut imprimer dans l'esprit de l'enfant ces types régulateurs de la vie politique comme de la vie privée, pour qu'ils y demeurent inaltérables, et que plus tard, les passions ne pouvant ni en obscurcir ni en méconnaître les véritables traits, ils se résignent à en subir l'autorité naturelle, affermie par le progrès de la raison. Mais pour que les maîtres puissent enraciner ces principes dans les jeunes intelligences, il est indispensable qu'ils les portent en eux-mêmes et que par l'effort de la réflexion personnelle ils aient réussi à en bien comprendre le caractère et la portée, à les dégager de toutes les erreurs volontaires ou involontaires qu'accumulent autour d'elles l'ignorance et l'intérêt. Je ne doute pas que dans les écoles normales et dans les écoles supérieures on n'accorde à cette partie de l'enseignement, qui n'est que le complément de l'instruction morale et qui constitue la meilleure part de l'instruction civique, toute l'importance qui lui revient ; que ne peut-il être continué hors de ces écoles et étendu aux maîtres si nombreux qui n'ont pu l'y recevoir ! J'ai eu plus d'une occasion de reconnaître que les idées dont je parle, qui sont le fondement de l'éducation politique, sont loin d'être bien nettes et bien arrêtées dans l'esprit de plus d'un maître.

C'est chose essentielle de donner aux enfants une notion exacte de l'égalité. En effet, si cette notion est faussée dès le principe, elle fausse à son tour tous les jugements que l'homme porte sur ses semblables et sur la société; elle altère et corrompt la notion de la justice, elle affaiblit et dessèche le sentiment du devoir et finit par étouffer le germe même de la moralité.

Que l'instituteur s'applique donc de bonne heure à montrer l'humanité telle qu'elle est sortie des mains de la nature, c'est-à-dire, pétrie d'inégalités de tout genre ; qu'il indique dans quelle mesure ces inégalités peuvent être adoucies, corrigées, compensées ; qu'il délimite le champ forcément restreint de l'égalité politique et civile ; qu'il suive et fasse suivre à l'enfant le travail salutaire et réparateur du temps et de la raison ; qu'il lui fasse voir la part si large qui revient à notre pays et à la Révolution française dans cette œuvre bienfaisante ; qu'il le pénètre de reconnaissance et d'admiration pour les créateurs, les propagateurs et les martyrs de cette religion humaine faite de justice et de fraternité ; qu'il lui inspire enfin le désir de poursuivre sagement, sans découragement, sans impatience, l'amélioration progressive de la société humaine, au lieu de s'associer aux stupides fureurs qui se déchaînent contre elle pour la bouleverser et l'anéantir.

La nature n'a créé que des inégalités ; force, santé, beauté, intelligence, tout est inégal entre les hommes ; ils ne sont égaux que devant la mort, et encore la mort est-elle pour les uns, prématurée, pour les autres, tardive ; les uns meurent peu après leur naissance, les autres en naissant, les autres avant de naître ; ceux-ci meurent subitement, ceux-là lentement, longuement ; beaucoup sont déjà morts bien avant de mourir.

C'était bien assez, c'était trop de tant d'inégalités naturelles, et cependant d'autres sont venues s'y ajouter, découlant des premières comme d'inévitables conséquences. En effet, abusant de leur force, les hommes les plus robustes ont d'abord asservi les plus faibles ; de là deux classes, celle des hommes libres, celle des esclaves : inégalité de condition. Ils les ont dépouillés de leurs biens ; de là deux classes : celle de ceux qui possèdent, celle de ceux qui n'ont rien : inégalité de fortune. Souvent cette double spoliation de la fortune et de la liberté a été consommée non plus par une partie de la population d'un même pays sur l'autre partie, mais par un peuple entier sur un autre peuple ; de là deux classes, celle des vainqueurs et celle des vaincus, celle des nobles et celle des vilains ; surcroît d'inégalité. Interminable serait la liste de toutes les inégalités créées par la nature et de toutes celles que les passions humaines et entre toutes que la cupidité, l'orgueil et la sensualité ont greffées sur les premières. Comment donc l'idée d'égalité a-t-elle pu se faire jour à travers ce réseau serré, ce fouillis inextricable des inégalités de tout genre ? Comment l'idée de justice a-t-elle pu naître et se dégager de cet amas d'iniquités engendrées par les passions et consacrées par le temps? Ne semble-t-il pas que la pauvre humanité dût être vouée à perpétuité à la double tyrannie des corps et des âmes, et n'est-ce pas merveille qu'on ait pu tirer les uns d'une si profonde misère, et faire tomber les autres d'une si haute et si ancienne tyrannie?

Deux puissances invisibles, morales, la conscience et la pitié ont opéré ce miracle, et ont fini par arracher, sinon partout, au moins en bien des lieux, le droit aux étreintes de la force. Dès les premiers temps ces différences énormes entre les destinées humaines, ces contrastes violents de la force et de la faiblesse, de la santé et de la maladie, des morts prématurées et des longévités, de la richesse et de la misère, de la laideur et de la beauté, du génie et de l'idiotisme et tant d'autres ont suscité, chez les disgraciés de la nature et du sort, des plaintes douloureuses et légitimes, dont le retentissement a été se propageant et grossissant à travers les âges. Disséminés et isolés, les malheureux auraient été condamnés à une éternelle impuissance, si une invention bienfaisante n'avait permis à toutes ces voix éparses de s'entendre et de se fondre dans un inmense concert. Grâce au langage parlé, puis au langage écrit, une puissance nouvelle s'est formée, la puissance de l'opinion; il s'est trouvé, même parmi les privilégiés, des hommes à entrailles que ce navrant spectacle a émus de pitié; des voix éloquentes se sont élevées en faveur des déshérités de tout genre; la poésie s'est fait l'interprète de ces douleurs et de ces souffrances imméritées ; la religion les consolait par des espérances lointaines ; la philosophie mit en lumière les injustices, elle chercha la solution du redoutable et fatal problème; elle plaida la cause des opprimés, elle trouva au fond de la conscience le principe de la dignité humaine et de la véritable égalité.

D'abord s'il y a entre les hommes bien des inégalités, il y a aussi bien des ressemblances sensibles, frappantes, dont les unes saisissent les yeux et les autres l'esprit. S'ils sont plus ou moins grands, plus ou moins forts, plus ou moins beaux, les hommes ont tous un même corps, pouvu des mêmes organes; s'ils sont plus ou moins intelligents, plus ou moins sensibles, plus ou moins énergiques, ils ont tous une même âme pourvue des mêmes facultés; il y a donc entre eux des différences de degré, mais leur nature est la même; même aussi est leur condition, tous naissent et meurent; tous ont la même origine, tous la même fin, les mêmes joies, les mêmes peines; tous ont une famille, une patrie; tous sont hommes, enfin.

Ce ne sont pas des êtres égaux, ce sont des êtres semblables. Mais toutes ces ressemblances d'âme et de condition, si sensibles qu'elles soient, ne sont pourtant pas ce que les hommes ont de plus semdlable en eux; il faut pénétrer plus avant, il faut descendre au plus profond de la conscience humaine pour y trouver le principe et la source de la seule égalité réelle.

C'est dans la liberté morale, autrement dit le libre arbitre que cette égalité réside. Tous les hommes sont soumis à la même loi ; cette loi, qui commande le bien, qui défend le mal, tous peuvent la violer ou la suivre; ils sont tous moralement libres, et par suite responsables. Supprimez cette liberté, l'obligation morale devient un non-sens, car il serait absurde d'être tenu à faire ce qu'on serait dans l'impuissance de faire. Soumis à la fatalité, nous tombons au rang des choses, auxquelles on ne commande et ne demande rien. Donc pas de liberté, plus de devoirs et partant plus de droits, nos droits n'étant que les devoirs des autres envers nous. Pas de liberté, plus de responsabilité, plus de dignité, plus d'actions bonnes ou mauvaises, plus de mérite ni de démérite, plus d'éloge à donner, plus de blâme à infliger, plus de peines, plus de récompenses ; le fondement de la raison se dérobe, la moralité s'évanouit, les jugements humains n'ont plus de règle, le langage plus de sens, les sentiments plus de raison d'être. Sans la liberté que signifient les mots d'estime, de mépris? estime-t-on la pierre qui tombe? blâme-t-on le feu qui brûle ? que parlez-vous de haine et d'amour, d'admiration ou de dédain? Les êtres qui agissent malgré eux, ou plutôt qui n'agissent pas, qui sont passifs, peuvent-ils inspirer de la reconnaissance ou du ressentiment? Ainsi le libre arbitre est la clef de voûte de l'édifice moral et social comme il est la clef du langage humain. Otez-le, tout s'écroule et le langage n'est plus qu'un pêle-mêle de mots vides de sens. Heureusement cette liberté morale est pour l'homme un besoin si vivement ressenti, elle pousse en nous des racines si fortes, si profondes et si vivaces, elle est si intimement et si nécessairement mêlée à tous les mouvements de la pensée et du sentiment, qu'elle peut déjouer les déplorables efforts d'une philosophie fourvoyée et d'un matérialisme avide d'abaissement. Ni la rage de la démonstration à outrance, ni les railleries d'une immoralité en quête de justification, n'entameront une vérité indémontrable parce qu'elle n'a pas besoin d'être démontrée. Qu'est-ce que le raisonnement peut avoir à démêler avec une vérité éclatante qui éclaire toute la vie morale et sociale ? quelle est cette folie de vouloir porter de la lumière à un foyer lumineux? Quant à ceux qui ont besoin de ne pas se croire libres, par ce qu'ils abdiquent leur liberté, si leur raisonnement pouvait avoir quelque valeur, leur vie lui ôterait tout crédit; cette liberté morale si ineptement attaquée par ceux-là même qui la devraient défendre, elle est heureusement bien vivante encore, l'homme y tient comme à sa vie même, et à part quelques disputeurs grisés de raisonnement et quelques avilis intéressés à se croire irresponsables, l'homme ne songe guère à la mettre en doute. Il continue et continuera à revendiquer énergiquement la responsabilité de ce qu'il fait de bien, à accepter sans se plaindre les conséquences de ce qu'il fait de mal; il tient à sa dignité d'homme, il n'aspire pas à déchoir. Or, c'est dans cette liberté morale que réside la véritable source de l'égalité; différents en tout le reste, les hommes ont ceci de commun qu'ils sont tous moralement libres. Tous ils sont capables d'effort, et c'est à l'effort que se mesure le mérite. Les hommes les plus dissemblables peuvent avoir un mérite égal.

C'est parce que nous sommes libres que nous avons des devoirs, puisque c'est dans le pouvoir de faire ou de ne pas faire son devoir que consiste la liberté même; et c'est parce que nous avons des devoirs que nous avons des droits, c'est-à-dire que nous pouvons exiger des autres qu'ils accomplissent leurs devoirs envers nous. Devoirs et droits, car il ne faut pas intervertir l'ordre logique et mettre avant les devoirs les droits qui en découlent, devoirs et droits sont les mêmes pour tous, et, comme ils n'existent que par le libre arbitre, on peut dire que le libre arbitre est le principe de la dignité personnelle et de la véritable égalité. Qu'on tourne et retourne un homme, qu'on l'examine par le dehors, par le dedans, qu'on fouille son corps, qu'on scrute son âme, on y trouvera des ressemblances nombreuses avec les autres hommes, mais point d'égalité, sauf en un point, un seul, la liberté morale. Et cette égalité est tout entière renfermée dans la liberté, car elle cesse par l'exercice même de cette faculté commune, et l'inégalité reparait tantôt avec des nuances délicates et infinies, tantôt avec d'énormes différences suivant l'usage ou l'abus que les hommes font de leur liberté : les uns se distribuent et s'étagent sur les innombrables degrés qui montent vers l'idéal et les autres descendent plus ou moins vite la pente qui les mène à l'animalité ; de sorte qu'aux inégalités naturelles et accidentelles, physiques et intellectuelles, déjà si nombreuses, viennent s'ajouter des inégalités morales, celles-ci volontaires, puisqu'elles sont les conséquences de notre conduite ; tant il est vrai que l'inégalité fait le fond même de notre nature !

Faisons donc bien comprendre aux enfants en quoi consiste l'égalité véritable, de quelle source elle découle, et dans quelles limites elle est contenue. Faisons-leur bien comprendre que, sans la liberté morale, il n'y aurait ni égalité civile, ni égalité politique. Cela est tellement vrai qu'aux malheureux qui ont perdu cette liberté ou qui n'en ont jamais joui, aux fous, aux idiots, aucun peuple, aucune législation n'accorde la jouissance des droits politiques et civils ; cela est tellement vrai, qu'à ceux qui ont abusé de cette même liberté, aux condamnés, aux criminels, tous les peuples, tous les législateurs retirent pour un temps ou pour toujours l'exercice de ces mêmes droits. Plus d'égalité civile et politique, quand l'égalité morale, c'est-à-dire le libre arbitre est détruit, asservi par le vice et la passion. C'est donc bien là et pas ailleurs qu'est la racine de l'égalité ; c'est bien là que gît le principe, puisque, quand la liberté morale disparaît, elle emporte avec elle ses conséquences naturelles, l'égalité des droits.

Par ce qui précède on peut voir quelle est l'absurdité, pour ne pas dire la folie de ceux qui rêvent l'égalité absolue entre des êtres qui ne sont composés que d'inégalités de toute nature ; on peut mesurer l'ignorance ou la démoralisation de ceux qui réclament des avantages égaux pour des hommes qui font de leur liberté un usage si différent. Comment supporter l'idée d'une répartition égale des biens entre la fainéantise et le travail, entre l'ivrognerie et la tempérance, entre le vice et la vertu, entre l'héroïsme et le crime, c'est-à-dire entre des inégalités voulues et poussées aux extrêmes, que dis-je, aux contraires? Pour en arriver là, il faudrait commencer par anéantir la moralité même et réduire l'humanité à l'animalité pure. Car ce n'est qu'entre des animaux que l'égalité de ration pourrait s'établir avec quelque apparence de justice. Je dis en apparence, car, même parmi les animaux, on nourrit mieux ceux qui travaillent davantage. Ces folies montrent à quel point l'égalité diffère de la justice, avec laquelle on se plaît à la confondre et sous le patronage de laquelle on place les plus injustes des revendications. Non, cette égalité grossière et brutale n'a rien de commun avec la justice, elle en est le contre-pied, elle en est la négation, car la justice dit : à chacun suivant ses œuvres ; et l'autre dit : à chacun, quelles que soient ses œuvres. Sur un pareil principe on peut bien bâtir une porcherie, mais fonder une société, jamais.

Laissons là ces assimilations insensées, rêves d'ivresse ou de folie, qui réduisent l'humanité en matière, pour la couler dans un moule unique ; il suffit de montrer de quels fonds sortent et montent ces utopies malsaines, pour en inspirer le dégoût. Ils sont du reste plus bruyants que nombreux les partisans de ces folies, et ils font l'office de ces esclaves que Sparte enivrait pour préserver de l'ivrognerie.

Mais si ces aberrations sont trop grossières et trop repoussantes pour faire beaucoup de dupes, il n'en est pas de même de certaines exagérations et de certaines prétentions, contraires à l'égalité véritable, et qui, grâce à la vanité qu'elles flattent et à l'intérêt qu'elles servent, se répandent et se propagent, au grand détriment de la dignité personnelle et du bien général, des principes républicains et des fonctions publiques.

On ne saurait croire à quelles inconvenances et à quelles absurdités conduit en politique cette inintelligence de l'égalité. On doit supposer que l'élu est choisi parce que les électeurs le considèrent comme le plus digne et le plus capable de les représenter, et qu'à ce double titre, l'élu est au-dessus de l'électeur et a quelque droit à son respect. Il n'en est rien pourtant, du moins en maint endroit; l'électeur se croit au-dessus de l'élu, qu'il considère comme son œuvre, comme sa créature; il ne songe point qu'il l'a choisi à cause de son mérite, à cause de sa valeur, à cause de son caractère, mais bien qu'il l'a tiré du néant par un acte de sa volonté souveraine, et que par suite l'élu est tombé sous sa dépendance. Cette opinion de l'infériorité de l'élu vis à vis de l'électeur se manifeste dans certaines réunions publiques, où le malheureux mandataire, assis sur la sellette, s'entend interpeller en termes tels, que jamais président des assises ne s'en permettrait de semblables dans l'interrogatoire du plus suspect des accusés. Et quand l'électeur parle du conseiller, du député, du sénateur, dans l'élection duquel il entre pour une part infinitésimale, n'attendez pas qu'il fasse précéder son nom du terme qui représente le minimum de la politesse courante; point. Il l'appelle B ou C tout court; c'est bien assez pour lui. L'élu est traité moins poliment que le premier ou le dernier venu. Voilà ce qui peut s'appeler de l'égalité à rebours, de l'égalité renversée, et qui met le sens dessus dessous.

La République ouvre à tous toutes les voies qui conduisent à tous les emplois, à toutes les fonctions. Autrefois les emplois se donnaient à la faveur ou s'achetaient argent comptant. La République, passionnée pour la justice, a voulu que tout citoyen capable de remplir un emploi pût y aspirer, et que tout emploi fût donné au plus digne. Ce principe est une consécration de l'égalité civile en ce sens qu'il supprime les privilèges accordés à la naissance et à la fortune et qu'il substitue au caprice et à l'arbitraire une règle fixe et équitable; mais il est en même temps une reconnaissance non équivoque de l'inégalité naturelle et morale, puisqu'il classe les concurrents d'après leur aptitude et leur mérite. Ce principe est-il bien compris? Il est permis d'en douter. En tant qu'il supprime les anciens privilèges, il est universellement admis; mais en tant qu'au désordre de la faveur il substitue un ordre de mérite, c'est une autre affaire, et il n'entre pas si aisément dans les esprits et surtout dans les mœurs. Pour les esprits grossiers ou obscurcis par l'intérêt personnel, il y a là une atteinte à l'égalité absolue, un simple changement dans la nature du privilège; ce qu'on donnait autrefois à l'argent ou à la noblesse, on le donne aujourd'hui au mérite, au talent; c'est toujours de l'inégalité, car tout le monde ne peut avoir la même instruction, la même intelligence. On ne saurait croire combien est étroit le moule de l'égalité mal entendue, et à quel point cette conception rudimentaire s'écarte de la justice. Cet écart, il est facile de le faire voir et mesurer, même à des enfants.

L'esprit de l'enfant est en effet simple et droit, il comprend sans peine que toute fonction publique comme toute profession, comme tout métier, exige d'abord de la compétence, et qu'il serait absurde de donner à un danseur un emploi de calculateur. Il comprend tout aussi bien qu'entre les aspirants dont la compétence est constatée, il faut choisir le plus capable, que l'intérêt public le demande, et que la justice le commande ; il comprend enfin que tout aspirant ou candidat d'une immoralité prouvée ou d'une moralité suspecte doit être impitoyablement écarté, d'abord parce que l'honnêteté est la seule garantie de l'accomplissement du devoir, ensuite parce que, sans cette précaution, l'État qui confère les fonctions et qui est le tuteur naturel de la morale publique, en deviendrait le destructeur. Voilà comment l'on doit expliquer l'égalité en tant qu'elle s'applique au principe de l'admissibilité à tous les emplois. Il n'y a plus de motifs d'exclusion tirés du rang ou de la fortune, et c'est en cela que consiste l'égalité ; mais il y a des conditions de capacité et de moralité, et c'est là que l'inégalité reparaît, heureusement pour la justice. C'est ce qui prouve encore le caractère éminemment moral de la véritable égalité ; parmi les capables, la loi n'exclut que les indignes, ceux qui ont encouru des condamnations judiciaires, ceux qui sont moralement déchus ; pour ceux-là plus d'égalité.

Ces principes, bien qu'altérés dans certains esprits, sont faciles à comprendre et l'instituteur n'aura pas de peine à en pénétrer les jeunes intelligences ; seulement il faut que lui-même en soit non seulement l'interprète convaincu, mais le scrupuleux observateur. Je ne parle pas de la moralité du corps enseignant, elle est au-dessus du soupçon ; je ne parle pas de sa compétence, elle est établie par des titres, mais je parle du mérite et des conditions normales que l'appréciation du mérite doit établir dans la distribution des fonctions et l'avancement des fonctionnaires.

Cette règle du mérite, on l'applique assez volontiers aux autres ; s'y soumet-on aussi volontiers soi-même? L'intérêt personnel résiste et cherche à échapper à cette loi maudite. On s'exagère son propre mérite, on se trompe soi-même, on s'échauffe à la poursuite de l'emploi convoité, on s'irrite de trouver sur son chemin des concurrents qui ont plus de droits, plus de titres, on les rabaisse, on les décrie ; et enfin, pour assurer le succès, c'est-à-dire pour consommer une injustice, on finit parfois, quand on n'a pas commencé par là, on finit par recourir aux protections, et l'on supplée à l'insuffisance du mérite par l'appoint des recommandations. On cherche donc un personnage considérable qui n'est jamais bien difficile à trouver, on le trompe et il se laisse volontiers tromper, on le flatte et il se laisse faire, et on l'amène à intervenir pour qu'il barre le passage au plus méritant et qu'il fasse arriver le moins digne.

Chose étrange ! les hommes que le suffrage universel choisit à tous les degrés pour défendre les principes républicains, sont précisément ceux qui travaillent parfois à en fausser ou à en entraver l'application; ce sont eux qui parfois viennent jeter le poids de leur influence et de leurs recommandations dans le plateau où se pèsent les titres et les services. Élus entre tous pour établir et faire respecter la justice, ils s'emploient à demander des faveurs. Or, la faveur est un joli mot, et une vilaine chose; pour l'appeler de son véritable nom, c'est une injustice, puisqu'elle donne le plus à qui mérite le moins. Singulier renversement des rôles! N'est-ce pas pour détruire le régime de la faveur qu'a été fondée la République? Cependant c'est à rétablir ce régime que travaillent des mandataires infidèles à leur mandat. Républicains de théorie, dans leurs discours ils ne réclament que la justice, mais dans la pratique ils ne cherchent que la faveur. La cause de cette contradiction, pour ne pas dire de cette duperie, n'est un secret pour personne, et ce n'est pas le lieu d'examiner par quels moyens on pourrait soustraire à la tyrannie des intérêts privés les représentants de l'intérêt public. Mais il est triste de voir des instituteurs, chargés sinon de représenter, au moins d'enseigner la justice, chercher parfois des auxiliaires à l'injustice. Je ne connais guère d'alliance plus immorale que celle d'un élu du peuple uni à l'éducateur du peuple pour obtenir un passe-droit. Cependant les habitudes sont si enracinées et les tentations si fortes que j'ai vu un débutant, au saut de l'École normale, aller droit s'abriter sous le patronage d'un personnage influent; ç'a été sa première inspiration.

On demeure stupéfait de la légèreté avec laquelle certains élus du suffrage universel prêtent leur appui à certaines candidatures, avec quelle facilité ils se portent garants de la valeur professionnelle et morale de leurs protégés, avec quelle assurance ils se prononcent sur le bien fondé de leurs réclamations ou la légitimité de leurs prétentions. On dirait vraiment qu'ils savent par cœur le personnel, qu'ils ont pesé les titres et compté les services, et que l'administration compétente n'a plus qu'à s'incliner devant un jugement sans appel. Ils ne se doutent guère à quel point ils prêtent parfois à rire, quelles bévues ils commettent, et combien ils se méprennent sur l'aptitude et la moralité de leurs clients. Il leur arrive, et le cas n'est pas rare, de recommander les moins recommandables, soit parce qu'ils n'ont pas le courage de refuser, soit parce qu'ils ont intérêt à consentir, soit parce qu'ils n'ont pas le temps ou ne prennent pas la peine de s'enquérir. Rien de plaisant comme ces lettres de recommandation, véritables diplômes de capacité, véritables certificats de moralité, délivrés souvent à des inconnus par des personnages trop connus. Ils y déclarent hardiment qu'un tel mérite à tous égards la place qu'il sollicite. Informations prises, on trouve que ce candidat sans pareil est incapable ou taré.

Que l'instituteur comprenne bien qu'il commet une faute grave quand il cherche à obtenir par des influences étrangères ce qu'il ne doit tenir que de son propre mérite, et qu'il viole ainsi le premier des principes qu'il a mission d'inculquer à l'enfance.

CHAPITRE IX

IDÉES FAUSSES A REDRESSER (SUITE)

Des premiers effets de la liberté. — Intolérance retournée. — De l'idée de liberté. — Comment elle s'altère. — Que la liberté a un caractère essentiellement moral. — Que si les hommes devenant plus libres ne deviennent pas meilleurs, la liberté tourne au détriment de la société. — De la liberté de la parole. — Réunions publiques. — Utopies socialistes. — Du partage des biens. — Rôle de l'éducateur. — De la classe ouvrière, ses besoins, ses droits. — Nos devoirs. — Utopie de l'État industriel et commerçant. — Qu'elle conduirait à une tyrannie sans précédent, à une ruine inévitable. — De la bourgeoisie ; qu'elle n'est pas une classe à proprement parler. — Des crimes dits politiques. — Erreur à combattre. — Des vols commis au préjudice de l'État, des départements, des communes. — Des fraudes. — De la contrebande. — Ce que recouvre la surface brillante de la civilisation. — Préjugés et superstitions vivaces. — Des effets de l'ignorance dans les temps de malheur. — Bruits qui couraient pendant la dernière épidémie cholérique. — Médecins empoisonneurs. — Semeurs de choléra. — Devoir de l'éducateur.

Si l'égalité est assez souvent mal comprise, la liberté ne l'est pas toujours beaucoup mieux. Il est vrai de dire que nous ne sommes entrés que d'hier en possession définitive de ce bien si longtemps désiré et que jusqu'alors nous n'en avions joui que par intervalles et par intermittences. Or l'inexpérience, les longs jeûnes, les jouissances précaires et menacées engendrent les abus et les excès, tandis que la possession assurée des biens en règle l'usage et le modère ; sous ce rapport, le temps est le meilleur des maîtres.

Le premier usage de la liberté incomprise ou reconquise, prématurément ou soudainement accordée, c'est une atteinte à la liberté même. Tel qui se plaignait et avec raison d'être privé de la liberté de conscience, du jour même où il l'obtient, s'élève contre ceux qui ne partagent point ses croyances ou son incrédulité ; il les attaque, il les dénonce, il prétend leur imposer la contrainte dont il a longtemps souffert et dont il vient d'être affranchi. La liberté lui paraît incomplète si les autres en jouissent ; il s'étonne, il s'irrite que la reconnaissance de ce droit n'ait pas eu pour premier effet de ramener les autres à son opinion ; si on le laissait faire, sa liberté tournerait vite en représailles et en tyrannie.

Tel autre demandait la liberté de la parole et de la discussion ; il se flattait de réduire aisément ses adversaires par l'irrésistible puissance de ses arguments ; mais que ces adversaires résistent, qu'ils s'obstinent dans leurs erreurs, ou qu'ils demeurent fidèles à leurs convictions, notre homme désappointé s'emporte et sans plus attendre, passant du raisonnement à l'injure, il se donne le plaisir de vilipender ceux qu'il n'a pu convaincre.

Tel autre croit tout uniment que la liberté, c'est la

destruction de l'autorité, et le lendemain du jour où la liberté a été proclamée, il se réveille tout surpris de trouver encore en place des autorités civiles ou militaires. Celui-ci, tout fraîchement investi du droit de voter, ne rêve plus qu'élections, électeurs, éligibles, élus, et, partisan résolu de l'application universelle du suffrage universel, il voudrait sagement faire élire les officiers par les soldats, les administrateurs par les administrés, les contrôleurs par les contrôlés, les maîtres par les élèves, et les juges par les accusés. Tous ces excès, toutes ces folies ne tiennent pas seulement à l'ivresse naturelle des premières heures de l'affranchissement, mais à l'ignorance complète de ce qu'est la liberté, de sa nature et des limites qu'elle rencontre dans l'exercice des droits d'autrui et dans les conditions mêmes de l'existence des sociétés.

La liberté civile et politique n'est qu'une conséquence de la liberté morale; elle étend à la fois le pouvoir de bien faire et celui de mal faire; mais en augmentant le pouvoir de bien faire, elle en accroît l'obligation; en augmentant le pouvoir de mal faire, elle n'en donne pas le droit. A la contrainte exercée par le despotisme ou la rigueur des lois, elle substitue l'empire volontairement exercé par l'homme sur lui-même ; à la direction imprimée du dehors, elle substitue la direction qui vient du dedans. Les lois cessent ainsi d'imposer au citoyen tout ce qu'il est jugé capable de s'imposer à lui-même.

La liberté n'implique donc pas une suppression ou une diminution d'autorité, mais un déplacement et un changement dans la nature et l'action de cette autorité. Au lieu d'être exercée par une volonté étrangère, elle s'exerce par la volonté personnelle; et elle devrait se mesurer à l'aptitude des hommes à se gouverner eux-mêmes. Qu'on l'appelle donc civile, politique ou religieuse, quel que soit le nom qu'on lui donne, elle est par nature, et elle reste essentiellement morale; elle augmente le nombre des actes que l'individu fait sans contrainte et qui par suite ont un caractère moral; elle lui permet de devenir ou plus utile ou plus nuisible, ou meilleur ou pire, et, en étendant le champ de son activité volontaire, accroît dans la même proportion le poids de sa responsabilité. Il est aisé de comprendre que si, devenant plus libre, l'homme ne devient pas meilleur, il emploiera au mal le surcroît de liberté qu'on lui accorde, si bien que cette liberté tournera bientôt au détriment de la société comme de l'individu lui-même, et que l'accroissement de la liberté publique entraînera inévitablement un accroissement correspondant de crimes et d'immoralité. Plus de liberté exige donc plus de valeur morale; aussi a-t-on dit et avec raison, que le principe du régime républicain est la vertu. Comme ce régime assure aux citoyens toutes les libertés possibles, il demande en retour des hommes capables d'en user sagement, sans quoi il périrait par l'excès même de la liberté, comme le despotisme périt par l'excès de la tyrannie.

Que les instituteurs se pénètrent donc bien de cette vérité, que liberté oblige plus encore que noblesse, que la responsabilité augmente dans la mesure où la liberté grandit, et que si un homme ne devient pas d'autant plus sage qu'il devient plus libre, sa liberté n'est qu'un fléau pour lui et pour les autres. Ce mot de liberté est magique et terrible; dans les temps d'émancipation récente, il évoque le souvenir des maux qu'on a soufferts, il pousse à la violence, il pousse à la vengeance, il éveille l'idée bien plus de ce qu'on peut se permettre sur les autres que de ce qu'on doit exiger de soi-même. Mais à mesure que s'éloignent et se refroidissent les souvenirs cuisants de la tyrannie vaincue, à mesure que la conquête de la liberté s'affermit et que la possession en devient assurée, il faut dissiper cette sorte de fumée brûlante qui l'entoure encore; il faut la dépouiller des passions qu'a soulevées la violence des révolutions, il faut mettre en lumière son caractère pacifique et moral; car si la puissance de la liberté peut renverser les gouvernements tyranniques, l'intelligence de la liberté peut seule raffermir des gouvernements libres.

Ce ne sont pas seulement les idées d'égalité et de liberté qui sont ou obscurcies ou défigurées par l'ignorance et par la passion; ces derniers temps ont vu naître ou plutôt renaître et se propager sur l'État, son rôle et sa mission, sur la société, son principe et sa constitution, des erreurs dangereuses dont il est du devoir de l'instituteur de préserver l'enfance et de délivrer l'âge adulte.

Aujourd'hui on a la liberté de tout dire, et Dieu sait si l'on en abuse, Dieu sait ce qu'il se débite d'absurdités dans ces réunions qu'on appelle privées, parce qu'elles se tiennent en lieu clos, mais qui sont bien réellement publiques, parce que ces lieux clos contiennent des milliers de personnes, et parce que les journaux petits et grands se font un devoir de répandre des comptes rendus de ces réunions nombreuses et souvent tumultueuses. Et, de fait, il vaut mieux que les théories monstrueuses qui s'y exposent avec un cynisme naïf, fassent ensuite le tour de la presse et soient étalées au grand jour, au lieu de se dérober dans l'ombre et le mystère des conspirations ; il vaut mieux qu'elles soient soumises d'une manière permanente à l'épreuve de la discussion, si tant est qu'elles supportent la discussion, et que le bon sens et l'honnêteté du public soient sans cesse appelés à en faire justice ; il vaut mieux que la société connaisse ses ennemis, leur nombre, leur valeur morale, leurs espérances et leurs projets.

Mais de peur que l'enfant arrivant à l'adolescence ne devienne la dupe des déclamateurs furibonds ou l'instrument de leurs entreprises criminelles, nous devons de bonne heure l'avertir, l'éclairer et le prémunir. Pour réfuter des erreurs qui sont aussi anciennes que le monde et qui dureront autant que lui, parce qu'elles proviennent bien moins de l'esprit que de la passion, pas n'est besoin d'être grand clerc, ni puissant logicien ; la raison de l'enfant y suffit : cette vieille et toujours renaissante utopie du partage des biens, elle n'est pas un système, elle est une convoitise, et c'est pour cela même qu'elle est aussi impossible à détruire qu'aisée à réfuter. L'histoire toute seule s'en charge ; mais les utopistes du partage ne connaissent pas l'histoire ou ne veulent pas la connaître. Le partage n'est réclamé que par ceux-là même qui n'ont rien à mettre en partage. L'égalité des parts supposerait au moins l'égalité du mérite ; or, sous ce rapport, il n'y a qu'inégalité. Que si au mépris de la justice, on en appelait à la force, où trouverait-on une force capable d'imposer le partage et surtout de le maintenir? Combien de temps les parts resteraient-elles égales? le partage à peine fait, l'inégalité renaîtrait, car chacun ferait de sa part un usage différent ; l'avarice et la générosité, la tempérance et l'intempérance, la prévoyance et l'imprévoyance, la nature en un mot détruirait à l'instant même une égalité contraire à la nature autant qu'à l'équité. Il suffit de mettre l'enfant en présence de ces absurdités pour qu'elles lui crèvent les yeux.

Dans tous les temps, dans toutes les sociétés, il y a toujours eu une classe déshéritée ou moins favorisée que les autres ; dans l'antiquité, les esclaves, au moyen âge, les serfs, plus tard, les paysans, aujourd'hui les ouvriers, ou du moins une partie de la classe ouvrière. Le développement trop rapide de certaines industries a créé des agglomérations d'hommes que la rudesse de leurs travaux, l'insuffisance de leurs salaires, la menace permanente du chômage, l'incertitude du lendemain, dispose aux revendications violentes et livre aux excitations coupables de meneurs ambitieux et cupides. C'est le droit de ceux qui souffrent de chercher à améliorer leur sort, c'est notre devoir à tous de les y aider, c'est l'avantage des institutions libres de leur en fournir les moyens, et l'honneur du gouvernement et des chambres d'y contribuer de tout leur pouvoir. Mais autant ces efforts sont légitimes et louables, autant est absurde la prétention d'imposer à la société tout entière le soin ou l'entretien d'une catégorie de citoyens, non seulement parce que les secours se demandent et ne se commandent point, non seulement parce que l'État n'a ni le pouvoir d'imposer sa volonté à l'industrie privée, ni le droit de se substituer à elle, non seulement parce que la perspective d'un salaire assuré détruirait bien vite l'initiative et l'activité et par suite l'industrie même, mais aussi, mais surtout parce qu'il serait impossible de régler et de limiter ce privilège, parce que tous les corps de métiers viendraient la réclamer les uns après les autres, puis tous les ouvriers qui travaillent seuls, puis les petits commerçants, puis les paysans, puis tout le monde, et que l'État, si par malheur il se laissait entraîner dans cette voie, serait amené à anéantir toute liberté individuelle, à établir partout les travaux forcés et à exercer une tyrannie monstrueuse, sous laquelle il finirait par succomber lui-même, entraînant dans sa ruine la société tout entière.

Ces vérités-là ne sont pas au-dessus de la portée des enfants, et en tout cas, pour les y mettre, il suffit de prendre un exemple.

Supposons que tous les ouvriers menuisiers demandent de l'ouvrage à l'État, chose déjà peu vraisemblable, car il en est beaucoup qui ne veulent relever que d'eux-mêmes et qu'il faudrait contraindre, mais admettons que l'accord se fasse sur ce point et que l'État consente à devenir seul et unique fabricant. Voilà d'abord une liberté supprimée, et de ce seul fait, toutes les autres menacées. L'État devenu patron réglerait les salaires. Croit-on qu'il parvînt à contenter tous les ouvriers? S'il leur donne à tous un salaire égal, les ouvriers laborieux et adroits se plaindront et avec raison ; s'il établit des salaires inégaux, ce seront les paresseux et les malhabiles qui réclameront ; il faudra qu'il ait recours à la force pour imposer sa volonté ; la tyrannie commence. Et à quel taux fixera-t-il les salaires ? avec quoi les payera-t-il ? Évidemment avec le prix des meubles vendus. Le voilà donc devenu non seulement unique fabricant, mais unique marchand. Voilà un commerce supprimé et tous les marchands ruinés ; ou, si on les indemnise, c'est le trésor, c'est-à-dire le public qui payera l'indemnité. La tyrannie avance.

Et si l'État ne vend pas assez de meubles, avec quoi payera-t-on les salaires? encore avec l'argent du trésor, c'est-à-dire des contribuables. Ou, si, pour nourrir ses ouvriers, il élève outre mesure le prix des meubles, et que le public refuse d'en acheter et fasse venir de l'étranger des meubles meilleurs, à meilleur marché, s'y opposera-t-il et forcera-t-il les citoyens à acheter les siens? surcroît de tyrannie. Et quand il aura ainsi mécontenté tout le monde, sauf les ouvriers menuisiers, et encore, comment fera-t-il pour faire prévaloir sa volonté? sera-ce à l'aide de ces mêmes ouvriers menuisiers? La lutte ne serait pas longue. Et que serait-ce donc si l'État voulait être non seulement fabricant de meubles, mais l'unique fabricant, l'unique industriel et l'unique commerçant de la société tout entière? Qu'on songe bien qu'en élevant le prix des marchandises pour élever ou soutenir les salaires, l'État atteindrait infailliblement les ouvriers eux-mêmes, car les ouvriers sont aussi des acheteurs; il leur faudrait donc eux aussi payer plus cher les objets de consommation, ou, si on leur vendait à meilleur compte, le reste du pays se révolterait et avec raison.

Le simple essai d'un pareil système, s'il était possible, mettrait sens dessus dessous la société en quelques jours. Rendue ainsi palpable, une vérité de ce genre peut entrer aisément dans l'esprit d'un enfant. Ce n'est pas l'intérêt d'une classe seule, si méritante qu'elle puisse être, qu'on doit chercher, à l'exclusion ou au préjudice des autres, c'est l'intérêt de tous, c'est l'intérêt commun. Qu'il y ait d'un côté plus de concessions à faire, plus de sacrifices à consentir, nul n'y contredit; mais demander l'assujettissement du peuple à une partie du peuple, c'est la négation du principe républicain, et sous une autre forme le retour au passé.

Pénétrons de bonne heure l'âme des enfants d'un sentiment de bienveillance pour tout ce qui porte le nom de français; élevons-les par le patriotisme au-dessus des divisions qui tendraient à rompre l'unité si péniblement conquise, et à faire renaître des classes que la république deux fois victorieuse a fondues et confondues dans le vaste sein de la démocratie; il n'y a plus de castes, plus de classes dans la société française, il y a la nation; les privilèges ont disparu, et quant aux différences de fortune, c'est sur la fraternité et non sur la violence qu'il faut compter pour les amoindrir; car, pour les détruire, il faudrait détruire l'humanité même.

Il est d'habitude dans certaine presse de représenter la bourgeoisie comme formant une classe à part, classe héritière des privilèges de l'ancienne noblesse. Est-il besoin de faire remarquer que la bourgeoisie, puisqu'on l'appelle ainsi, ne possède aucun droit qui n'appartienne à tous, que le dernier des prolétaires a les mêmes droits que le premier des bourgeois, et qu'en France l'égalité civile et politique est absolue? Parler de titres est plus inutile encore, les quelques titres et particules égarés dans la bourgeoisie n'y ont ni valeur ni crédit ; à très peu d'exceptions près, ce sont des signes parfois suspects, souvent ridicules d'une vanité aussi incorrigible qu'inoffensive. D'ailleurs ces particules voyagent, elles montent, elles descendent, et ne sont fixées en aucune partie de la nation. Qu'est-ce donc qu'une caste sans titres et sans privilèges ? à quel signe distinctif reconnaît-on un bourgeois? où commence, où finit la bourgeoisie ? où est la limite qui la sépare du reste des citoyens ? Dans la pensée de ceux qui lui déclarent la guerre, qui la rendent responsable des maux et des souffrances de la classe ouvrière, qui la signalent comme une seconde noblesse à détruire par une seconde révolution, la bourgeoisie se compose de tous ceux qui sont arrivés, eux ou leurs pères, à se créer, par le travail, une épargne, un capital petit ou grand. Le capital, voilà le grand mot, voilà l'ennemi ! Ainsi le travail, l'économie seraient des crimes !

Se peut-il imaginer rien de plus inique, de plus absurde, de plus antipatriotique? L'ouvrier habile qui a épargné sur son salaire : bourgeois ; le paysan laborieux qui a économisé sur le produit de ses récoltes : bourgeois ; le modeste employé qui a vécu de privations pour élever son fils et doter sa fille : bourgeois ; bourgeois tous, alors ; car il n'est personne qui ne puisse épargner.

D'ailleurs, qui noble est, noble reste ; au contraire, le bourgeois d'aujourd'hui ne l'est plus demain, car on se ruine en ce monde ; et le prolétaire d'aujourd'hui demain sera bourgeois, car en ce monde on travaille et l'on gagne. Dans notre démocratie libre et ouverte il n'y a point de barrière, mais deux grands courants, l'un qui élève le mérite et le travail, l'autre qui entraîne en sens contraire, l'inconduite et l'incapacité. Il faut aider les premiers à monter plutôt que retenir ceux qui descendent ; il faut venir en aide aux efforts honnêtes et laborieux pour la constitution d'une première épargne ; il faut, par tous les moyens légitimes, améliorer progressivement le sort des travailleurs et leur rendre possible cette épargne si désirable ; mais flétrir ceux qui ont semé et plus tard récolté, mais menacer ceux qui ont recueilli les fruits des arbres plantés par eux ou par leurs pères, c'est briser le ressort de l'activité humaine, c'est tarir la source de la prospérité nationale, c'est commettre un crime de lèse-justice et de lèse-patrie.

Aussi, laissant de côté les cupides exploiteurs de la souffrance exaspérée, les harangueurs ambitieux de la misère égarée, je dirais aux partisans convaincus ou séduits des utopies malsaines et des revendications injustes, ce que l'Hôpital disait à ses contemporains divisés par le fanatisme religieux : « Pour Dieu, ôtons ces mots funestes et diaboliques, « noms de partis et de séditions, luthériens, hugue-

« nots, papistes, et ne changeons pas le beau nom « de chrétiens. »

Et nous, ne changeons pas le beau nom de *Français;* quand nous parlons aux enfants de notre société, de nos institutions républicaines, montrons-leur comment chaque citoyen, libre sous la protection de lois équitables, peut déployer en tous sens sa libre activité, et tenter toutes les voies, sans rencontrer d'autres obstacles que ceux que la nature elle-même a créés, et que la civilisation moderne travaille sans relâche à abaisser, ne les pouvant détruire.

Il est une autre erreur malheureusement trop répandue, qui accuse une profonde altération du sens moral, et qui tend à multiplier les crimes en leur donnant une apparence de noblesse et de légitimité. Aux yeux de certaines gens, les crimes politiques ne sont pas des crimes. Les auteurs de ces attentats trouvent non seulement des approbateurs, mais des défenseurs éloquents; il n'est donc pas étonnant qu'ils aient des imitateurs.

Qu'est-ce donc qu'un crime politique? C'est celui qui est commis non par intérêt personnel, mais sous couleur d'intérêt général et pour amener un changement qu'on croit utile dans la forme du gouverment ou dans la constitution de la société. C'est donc la noblesse du but qui ennoblit l'action, et c'est la fin qui justifie les moyens. Cette maxime n'est que trop connue, et connue par ses fruits; c'est la maxime jésuitique, et l'on a droit de s'étonner de la voir adoptée et mise en pratique par ceux-là même qui sont les ennemis déclarés des jésuites et qui les accablent de leur mépris. Et cependant si les jésuites ont encouru le mépris et la réprobation, c'est précisément parce qu'ils ont appliqué sans scrupule cette déplorable maxime. Comment donc leurs imitateurs pourraient-ils échapper à la même condamnation? Le vol et le meurtre commis dans un intérêt religieux sont-ils plus coupables que le meurtre et le vol commis dans un intérêt politique? La différence du but change-t-elle donc le caractère des actes? Non : la moralité des actes est indépendante du but; tuer et voler sont des crimes, quelle que soit l'intention de celui qui vole et tue. Si, pour se justifier d'un crime, il suffit d'alléguer une bonne intention, il n'y a plus de répression possible, partant plus de sécurité, et bientôt plus de société. Les hommes les meilleurs peuvent se tromper ou se laisser entraîner, que sera-ce des autres ? Et qui donc peut se flatter de pénétrer les intentions des hommes? à quel signe certain distinguera-t-on une bonne d'une mauvaise intention ? et si l'on s'en rapporte aux accusés eux-mêmes, est-il un scélérat qui ne puisse échapper au châtiment? La justice, malgré les ressources dont elle dispose, n'arrive pas toujours à établir le véritable caractère des faits, comment arriverait-elle à fixer le caractère des intentions?

C'est un axiome juridique que personne n'est juge

dans sa propre cause; que devient ce principe si l'on absout un crime en faveur de l'intention? Admettre en effet l'intention pour une justification, n'est-ce pas constituer chacun juge de lui-même? Si la moralité des actes dépend de l'appréciation individuelle, il n'y a plus de coupables, il n'y a plus de justice. Il faut donc que la justice ait une autre prise sur les sentiments presque toujours insaisissables ou obscurs; cette prise, c'est l'acte seul qui la donne.

Les actes volontaires sont bons ou mauvais en eux-mêmes, indépendamment de leurs causes et de leurs conséquences; sans doute les mêmes actes n'ont pas toujours la même valeur; mais dans quelque mesure que les circonstances les aggravent ou les atténuent, ils conservent le caractère qu'ils tiennent de leur nature; le crime peut être plus ou moins grand, mais crime il est, et crime il demeure.

Une autre erreur moins funeste, il est vrai, mais grave encore et fort accréditée, erreur qui découle de la même source, consiste à croire qu'on peut en toute sûreté de conscience frauder le trésor, tromper la douane, tromper l'octroi; certaines gens vont plus loin et pensent qu'on peut sans scrupule tromper les compagnies. Comme ces erreurs sont fort anciennes et par conséquent difficiles à déraciner, comme elles ont survécu aux temps qui les ont engendrées et qui les justifiaient dans une certaine mesure, ce n'est que par l'éducation et par de longs efforts qu'on arrivera sinon à les détruire, du moins à les affaiblir. Il importe donc de saisir à temps l'esprit de l'enfant, de rectifier les idées fausses que l'indulgence de l'opinion a pu y faire naître, et de bien affermir son jugement sur ce point, avant que l'intérêt personnel ou la contagion de l'exemple l'aient entraîné à suivre le courant.

Disons-lui donc et faisons-lui comprendre que la fraude et la contrebande, si fort en usage pour ne pas dire en honneur, surtout dans les pays frontières, sont des vols véritables, qui ne diffèrent des vols ordinaires et qualifiés crimes, qu'en ce que ceux-ci sont commis au préjudice des particuliers, tandis que ceux-là se commettent au préjudice des communes et de l'État. Or, voler quelqu'un ou voler tout le monde, c'est toujours voler, et, au point de vue moral, la faute est la même ; ce sont des espèces différentes de vol, mais ce sont l'une et l'autre des vols.

Ajoutons que ces fautes qui autrefois pouvaient paraître légères ou moins répréhensibles, ont pris sous le régime républicain un caractère de gravité nouveau et sont aujourd'hui sans excuse. En effet, dans un temps où les droits de douane ou d'octroi étaient fixés arbitrairement, on pouvait jusqu'à un certain point se croire autorisé à garder pour soi un argent dépensé sans contrôle et parfois sans profit pour la nation. Mais aujourd'hui ces impôts sont, comme tous les autres, votés ou approuvés par les chambres, c'est-à-dire par le peuple lui-même, ils sont affectés à l'entretien des services de l'État ou à des travaux d'utilité publique, leur emploi est soumis au contrôle le plus minutieux et le plus actif; retenir ou détourner un argent légalement voté, légalement perçu, légalement employé, ce n'est pas seulement porter préjudice à ses concitoyens et se voler soi-même, c'est se mettre en révolte ouverte avec la volonté nationale, c'est violer à la fois la loi morale et la loi civile.

Les mœurs sous ce rapport, comme sous bien d'autres, sont en retard sur les institutions, car il ne manque pas de prétendus républicains qui élisent fort consciencieusement leurs députés, leurs conseillers généraux, leurs conseillers municipaux, c'est-à-dire leur confèrent par l'élection le droit de voter les impôts, et qui ensuite, par une contradiction sans doute inconsciente, s'ingénient à ne point acquitter ces impôts votés par leurs représentants, c'est-à-dire par eux-mêmes.

A force de parler et d'entendre parler de progrès, on en arrive à se méprendre sur l'état intellectuel de notre génération, on est dupe de l'apparence, on juge sur la surface sans regarder au fond. En réalité nous sommes plutôt frottés de civilisation que civilisés, nous sommes républicains de nom plutôt que de principes et surtout que de mœurs. Ceux qui ne se contentent pas de lire les journaux et d'entendre les orateurs, ceux qui tiennent à se renseigner par eux-mêmes, ceux qui s'éloignant du bruit qui se fait à la surface, descendent dans le peuple et vont écouter les ouvriers, les paysans, les bonnes femmes, ceux qui suivent avec une curiosité réfléchie les séances de nos tribunaux, ceux-là savent quelle couche épaisse d'ignorance il reste à enlever, combien de préjugés ridicules, de croyances absurdes, de superstitions tenaces il reste à déraciner, combien d'idées étranges fermentent encore dans les cerveaux malsains, combien de fantômes hantent encore les imaginations et non seulement dans les coins reculés des campagnes, mais au beau milieu des villes et des plus grandes villes.

Là comme dans les plus petits villages fleurissent encore l'invincible croyance à la vertu fatale du fameux nombre treize, des salières renversées, des araignées malencontreuses ; là, à la porte des écoles, des lycées, et des facultés, dans les quartiers de lumière, s'ouvre le cabinet de la somnambule et des diseuses de bonne aventure, et plus loin, dans quelque ruelle discrète, le réduit où l'on achète à beaux deniers comptants le moyen de conjurer les sorts et de vaincre l'*émmasquement*. Il y a dans les esprits un fond naturel de crédulité peureuse et sur ce fond un amas vivant de superstitions, où l'on retrouve des restes de paganisme mêlés aux plus grossières aberrations du moyen âge. Chose étrange, certains esprits cultivés n'échappent pas à cette tyrannie de l'absurdité unie à la peur, et les racines inextirpables des superstitions héréditaires repoussent vivaces à travers la floraison de la plus saine culture. C'est pourtant là ce qui gouverne la vie morale d'innombrables créatures humaines dont la raison ne peut se développer, étouffée sous ce lierre luxuriant et malfaisant.

Dans les temps de crise, aux époques troublées, quand arrivent les désastres, quand les fléaux se déchaînent, toutes ces croyances, qui en temps ordinaire remuaient confusément et obscurément au fond des esprits, commencent à s'agiter au souffle de la peur et comme ranimées d'une vie intense et fiévreuse, sortent tout effarées au grand jour.

C'est alors qu'on voit ce que l'ignorance peut engendrer de folie. Tout récemment encore, quand le choléra sévissait à Marseille, les médecins, comme partout, comme toujours en notre pays, les médecins se prodiguaient, se dévouaient pour les malheureux atteints par le fléau. Eh bien, à ce moment même, une idée étrange, inouïe, venue on ne sait d'où, née on ne sait comment, s'était répandue. On disait, on croyait que les médecins allaient empoisonnant les malades; et ce n'est pas seulement dans un ou deux cerveaux dérangés que cette idée s'était implantée; l'horrible bruit courait partout et trouvait créance dans une bonne partie de la population affolée. Sur plus d'une porte de docteur on lisait ces mots tracés en grosses lettres: « Empoisonneur. » Des médecins qui se présentaient pour donner leurs soins aux cholériques étaient renvoyés brutalement, parfois avec des injures, même avec des menaces. Chose affreuse! une mère dont les enfants agonisaient, se plaça en travers de sa porte pour barrer le passage au docteur, aimant mieux laisser entrer la mort.

Dans une autre ville en proie au fléau, on entendit plus d'une fois retentir au milieu du silence funèbre de la nuit des menaces de mort contre ceux qu'on appelait les semeurs de choléra et qui n'étaient que d'honnêtes passants attardés, regagnant leur logis. Comme le mal frappait surtout dans les maisons étroites et malsaines, dans les taudis, dans les réduits, quelques imaginations égarées par la frayeur et l'exaltation avaient conçu le soupçon d'une alliance monstrueuse entre le pouvoir et le fléau pour la destruction ou l'affaiblissement du parti socialiste.

Ainsi dans un temps où l'on a tant fait pour améliorer le sort du peuple, où chaque jour voit éclore quelque œuvre nouvelle de prévoyance et de bienfaisance, en un temps où l'on peut dire sans exagération que le sort de tous ceux qui travaillent et qui souffrent est la première et la constante préoccupation des gouvernements, des corps élus, et de tous les bons citoyens, où la charité qui seule ou presque seule autrefois venait en aide à la souffrance et à la misère, est aujourd'hui secondée, étendue, transformée par l'effort permanent, actif, intelligent de la société tout entière impatiente et jalouse d'arriver à une répartition plus équitable des biens et à un soulagement plus efficace de toutes les misères humaines, dans un pareil temps, ceux-là même qui sont l'objet de cette universelle sollicitude, peuvent se laisser égarer jusqu'à prendre leurs auxiliaires les plus dévoués pour les complices de je ne sais quel noir et effroyable complot, et leurs courageux bienfaiteurs pour des empoisonneurs soudoyés !

Ne soyons donc plus si fiers de notre civilisation qui recouvre encore de ses dehors brillants de tels abîmes d'ignorance et de démence. Et pendant que toute une légion de vaillants écrivains et de citoyens éclairés poursuivent sans découragement la campagne depuis longtemps entreprise contre l'ignorance de la génération présente, c'est à nous, instituteurs, à préserver la génération qui grandit de cette contagion funeste, c'est à nous à prendre un à un tous les préjugés ineptes et dangereux, toutes les superstitions grossières, à les dissiper au jour de la raison, à en montrer, à en démontrer la vanité, l'absurdité, la cruauté, à élever les enfants dans l'intelligence du temps où ils vivent et dans les sentiments de reconnaissance qu'ils doivent à une société plus que jamais bienveillante et bienfaisante.

CHAPITRE X

SENTIMENTS A RANIMER

SOMMAIRE. — Du respect en général. — Causes de son affaiblissement. — Respect de l'autorité; — des grands hommes; — de la vieillesse; — de la mort; — des parents; — de la famille; — des femmes; — des enfants; — de la folie; — du malheur.

Nous avons passé en revue dans le chapitre précédent les principes fondamentaux sans l'intelligence et l'application desquels la République ne serait qu'une apparence trompeuse; nous avons signalé les erreurs dont la propagation ruinerait la concorde entre les citoyens et compromettrait l'existence de la société, les préjugés et les superstitions qu'on reprochait aux régimes déchus et qui se perpétuent sous le régime républicain; nous avons insisté sur la nécessité d'inculquer ces principes à l'enfance, de la préserver de ces erreurs, de l'arracher à ces superstitions. On ne refait pas les hommes, mais on peut les former. Nous sommes, pour employer une expression tristement célèbre, nous sommes dans un moment psychologique et il n'y a pas de temps à perdre. Si la génération, qui maintenant est entre nos mains, en sort sans porter, dans la société où elle va se répandre, des principes sûrs, des idées saines, et la ferme volonté de les faire prévaloir, si elle ne donne pas à la République des mœurs vraiment républicaines, c'est-à-dire vertueuses, elle accroîtra le mal qu'elle est appelée à combattre, elle en rendra la guérison plus difficile encore.

Mais pour former cette génération en qui reposent nos espérances, ce ne sont pas seulement les idées fausses qu'il faut rectifier, et les idées justes qu'il faut implanter, ce sont les bons sentiments qu'il importe de réveiller et de répandre, car ces sentiments n'ont pas moins d'action sur la volonté que les idées elles-mêmes ; et dans un pays comme le nôtre les mouvements de la sensibilité causent plus d'entraînements que la raison ne dicte de résolutions.

Voyons donc parmi les sentiments qui font vivre la famille et prospérer l'État, qui sont le gage de la santé morale chez les particuliers et dans les sociétés, voyons quels sont ceux que nos bouleversements politiques, que les changements produits dans nos mœurs par l'accroissement de la richesse, le développement de l'industrie, la liberté de la presse, la vulgarisation des lettres et des arts, ont pu affaiblir ou dessécher et qu'il faut vivifier et raffermir.

Au premier rang de ces sentiments appauvris je

placerais le respect de l'autorité. Il est aussi inutile d'en nier l'affaiblissement qu'aisé d'en trouver les causes. Dans un pays qui, en moins d'un siècle, a été remué jusqu'en ses dernières profondeurs par cinq révolutions prévues ou imprévues, et maté à plusieurs reprises par des réactions violentes et des coups d'État sanglants, toutes les autorités, politiques, judiciaires, civiles, religieuses, militaires ou autres, ont été successivement et inévitablement compromises par leurs faiblesses ou leurs défections, leurs complaisances ou leurs complicités. Ajoutons à cela qu'entre les partis victorieux et les partis vaincus, a toujours régné une déplorable émulation de dénigrement réciproque; si bien que la rage de la défaite et l'abus de la victoire, ne laissant intacte aucune réputation, même la plus pure, ont conspiré à détruire dans les âmes le respect de l'autorité. Et cependant dans cette période agitée de notre histoire, s'il y a eu des défections fameuses, il y a eu bien des fidélités glorieuses; et au-dessous des trahisons retentissantes, bien d'obscurs dévoûments, bien des vertus muettes. Mais la gloire fait moins de bien que la honte ne fait de mal, et d'ailleurs toute l'attention de la foule se porte vers la scène et sur les grands acteurs. Or l'autorité n'est pas un principe purement abstrait, que sa nécessité évidente mette à l'abri de toute atteinte. Ce principe prend un corps, il s'incarne, et les hommes qui le représentent ne sauraient faillir sans que le principe lui-même ait à souffrir de leurs défaillances. Et quand ces défaillances se multiplient, quand elles se renouvellent à des intervalles fréquents, l'estime diminue, la défiance augmente, et le respect s'en va. Il y a donc une sorte de fatalité historique dans l'affaiblissement de ce sentiment vital; cependant puisque l'instabilité de tant de gouvernements caducs lui a été si funeste, on peut raisonnablement espérer que la stabilité des institutions républicaines lui rendra force et vertu.

L'enfant, par cela même qu'il est enfant, est enclin au respect. C'est dans la famille que ce sentiment prend naissance et qu'il se développe mêlé à la piété filiale. Mais il ne reste pas enfermé dans le cercle de la famille, il s'étend d'abord à toutes les personnes qui à un titre quelconque représentent l'autorité paternelle et enfin, quoique à un degré moindre, à toutes les grandes personnes. C'est qu'en effet, dans son essence, le respect n'est que le sentiment et l'aveu de notre infériorité et de notre dépendance, et l'enfant a conscience de son infériorité vis-à-vis de tous ceux qui l'entourent; chaque instant lui démontre qu'ils le surpassent en force, en savoir, en expérience; il est donc naturellement porté à le reconnaître et à le témoigner; toutefois peu à peu, à mesure qu'il grandit et que décroît la distance qui le sépare des hommes faits, il s'enhardit à la comparaison, qu'il trouve parfois à son avantage. Tout à l'heure, le voilà leur égal et peu disposé à accorder aux autres ce qu'on lui refuserait à lui-même. Dans cette évolution qui modifie insensiblement le caractère de ses sentiments à l'égard de ceux dont il se rapproche chaque jour davantage, il faut prendre garde de laisser s'affaiblir et se perdre le respect de l'autorité. Et pour cela il faut de bonne heure transformer ce sentiment instinctif en sentiment réfléchi ; si on réussit à faire comprendre à l'enfant que ce sentiment est à la fois une obligation morale et une nécessité sociale, il deviendra respectueux par devoir et par raison comme il l'était par instinct.

Sans doute, pour être respecté, il faut être respectable, et les sentiments s'inspirent bien plus qu'ils ne s'imposent. Aussi les gouvernements doivent-ils ne confier les fonctions publiques qu'à des hommes qui commandent l'estime, et les électeurs doivent-ils n'accorder leurs suffrages qu'à des citoyens dont la réputation soit intacte. Mais, si scrupuleux que se montrent gouvernants et gouvernés, ils ne sauraient éviter des méprises et des surprises ; car, d'un côté, la vérité n'est pas toujours facile à démêler, et, de l'autre, un passé irréprochable n'est pas une garantie d'une certitude entière. Les fonctions publiques ont des tentations inconnues à la vie privée, et auxquelles ne résistent pas toujours des hommes réputés jusque-là impeccables.

Il importe donc qu'en dehors de l'estime qui tient à la personne, et que nous ne pouvons pas plus refuser à ceux qui la méritent qu'on ne peut nous l'imposer pour ceux qui ne la méritent pas, il importe, dis-je, que nous soyons de bonne heure habitués à respecter les fonctions en elles-mêmes et l'autorité qu'elles confèrent. Ce respect dû à la fonction, à raison de sa nature, ne nous rendra que plus sévères pour ceux qui s'en montrent indignes, et plus circonspects dans nos choix ; de plus il rendra plus facile une obéissance nécessaire et restituera à l'autorité un prestige qui ne peut s'affaiblir sans danger pour les premiers intérêts du pays.

Il y a dans toute autorité un principe de respect qu'il faut dégager et mettre en lumière. Ce principe a sa racine dans le caractère et l'importance des fonctions dévolues à l'autorité et dans la valeur intellectuelle et morale qu'elle réclame de ceux qui en sont investis. Civile ou militaire, politique ou judiciaire, morale ou scolaire, elle représente l'intérêt public, l'État, la patrie qu'elle a pour mission de défendre. Il n'y a pas d'assimilation possible entre l'exercice de ces fonctions et les professions ou les métiers qui n'ont d'autre objet qu'un intérêt purement privé.

D'autre part, pour rendre la justice, pour commander une armée ou une partie de l'armée, pour administrer un département ou une commune, pour instruire et former la jeunesse, il faut des qualités de caractère et d'esprit que n'exige point l'exercice d'un métier. Mais de même qu'une société ne peut vivre sans le secours de l'autorité, de même l'autorité ne peut être réelle et efficace que si elle est secondée par le respect. Appliquons-nous à faire comprendre aux enfants ces vérités élémentaires, et à faire naître en eux les sentiments dont elles contiennent le germe. S'il est une forme de gouvernement qui en ait plus particulièrement besoin, c'est assurément la forme républicaine ; car un gouvernement absolu, sûr d'inspirer la crainte, peut à la rigueur se passer du respect, ou se contenter de l'apparence ; tandis qu'une république, qui ne demande rien à la force, a du respect un besoin absolu. Il est plus nécessaire encore aux fonctions électives qu'à toutes les autres ; car le mépris de l'élu retombe sur l'électeur, et l'on se rabaisse soi-même en rabaissant son choix ; respecter ceux qu'a élevés le suffrage, ce n'est pas autre chose que se respecter soi-même.

C'est malheureusement une habitude de traiter plus que familièrement, et de juger sommairement les hommes revêtus de fonctions publiques et surtout de fonctions électives. On croit se grandir de toute la liberté qu'on prend à leur égard ; c'est un mal à guérir, car ce ne sont pas seulement les hommes qui y perdent, c'est la fonction elle-même et par suite la société. Habituons donc les enfants à parler respectueusement de tous les hommes que la confiance de l'État ou des électeurs a investis de fonctions publiques, ou que leur mérite, leurs succès, leurs services ont portés à un rang élevé dans les diverses carrières; habituons-les à juger les hommes, non sur les défauts, dont aucun n'est exempt, mais sur les qualités dont ils font preuve et les services qu'ils rendent.

Il est un autre sentiment qui devrait, ce semble, avoir besoin du frein plus que de l'aiguillon, c'est le respect de la grandeur intellectuelle ou morale. En effet, les peuples sont naturellement portés à l'orgueil, et cet orgueil des peuples trouve sa meilleure excuse ou pour mieux dire sa légitimité dans la gloire des grands hommes qui rejaillit sur la nation entière. Ce sentiment paraît si naturel et il est en réalité si puissant chez certains peuples, qu'il y engendre parfois des exagérations ridicules. Admirer ses grands hommes, les exalter, les surfaire, c'est presque de l'égoïsme. Cet égoïsme patriotique et respectable jusque dans son excès n'est pas un défaut français. Soit que la passion de l'égalité nous égare, soit que l'habitude de la critique nous domine, nos grands hommes n'ont guère à se louer de nous, et, à la façon dont on les traite, il leur est difficile de croire à l'amour de leurs concitoyens.

Et dans l'objet aimé tout leur devient aimable,

dit Molière, en parlant des amants. Ce n'est point ainsi que nous en usons avec nos gloires. Nous ne nous laissons guère aveugler par l'affection ; à travers l'éclat qui les environne, nos regards scrutateurs et jaloux savent percer jusqu'aux défauts qui les déparent ; et malheureusement on peut dire des hommes illustrés ce que Corneille dit des rois :

Pour grands que soient les rois, ils sont ce que nous sommes,
Ils peuvent se tromper, comme les autres hommes.

Ces défauts inséparables de la nature humaine, au lieu de les voiler ou de les taire par un sentiment bien entendu de patriotisme et de reconnaissance, nous prenons plaisir à les mettre en lumière, à les grossir même et à en triompher. Pauvre et misérable triomphe, qui rabaisse nos grands hommes sans nous relever nous-mêmes, car la distance entre eux et nous n'en est pas diminuée, et si notre dénigrement les rabaisse, il nous fait descendre d'autant. Il est vrai que cet acharnement cesse avec leur mort, que la réaction du sentiment public est presque instantanée, et qu'à ce tapage de la jalousie et de la calomnie succède presque sans intervalle un concert de louanges et d'admiration. Une fois l'homme tombé, sa statue s'élève.

Notre temps a en effet ceci de particulier qu'il est prodigue d'honneurs envers les morts illustres et d'outrages envers les vivants. De tous côtés sortent des statues pour réparer ces injustices et ces injures ; mais ces réparations tardives n'ont pas encore adouci les mœurs, et l'on continue à faire expier aux grands hommes la célébrité dont ils jouissent et à leur faire acheter chèrement les honneurs qui les attendent. Et cependant quoi de plus contradictoire et de plus antidémocratique que d'exiger le respect pour les derniers des hommes, parce qu'ils sont citoyens, et de le refuser à ceux qui, citoyens aussi, ont tant d'autres titres à nos hommages ?

Quel honnête homme n'est saisi de dégoût à voir des folliculaires rouler dans la boue les gloires les plus pures, et des pygmées insulter aux géants de la pensée et de l'action? Mauvaise est assurément l'idolâtrie des noms, et la République a raison d'y substituer le culte de la Loi; mais qu'est-ce donc que la loi sinon une image plus ou moins parfaite de la justice, et qu'a de commun la justice avec cette rage de dénigrement et d'injure qui s'acharne sur les supériorités de tout genre, avec ce ravalement de toute grandeur intellectuelle ou morale? Ce n'est pas de l'égalité républicaine, c'est, qu'on me passe un barbarisme pour une chose vraiment barbare, c'est de l'*égalisation*.

Que l'instituteur ne néglige aucune occasion de déposer dans le cœur de l'enfant les semences de ce sentiment sain et vivifiant de l'admiration; qu'il voile par une sorte de pudeur respectueuse et filiale les quelques faiblesses qui sont comme l'alliage mêlé aux plus précieux métaux, qu'il apprenne à l'enfant à respecter l'humanité dans ses types les plus glorieux, à respecter la patrie dans ses plus dignes représentants. La critique à outrance ne peut que déssécher la source des émulations fécondes et des nobles ambitions.

Il est un sentiment délicat entre tous et que je voudrais voir fleurir dans l'âme de nos enfants; ce sentiment qui a suffi à lui seul pour faire l'honneur de certaines républiques anciennes, c'est le respect de la vieillesse. Nous sommes sur ce point moins spartiates qu athéniens et plus enclins à rire des vieillards qu'à les plaindre. Chez nous non plus on ne se lève pas volontiers pour faire place à la vieillesse, et plus d'une fois dans la rue j'ai eu le cœur serré à voir des enfants, des jeunes gens même pousser droit devant eux, forçant des vieillards à se détourner pour leur livrer passage. La belle et sévère leçon donnée par La Fontaine aux trois jouvenceaux moqueurs n'est que trop souvent méritée de nos jours. Quel honneur pour nos modestes écoles si nous pouvions y faire renaître ce sentiment exquis!

Aujourd'hui les enfants sont devenus l'objet de la sollicitude nationale, et il faut s'en féliciter; mais de la part des parents ils sont souvent aussi l'objet d'une tendresse complaisante et d'une vanité déplacée et ruineuse; on ne les élève pas, on les gâte; on ne les habille pas, on les pare; c'est presque de l'idolâtrie. Par contre, la vieillesse n'est pas en faveur; notre temps a pour elle des termes durs, et où il entre moins de pitié que de dédain. Il y a sans doute des vieillesses imposantes et glorieuses, devant lesquelles tout s'incline, et notre pays en a sa bonne part; mais les vieillards en général, le commun des vieillards, ceux-là ne sont-ils pas traités avec indifférence et parfois avec mépris, comme objets de rebut? Et cependant, sans parler de notre intérêt bien entendu qui devrait nous faire songer à l'avenir et à ce qui nous attend, sans parler des prescriptions de la morale et des injonctions de nos codes, le vieillard n'a-t-il pas droit, comme tout ce qui est faible, triste et menacé à une sympathie attentive et affectueuse? Quel homme vraiment homme peut voir un vieillard sans songer à tout ce qu'il y a peut-être de misères et d'infirmités dans ce pauvre corps qui va s'affaiblissant, à tout ce que renferme de regrets amers, de souvenirs douloureux et funèbres, ce pauvre vieux cœur qui va se refroidissant, et enfin à cette menace perpétuelle de la mort suspendue sur cette tête blanchie? Il n'y a pas là matière à plaisanterie.

Le vieillard est chose sacrée, comme l'enfant; que celui-ci apprenne donc à respecter son grand aîné.

Du reste, la nature nous aidera dans cet enseignement. D'instinct, l'enfant aime le vieillard, qui le lui rend bien. Je ne sais rien de plus touchant que ce rapprochement des extrêmes, que ces deux bouts de la vie qui se relient, que ce grand-père menant son petit-fils par la main.

Aidons à notre tour la nature et prenons garde que la grossièreté du langage ou la sécheresse du cœur ne viennent flétrir cet instinct délicat.

La vieillesse m'amène tout naturellement à songer à la mort. Il est bon d'expliquer aux enfants pourquoi les hommes se découvrent silencieusement devant le corbillard qui passe ; car les enfants ne s'associent pas spontanément à ces marques de respect. Sans doute il ne faut pas assombrir de pensées funèbres l'aurore de la vie ; mais serait-il sage de tenir systématiquement l'enfance dans une ignorance ou une indifférence complètes sur cette grande affaire de la mort qui remplit la vie ? S'il est dangereux d'éveiller et de développer prématurément en lui une sensibilité énervante, on serait coupable de le laisser s'endurcir dans une insensibilité égoïste. Le mieux est de l'initier virilement et progressivement à l'intelligence de la destinée humaine, à ses caprices, à ses rigueurs, de l'habituer à sortir de lui-même, à se mettre en pensée au lieu et place des autres, à se sentir en autrui, à vivre dans ses semblables. C'est presque là tout le secret de l'éducation.

Ne craignons donc pas d'attacher un moment ses regards et son attention sur ce cercueil qui passe, sur ce père en larmes qui conduit son enfant à la dernière demeure, sur ces orphelins qui suivent les restes d'un père ou d'une mère enlevés à leur amour. La légèreté naturelle et nécessaire à l'enfant aura bientôt repris le dessus ; mais une pensée salutaire aura traversé son esprit et y laissera un souvenir que les circonstances feront par la suite renaître utilement. Il en aura ou plus d'attachement pour ses parents, ou plus de pitié pour les orphelins.

Oserai-je dire que le respect des enfants pour les parents est moindre qu'il n'était autrefois, et cela non seulement dans les familles pauvres, mais dans les familles aisées et même dans les familles opulentes ? Cet affaiblissement d'un sentiment si nécessaire s'explique par le changement profond qui s'est opéré dans les esprits et qui n'a pas tardé à s'opérer dans les mœurs en tout ce qui touche à l'éducation du premier âge.

Montaigne a été l'un des premiers à pousser un cri de pitié pour les enfants qu'on martyrisait dans les écoles ; les philosophes du dix-huitième siècle, J.-J. Rousseau surtout, ont éloquemment plaidé la cause de l'enfance, les pédagogues formés à son école ont contribué à changer en une bonté attendrie la dureté des âges passés, et le mouvement profond de ces derniers temps en faveur de l'éducation populaire a achevé la conversion. Les enfants ne sont plus battus, et ils ne doivent pas l'être ; ils sont entourés de soins, et nul ne saurait s'en plaindre. Mais là ne s'est pas arrêté ce retour de sensibilité à l'égard de l'enfance ; si dans notre pays les changements d'habitudes sont difficiles à provoquer, les régler est plus difficile encore. Nous passons vite et volontiers d'un extrême à l'autre extrême, et les gens qui résistent à ce mouvement précipité, ceux qui essayent de l'enrayer, ceux-là perdent souvent et leur temps et leur peine.

Dans la famille des siècles passés les enfants n'étaient rien ou pas grand'chose; dans la famille moderne ils sont tout ou peu s'en faut. Autrefois les enfants étaient traités avec sévérité pour ne pas dire avec rigueur; on les tenait à l'écart, on les élevait dans la crainte, et la crainte est gardienne du respect. A table l'enfant ne parlait pas, aujourd'hui non seulement on le laisse parler, mais on l'y invite, on l'écoute, et volontiers on l'admire. Il a, comme on dit, voix au chapitre, et souvent c'est son avis qui prévaut ou au moins sa volonté et parfois son caprice. Autrefois ce qu'il y avait de plus mauvais était bon pour lui, en fait d'aliments comme de vêtements; aujourd'hui, entre lui et ses parents, pas de différence pour la nourriture, ou, s'il y en a une, elle est en sa faveur, et, pour l'habillement, elles ne sont pas rares les familles où l'enfant est mieux vêtu que les parents; ceux-ci y mettent presque de l'orgueil; la mère porte bonnet, la fille porte chapeau, et la famille voit dans cette différence la marque de son ascension dans l'échelle sociale. S'il y a encore dans le peuple des parents qui rudoient leurs enfants, c'est l'effet d'une brutalité naturelle ou des colères alcooliques, mais en général les enfants sont traités avec une douceur et avec des égards que leurs aînés n'ont pas connus.

Dans leur langage, le *vous* traditionnel et respectueux qui maintenait les distances a cédé la place au *tu* familier; les enfants traitent d'égal à égal avec leurs père et mère; ce sont de petits personnages, qui prennent de jour en jour une plus haute idée de leur importance et dont la volonté, fortifiée par la faiblesse paternelle, finit par ne plus rencontrer de résistance. Je n'apprendrai rien à personne en disant que l'émancipation anticipée des enfants est passée en habitude, que l'autorité paternelle compose avec eux et abdique avant l'heure, et que ni le bonheur domestique, ni les mœurs publiques n'ont rien gagné à cet affranchissement prématuré et à ce renversement des rôles.

Mais alors comment s'étonner que les enfants, qui sont si habiles à pénétrer les caractères, à surprendre les faiblesses et à en tirer avantage, perdent aussi prématurément quelque chose du respect filial, et que ce sentiment s'en aille avec l'autorité qu'on abandonne ? Le contraire aurait lieu de surprendre. Ajouterais-je que les parents ne se gênent guère en présence de leurs enfants, qu'ils abordent souvent devant eux des sujets délicats et scabreux, qu'ils les habituent aux jugements sommaires sur les personnes et les choses, qu'ils ne se méfient pas assez de leur pénétration naturelle et de leur penchant si fort à l'imitation, que leurs réticences maladroites ou leurs regards d'intelligence ne font qu'aiguillonner la curiosité ardente et active du jeune âge, et qu'enfin une association trop intime et trop précoce de l'enfance à la vie des grandes personnes les rend témoins de scènes qui ne sont pas toujours exemplaires.

Concluons donc que si le respect filial a diminué, la faute en est surtout à l'imprévoyance et à l'imprudence des parents eux-mêmes. Comme toujours, un changement excellent en principe, mais poussé trop loin dans la pratique, a produit des conséquences fâcheuses.

C'est une raison de plus pour que nos maîtres inspirent de bonne heure aux enfants les sentiments qui conviennent à leur âge, pour qu'ils s'efforcent de lutter contre les habitudes régnantes et de soutenir l'autorité paternelle qui se désintéresse ou s'abandonne. Et dans cette lutte contre le courant du jour, ils ne doivent pas songer seulement au présent, qui pourrait les décourager, mais à l'avenir, qui doit soutenir leur courage. Dans l'enfant qu'ils élèvent, ils doivent envisager le futur père de famille et songer que les leçons d'aujourd'hui porteront leurs fruits plus tard. Devenu père à son tour, l'enfant, irrespectueux aujourd'hui peut-être, se rappellera alors ses droits et ses devoirs ; les souvenirs de l'enfance sont comme ces germes qui peuvent dormir longtemps dans la terre, mais que des influences et des circonstances favorables viennent féconder et faire éclore. Il ne faut donc pas croire à l'inutilité des leçons parce qu'elles semblent perdues ; vienne le moment propice et la semence lèvera.

Le sentiment de la tendresse filiale doit aller croissant avec l'âge des parents comme avec l'âge des enfants; des parents, parce que le temps a pour effet inévitable de faire le vide autour d'eux en les séparant de ce qu'ils ont de plus cher, et parce que, sujets aux infirmités, les secours commencent à leur manquer au moment même où ils leur deviennent le plus nécessaires; avec l'âge des enfants, parce que les progrès de leur raison et une intelligence plus nette de leurs devoirs ôteraient toute excuse à leur indifférence ou à leur ingratitude. Et, à ce propos, je ne puis m'empêcher de toucher, en passant, un sujet fort sérieux, mais qui a le don d'égayer la morosité contemporaine et d'exciter la verve railleuse des romanciers et des chroniqueurs.

Il y a dans la vie de famille un moment à la fois heureux et douloureux; c'est celui où des parents établissent leurs enfants; à la joie de marier une fille se mêle naturellement dans le cœur des parents, de la mère surtout, un sentiment de tristesse et de regret. C'est une séparation, et la raison ne suffit pas toujours à en adoucir l'amertume. Sans doute ce regret n'est pas exempt de tout égoïsme, mais dans ce monde est-il beaucoup de personnes qui ne vivent que pour les autres, et en tout cas la sévérité convient-elle à ceux qui ne vivent que pour eux-mêmes? Sans doute aussi ce regret n'est pas toujours discret et maître de lui-même, mais alors n'est-ce pas à celle qui trouve dans cette séparation inévitable une ample compensation, n'est-ce pas à la fille à se mettre en pensée à la place de sa mère, à lui réserver la part d'affection qui lui est due, et à la dédommager d'une perte qu'elle-même doit subir à son tour? N'est-ce pas à celui qui entre dans une famille à comprendre un sentiment naturel et respectable jusque dans ses exagérations? Il n'en est pas ainsi pourtant, et l'égoïsme à deux se dérobe bien vite à l'accomplissement d'un devoir incommode, et, dans ce brusque changement, la raillerie endémique trouve plaisant de faire rire aux dépens de ceux qui souffrent. Elle a enrichi le théâtre comique d'un personnage nouveau qui a nom la belle-mère. C'est une création dont le théâtre se serait bien passé, et dont la famille ne profitera guère. Il ne faut pas croire à l'innocuité des plaisanteries passées à l'état d'habitude; elles exercent une très réelle influence sur les esprits légers qui sont en somme les plus nombreux, elles disposent insensiblement à des actes qui n'auraient pas cessé de paraître blâmables, si la manie de tout ridiculiser ne leur avait préparé un semblant d'excuse dans l'indulgence de l'opinion et n'en avait insensiblement atténué la culpabilité.

Tout ce qui est de nature à rompre le faisceau de la famille, à en détendre les liens est au plus haut point répréhensible; les hommes ne doivent pas ressembler à ces êtres d'un ordre inférieur, à moitié végétaux, à moitié animaux, qui se propagent en se partageant; l'union de la famille doit survivre à l'établissement des enfants, et leur mariage doit l'étendre et non la déchirer.

Il y a un autre sentiment, d'un caractère moins particulier et moins obligatoire que le respect filial, et que cependant une société ne pourrait, sans déchoir, laisser s'amoindrir. Ce sentiment a été l'âme de la chevalerie et l'un des traits les plus saillants du caractère français; il a fait le charme et la grâce de la société dans les siècles derniers; je veux parler du respect des femmes.

Il prend sa source dans la faiblesse même de la femme, faiblesse qui l'expose à tous les dangers, surtout dans des temps rudes comme le moyen âge; il s'accroît du prix qui s'attache à l'honneur des familles dont la femme est la dépositaire; il s'y mêle un sentiment de pitié pour les terribles épreuves et les longues fatigues de la maternité, enfin il est comme une sorte d'hommage rendu à la grâce et à la beauté, et un tribut de reconnaissance pour le bonheur ou le charme que la femme prête à la vie humaine. Poussé d'abord jusqu'à une sorte de culte à une époque de guerre permanente et d'aventures chevaleresques, il a dégénéré peu à peu en simple galanterie à mesure que les femmes, au lieu d'inspirer les grands dévoûments et les entreprises héroïques, devenaient dans une société plus tranquille la parure des salons et des cours. Mais, même sous cette forme quelque peu suspecte, ce sentiment, bien qu'altéré et affadi, s'est pourtant conservé. Sans doute il ne vivait guère qu'à la surface de la société et les masses populaires n'en ont jamais été pénétrées.

Aussi, le monde étroit et fermé où il régnait encore, au moins en apparence, ayant été noyé dans les flots montants de la démocratie, ce sentiment semble avoir disparu.

Il n'en est rien pourtant. Au-dessous d'une noblesse futile et sensuelle, une classe plus laborieuse et plus éclairée avait conçu de la femme un autre et plus noble idéal où la vertu reprenait sa place, mais entourée des dons les plus brillants de l'esprit. La femme devient un moment l'inspiratrice inspirée du génie ou du courage ; les Roland, les Récamier nous offrent l'image presque accomplie de cet idéal nouveau.

Il n'a pas survécu au triomphe de la démocratie dont l'idéal indécis n'a pas encore été réalisé. Autant qu'on en peut juger par les aspirations qui se font jour et par les efforts qui sont tentés, la femme dans la société nouvelle paraît devoir être moins soucieuse des marques extérieures du respect que désireuse d'indépendance, moins jalouse d'égards pour sa faiblesse que pour des droits qu'elle juge méconnus; elle entend prendre part à la lutte pour l'existence, se faire sa place dans la vie publique, exister par elle-même et non plus seulement comme la compagne de l'homme. Nul doute que si ces aspirations, en partie légitimes, sont contenues dans de sages limites, la société ne trouve dans les aptitudes intellectuelles et morales de la femme des ressources précieuses et longtemps négligées, et que cette attitude nouvelle, faite d'énergie et de dignité, ne commande l'estime et le respect.

Quoi qu'il en soit, il est certain que dans les mouvements politiques qui ont abaissé et appauvri la classe autrefois dominante, fortifié et élevé les classes inférieures, la politesse traditionnelle envers les femmes a sinon disparu, au moins grandement diminué. Par cela même que la femme est sortie plus d'une fois du milieu et de la réserve dans lesquels sa mission naturelle semblait devoir la renfermer, par cela même qu'elle s'est mêlée aux luttes politiques et sociales, qu'elle a pris une part plus large à la vie militante et publique, qu'elle s'est fait une place déjà considérable dans la presse et dans les lettres, qu'elle a affiché ses prétentions à une égalité qui peut paraître à bon droit chimérique, elle s'est en quelque sorte découverte, elle s'est exposée aux attaques, aux critiques, aux railleries, elle a perdu quelque chose des égards qui semblaient comme une compensation légitime d'une situation effacée et modeste. Rien cependant ne justifie le sans-gêne dans le langage et le laisser-aller dans les manières qu'une partie de la génération contemporaine croit pouvoir se permettre avec les femmes.

Autant nous devons nous efforcer de faire prévaloir les principes de justice et de liberté qui sont le propre de la démocratie, autant nous devons nous efforcer de conserver ou de remettre en honneur cette courtoisie proverbiale, cette politesse traditionnelle qui ont distingué l'ancienne société française et dont la perte serait une altération du caractère français.

André Chénier, parlant des changements inévitables que le mouvement des esprits amène dans la littérature disait :

> Sur des pensers nouveaux faisons des vers antiques.

Suivons ce conseil dans les relations de la vie ; le fond des idées a changé, gardons la forme en ce qu'elle avait de noble et de délicat; la vraie démocratie consiste à élever, à ennoblir l'humanité, à appeler le plus grand nombre à l'exercice des droits et à la jouissance des biens qui font l'honneur et le bonheur de la vie, et non à propager la grossièreté et la rudesse.

Ce serait une erreur de croire que le langage et les manières sont chose indifférente ou même secondaire ; ils sont une traduction expressive des idées et des sentiments. Ces libertés de ton et d'allures prédisposent et enhardissent à des libertés plus grandes, et celles-là plus blâmables. Si l'établissement de la République n'est en réalité que le triomphe d'un long et patient effort de la dignité humaine méconnue dans le plus grand nombre de ses membres, le respect de cette dignité, surtout dans les êtres les plus faibles, doit être l'ambition et l'orgueil des mœurs républicaines. Que si la corruption qu'engendre la richesse comme aussi la misère, a accru dans une nation elle-même accrue le nombre des femmes qui ne craignent pas d'étaler leurs vices et leur honte, ce n'est pas une raison pour que le mépris qu'elles encourent et qu'elles bravent diminue le respect que les autres méritent. Bien au contraire, ce respect doit être d'autant plus profond et d'autant plus marqué que l'opinion d'un certain monde se montre plus dangereusement indulgente envers certains désordres, et que les dangers qui entourent la vertu sont plus nombreux et plus grands.

Le vice élégant est de nos jours bruyant et hardi, il abuse de la liberté commune, il a sa presse et ses réclames; il est en montre, en scène, en étalage; mais il tient heureusement moins de place dans la société que dans la publicité et la rue.

La société est comme un profond et large courant d'eau saine encore qui coule entre une couche d'écume à la surface et une couche de lie au fond.

Le respect de la femme, mère ou fille, vit encore dans les familles; il faut l'y accroître, l'y développer, il faut l'amener à se traduire au dehors dans la tenue et le langage. Les témoignages du respect qu'on accorde sont à la fois utiles à celle qui le reçoit et tient par suite à s'en montrer digne, et à celui qui les donne et sent par là même croître sa propre dignité. La femme du peuple, la fille du peuple a d'autant plus besoin de ce respect que chaque jour les nécessités de la vie l'arrachent au foyer pour l'amener dans des milieux difficiles, à la fabrique, à l'atelier, au marché, dans la rue; elle le mérite d'autant plus que les travaux auquels elle se condamne sont souvent plus pénibles et plus rebutants.

Que nos écoles primaires soient donc des écoles de respect à l'égard des femmes et que nos maîtres s'y prennent de bonne heure pour l'inspirer, qu'ils veillent aux rapports des garçons avec les filles, rapports que l'accroissement des groupes scolaires a multipliés et qui peuvent, suivant la prudence ou l'imprudence des maîtres, tourner au profit de l'éducation ou au détriment des mœurs. Que ce sentiment si délicat et si pur prenne naissance dès le commencement de la vie scolaire, qu'il s'y développe avec l'âge et la raison, que les garçons soient habitués dès leurs jeunes années à entrer dans le rôle qui convient à leur sexe et où, à cette fierté qu'inspire la force qui va croissant, se mêle une vague intuition et comme un pressentiment de cette chose sacrée qui s'appelle l'honneur d'une femme.

Les enfants d'aujourd'hui ne sont ni meilleurs ni plus mauvais qu'autrefois: ce sont des enfants. Cet âge est sans pitié, disait La Fontaine. J'en demande pardon au fabuliste; la dureté de l'enfant est plus apparente que réelle, elle est chez lui l'effet de l'ignorance et de l'irréflexion, et non de la nature. Voyez avec quelle tendresse les sœurs soignent leurs petites sœurs, comme en l'absence de la mère elles s'efforcent de la remplacer, comme elles sont ingénieuses à les amuser, empressées à les consoler ! Et le grand frère, avec quel air de mâle assurance il veille sur son puîné, avec quel courage il le défend ! C'est que l'un et l'autre ont été petits, c'est qu'ils se rappellent, qu'ils comprennent et qu'ils sentent les chagrins de leurs frères et sœurs. Ce même enfant qui ravissait sans pitié les petits oiseaux à leur mère, on en fait sans peine un protecteur de ces mêmes oiseaux, quand on a su l'initier à leur vie, lui montrer dans le nid comme une image de la maison paternelle, lui peindre les dangers, les besoins, les alarmes des pauvres couvées, la sollicitude, les transes et la douleur des mères !

L'homme en général, l'homme fait ne s'associe que difficilement aux souffrances des êtres qui n'ont avec lui aucune ressemblance ou que des analogies lointaines. L'enfant est comme lui, il tourmente sans scrupule un hanneton parce que la distance est trop grande de lui à l'insecte. Il y a donc une éducation de la pitié, et c'est un art d'apprendre à l'enfant à vivre en quelque sorte de la vie des êtres inférieurs, à étendre sa pitié jusqu'à eux, et à ne se permettre que les souffrances nécessaires ou au moins utiles à sa propre conservation. Si les enfants paraissent parfois insensibles aux souffrances des grandes personnes malades ou infirmes, c'est qu'ils ne trouvent pas en eux, dans leur mémoire, de point de comparaison et qu'ils ne se font pas une idée de ces souffrances. Nous ne connaissons et nous ne comprenons bien en fait de sentiments que ceux que nous avons éprouvés nous-mêmes. Alors nous nous mettons en esprit à la place de ceux qui souffrent, et nous sympathisons. C'est par la même raison que les enfants sont à peu près indifférents aux grands malheurs, aux grandes infortunes; ils ne peuvent en comprendre l'étendue, en prévoir les conséquences; il leur manque en effet et heureusement l'expérience. Ne nous hâtons donc pas de les accuser de froideur ou de dureté, l'accusation serait injuste, du moins le plus souvent.

La pitié du reste est un sentiment trop fort, trop douloureux, trop épuisant pour des âmes d'enfant; s'ils y devenaient trop accessibles, si tous les spectacles attristants qui passent sous leurs yeux devaient en tirer des larmes et saisir leurs cœurs, les enfants n'y résisteraient pas, ils mourraient d'une maturité prématurée.

Est-ce une raison pour ne pas cultiver leur sensibilité? Non certes; mais il faut se garder de la surexciter; il faut surtout l'éclairer et la régler de manière à ce qu'elle ne se fourvoie pas, et n'aille pas trop loin; entre l'insensibilité et l'excès de sensibilité il y a un juste milieu.

S'il est en ce monde des malheureux entre les malheureux, ce sont assurément les hommes qui se survivent à eux-mêmes, et qui, perdant la raison, ont conservé la vie. Voilà des objets de pitié. Eh bien, l'enfant ne comprend pas tout seul cet affreux malheur, il n'en voit pas les lamentables effets, il est porté à en rire. J'ai vu, et qui n'a vu des enfants attroupés autour de ces fous inoffensifs auxquels on laisse la liberté de la rue et qui l'expient chèrement? Les enfants prennent plaisir à les suivre et à les poursuivre de leurs moqueries et même de leurs injures. Le pauvre fou s'arrête, il se retourne, il essaye de mettre en fuite cette troupe qui le harcèle; mais à peine a-t-il repris sa marche que la meute revient et s'élance sur ses pas.

Ce ne sont pas assurément les meilleurs parmi les enfants, ceux qui se font un jouet d'un malheureux, qui prennent plaisir à entendre ses divagations, à les provoquer, à l'exaspérer par leurs cris, par leurs rires et leurs mauvais tours. Mais à part quelques garnements qui mènent la bande, ces enfants pour la plupart ne sont pas méchants, ils ne savent pas ce qu'ils font. Ils se laissent entraîner, ils suivent l'exemple, et cet exemple, ce ne sont pas toujours des enfants qui le donnent. Il n'est pas rare de voir de grandes personnes prendre part à ce jeu cruel, et en tout cas sous ce rapport l'éducation du peuple est encore à faire, car les passants qui ne se mettent pas de la partie, regardent sottement passer la troupe malfaisante, et se croisent les bras. Si le peuple ressentait pour les pauvres fous les sentiments qu'ils doivent inspirer, ne les prendrait-il pas sous sa protection, et ne mettrait-il pas à la raison, ne disperserait-il pas bien vite ces petits persécuteurs? Mais en cela comme en beaucoup d'autres choses, l'indifférence égoïste du passant est vraiment inouïe; il laisse tout faire ou peu s'en faut; l'on dirait que le plaisir de voir étouffe en lui tout autre sentiment; et si parfois il sort de sa neutralité curieuse et railleuse, s'il intervient, c'est rarement au profit des mœurs. S'il y a un coup de main à donner, ce n'est pas pour venir en aide aux gardiens de l'ordre et de la sécurité qu'il le donne, c'est pour tirer d'affaire les délinquants ou les gredins.

Le sentiment de sympathie pour les fous est de date relativement récente; il a longtemps été le privilège de quelques âmes d'élite; il s'est propagé avec l'instruction, mais il est loin de s'être répandu dans la société tout entière et d'en avoir atteint le fond. La dureté ou l'indifférence à leur égard semble provenir de deux erreurs : la première religieuse, la seconde scientifique. Sous l'influence d'une certaine morale, on a vu dans la folie une marque de réprobation divine; et, d'un autre côté, on a cru sans preuves que la folie n'est pas une souffrance.

C'est la tâche de l'éducation de dissiper des préjugés cruels et de pénétrer l'âme de l'enfant d'une sympathie respectueuse pour un malheur souvent immérité. Les maladies ordinaires sont aussi parfois l'effet des habitudes vicieuses et de l'inconduite; et cependant nul ne songe à refuser aux malades les soins et la pitié qui leur sont dus.

Tout malheur, toute souffrance a droit à nos égards; nous ne sommes pas chargés de faire à chacun la part de responsabilité qui lui revient dans son malheur, pour régler notre secours sur une appréciation qui souvent est fausse et souvent impossible. La recherche des causes n'est la plupart du temps qu'un calcul de l'égoïsme. Secourons d'abord les malheureux et laissons à qui de droit le soin de les juger.

L'exemple est donné de haut; et, grâce aux pouvoirs publics, les fous trouvent presque dans tous les départements un asile et des soins ingénieux et touchants. L'instituteur n'a donc qu'à seconder les progrès de la raison et à répandre un sentiment qui fait honneur à notre temps. Qui peut se flatter de pénétrer dans l'âme de ces malheureux et savoir dans quelle mesure leur malheur même les met à l'abri de la souffrance? Je ne parle pas de ceux dont la folie tourne en fureur, et dont les tortures et l'agonie sont si affreuses qu'on n'en peut supporter la vue ni même la pensée. Mais les autres, ceux qui vivent avec leur folie, combien ne sont-ils pas à plaindre, déchus de leur dignité d'hommes, privés des joies de la famille, retranchés vivants de la société humaine, n'ayant que le spectacle d'autres folies? Chez certains peuples les fous ont un caractère sacré; s'ils ne sont pas chez nous des objets de vénération, que du moins ils soient des objets de pitié.

Inspirons de la pitié pour toutes les souffrances, qu'elles soient morales ou physiques, non pas cette pitié inerte qui s'exhale en exclamations banales ou s'écoule en larmes stériles; mais une pitié active et virile qui ne se borne pas à plaindre, qui cherche à soulager, qui se traduit moins par des paroles ou des regards que par des actes; qui, au lieu de se complaire dans un attendrissement dont on se sait bon gré, s'emploie et s'ingénie à trouver des adoucissements et des remèdes.

CHAPITRE XI

DÉFAUTS DE L'ÉDUCATION SCOLAIRE

De l'utilité des récompenses en matière d'éducation. — Qu'elles sont aussi et plus utiles que les punitions. — Que le caractère national les rend particulièrement nécessaires. — Du système actuel des récompenses. — Qu'elles vont toutes au mérite intellectuel. — Causes de cette partialité. — Faiblesse et indulgence pour l'esprit sous toutes les formes. — Vanité française. — Que l'éducation est bien plus difficile que l'enseignement et pourquoi. — Qu'à raison même de sa difficulté elle a été confiée à des hommes spéciaux, prêtres ou philosophes. — Que la famille et l'école s'en sont désintéressées. — Conséquences fâcheuses de cette abdication et de la partialité en faveur de l'esprit. — Indifférence morale. — Que l'état actuel de la société et la nature des institutions républicaines réclament un changement complet dans nos habitudes scolaires.

Punir est malheureusement nécessaire ; mais récompenser ne l'est pas moins, et l'éducation consiste en grande partie dans l'emploi judicieux des punitions et des récompenses ; ces deux moyens, quoique contraires, s'accordent cependant et concourent au même but. Le règlement des écoles a fixé la nature, le nombre et la gradation des punitions ; s'il est muet sur le chapitre des récompenses, ce n'est certes pas qu'il les interdise, c'est qu'il laisse aux maîtres le soin de les choisir. Montrons-nous dignes de cette confiance et examinons s'il n'y aurait pas lieu, dans l'intérêt bien entendu de nos écoles et de la société même, d'élargir le cercle des récompenses, d'en enrichir la liste, d'en modifier la nature, et, sans compromettre le développement intellectuel de l'enfance, d'en mieux assurer le développement moral.

Le système actuel répond-il suffisamment aux besoins généraux de l'éducation, répond-il aux besoins particuliers du caractère français et du temps présent ? Je n'ose le croire.

Si jamais l'éducation fut nécessaire, c'est à l'heure présente, car le sort de la nation ne dépend plus aujourd'hui de quelques privilégiés de la naissance, de la fortune ou du talent, il dépend du peuple tout entier, c'est-à-dire de l'éducation nationale. Aussi disais-je naguère encore aux instituteurs réunis autour de moi : « Ce n'est pas sans émotion que je songe à la grandeur de la tâche que les circonstances vous imposent, car c'est sur vous que le pays compte pour lui préparer des générations plus instruites et meilleures. Et en ce sens on peut bien dire, comme on l'a fait, sans exagération, que le sort du pays est entre vos mains. C'est par vos mains en effet que passent les neuf dixièmes des futurs électeurs, et il n'est que trop évident que les destinées du pays reposent sur la valeur morale et intellectuelle du corps électoral. Aussi, en pensant à la responsabilité qui pèse sur nous, ce ne sont pas des bouffées de vanité qui doivent nous monter à la tête, mais une crainte patriotique qui doit nous saisir le cœur. Travaillons donc à nous rendre de plus en plus dignes de notre mission et soyons sûrs que les progrès que nous aurons accomplis en nous-mêmes se traduiront bientôt en progrès dans les enfants confiés à nos soins.

« Je sais que les enfants ne restent pas assez à l'école et que le temps de la scolarité est court ; mais, d'une part, les premières impressions sont aussi durables que vives, elles ont une sorte de vitalité renaissante, et une énergie directrice qui se fait sentir jusque dans les dernières années de l'existence ; d'un autre côté, le développement si rapide et si riche d'avenir de l'enseignement primaire supérieur retiendra désormais dans nos écoles un nombre toujours croissant d'enfants, qui resteront soumis plus longtemps à votre salutaire influence, en qui nous pourrons poursuivre l'œuvre de l'éducation, et qui formeront un jour une des plus solides assises de l'édifice social.

« Dernièrement, l'Académie française cherchait pour le concours poétique de l'année qui commence un sujet qui répondit aux plus vives et aux plus patriotiques préoccupations de l'heure présente ; elle s'arrêta à ces deux mots significatifs : *sursum corda*. Nous n'avons pas nous, Instituteurs, à composer des pièces de vers, mais nous avons à faire germer, croître et fleurir dans les âmes les semences de toutes les vertus. La poésie qui prend sa source dans le cœur et se répand dans la conduite en bonnes, en belles actions, vaut bien assurément celle qui s'exhale en strophes harmonieuses. Laissez-moi donc vous dire, à vous aussi : *sursum corda*, élevons nos cœurs, élevons ceux de nos enfants. »

Pour développer ces sentiments qui font la dignité de la vie, l'honneur des familles et la force des États, on ne peut s'en remettre simplement à la bonté native, si grande qu'on la suppose, ni à la vertu des conseils, si efficace qu'elle puisse paraître ; il faut y joindre l'attrait des récompenses. Ce secours est particulièrement nécessaire au caractère national. En effet, s'il est un peuple qui soit sensible à l'approbation, à la louange, à la récompense, c'est assurément le nôtre. Le contentement intime et solitaire, le témoignage muet et froid de la conscience satisfaite ne suffisent pas aux exigences de notre nature expansive et chaleureuse. Nous ne savons pas, nous ne pouvons pas nous passer des autres, nous avons besoin de connaître les sentiments que nous leur inspirons, nous cherchons à les surprendre, à les lire dans leurs regards, nous prêtons une oreille inquiète à ce qu'ils disent pour apprendre ce qu'ils pensent de nous ; rester au dedans de nous est au-dessus de nos forces ; nous voulons nous sentir dans les autres et vivre en quelque sorte à l'unisson. Aussi, plus que tous les autres peuples, sommes-nous sujets aux entraînements, et subissonsnous d'une manière presque irrésistible la contagion de l'exémple. Ce caractère a ses dangers, sans nul doute, mais il a aussi ses avantages ; la crainte de l'opinion, le besoin d'estime, sont des freins puissants et des stimulants énergiques ; avec nous il n'y a jamais à désespérer ; si l'on peut nous entraîner au mal, on peut aussi nous ramener au bien ; il suffit souvent d'un mot, d'un geste, d'un regard, pour nous arrêter sur la pente où nous glissions, et l'espoir de la louange, la perspective des récompenses nous attire, nous enlève et nous transporte.

Si ces sentiments naturels ont tant d'empire sur les hommes faits, que sera-ce sur des enfants, en qui la force des impulsions premières n'a pas encore été affaiblie par les déceptions ou par le calcul ? Aussi pensons-nous qu'on pourrait et qu'on devrait tirer meilleur parti des besoins et des faiblesses même de notre nature, donner à ces utiles auxiliaires un rôle plus important dans l'œuvre de l'éducation et établir au moins entre les punitions et les récompenses, entre la part faite aux études et la part faite à la conduite, un équilibre qui n'a jamais existé.

Faire le bien pour lui-même est un idéal sublime, mais difficile à concevoir, presque impossible à réaliser ; et s'il dépasse la portée moyenne de l'intelligence et la mesure ordinaire des forces humaines, est-il sage, est-il sensé de le proposer à l'enfance ?

C'est ce qu'a bien compris la Société du sou des écoles laïques, fondée à Marseille depuis quelques années, société qui a déjà fait tant de bien à nos écoles et dont l'initiative à la fois prudente et hardie révèle une intelligence si nette et si vive des besoins les plus urgents de l'enseignement primaire à tous ses degrés. Dans sa dernière délibération, elle a pris une résolution qui fait honneur à sa clairvoyance.

Ce n'est plus seulement aux élèves les mieux doués ou les plus heureux, mais aux plus méritants aux meilleurs qu'elle décide d'accorder ses encouragements; ce n'est plus seulement à l'intelligence, mais à l'effort, au progrès intellectuel, mais au progrès moral, qu'elle destine ses nouvelles récompenses. Nous sommes heureux de la trouver dans la voie où nous voulons entrer, et nous la remercions bien sincèrement d'avoir prêché d'exemple.

Examinons donc ce qui se passe actuellement dans la plupart des écoles primaires, recherchons les causes et les conséquences de la partialité qui a régné jusqu'ici en faveur de l'enseignement et au détriment de l'éducation, voyons quelles qualités on peut récompenser dans l'école et quelles peuvent être la nature et la forme de ces récompenses.

Quel est le caractère du système d'éducation actuellement en vigueur ? La part des punitions y est bien plus grande que celle des récompenses; tandis que la première embrasse toutes les fautes que l'enfant peut commettre, la seconde est loin de s'étendre à tout ce qu'il peut faire de louable et de bien. De plus, tout semble calculé pour exciter l'émulation intellectuelle, presque rien n'y est prévu pour créer l'émulation morale. Ouvrons un palmarès : nous y trouvons des prix pour tous les exercices de l'esprit, mais aucun pour les qualités de cœur. Quelquefois, ici ou là, dans les pensionnats surtout, un prix de bonne conduite, prix d'ordre inférieur, prix relégué presque toujours au dernier rang, fiche de consolation pour l'élève malheureux ou mal doué, dédommagement pour l'amour-propre exigeant et chatouilleux de certains parents.

Toutes les semaines, dans toutes les classes, il y a des compositions pour tous les exercices scolaires ; mais peu d'instituteurs songent à classer les enfants d'après leur conduite et leur valeur morale. C'est toujours l'image de la supériorité intellectuelle qu'on place sous leurs yeux, c'est toujours vers ce but qu'on tourne leurs regards et leurs efforts. Être le premier en histoire, en géographie, en grammaire, en calcul, voilà la grande affaire, voilà l'ambition suprême ; le reste n'est rien. Au premier les éloges, au premier les récompenses; et si quelque personne autorisée, si quelque digne magistrat, entre dans une école, sa première question va nous révéler la nature de ses préoccupations et de ses préférences : « Quel est le premier de la classe, dira-t-il, qu'il se lève : » et le premier se lève et reçoit son tribut; les autres écoutent, admirent et envient. Mais le meilleur, mais le plus franc, mais le plus obligeant, mais le plus honnête, oh! celui-là reste assis : il n'est pas le premier.

Cependant dans le nombre de ces enfants, qui jamais n'arrivent au premier rang, qui même n'y peuvent aspirer, il en est qui ont plus de mérite réel, plus de valeur morale que les premiers de leur classe, et qui peut-être un jour surpasseront leurs brillants camarades et les dépasseront. Ces retours ne sont pas rares; la vie dérange et quelquefois renverse le classement de l'école; parmi ceux qu'on appelle aujourd'hui les déclassés, on trouverait plus d'un ancien élève à succès, comme parmi ces enfants qui n'ont point connu l'ivresse des proclamations solennelles, il en est qui parviennent plus tard aux plus hautes situations. C'est que les uns n'avaient que des qualités brillantes gâtées bientôt par l'inconduite ou perdues par la vanité, tandis que les autres, à des qualités sans éclat, mais solides, ont joint la patience et le sentiment du devoir. Les succès faciles des premières années ressemblent parfois aux fleurs des arbres trop précoces, qui ne tiennent pas contre les intempéries du printemps. Les enfants, au contraire, dont le développement est plus difficile et plus lent et dont la floraison est plus tardive, ceux-là ont plus de sève et de force, ils résistent, ils mûrissent et donnent des fruits. Mais combien ils seraient plus nombreux ces enfants réputés médiocres parce qu'ils mettent plus de temps à mûrir et dont pourtant la maturité est féconde, s'ils étaient entourés de plus de soins, de bienveillance, de sollicitude! Qui pourrait dire ce que les familles, ce que la société elle-même perdent de ressources morales et matérielles à cet engouement pour le mérite superficiel, à ce délaissement de la prétendue médiocrité, à cette prédilection avouée pour la valeur intellectuelle, à cette indifférence traditionnelle pour la valeur morale?

Avec un bon système d'éducation qui établirait l'ordre véritable, qui avant tout affirmerait la subordination du talent à la vertu, que de bien l'on pourrait faire, que de mal on pourrait éviter!

En refroidissant des vanités inconsidérément flattées, on amènerait les enfants bien doués à faire des efforts plus patients et partant plus féconds, à juger moins avantageusement d'eux-mêmes et plus favorablement des autres; en relevant dans leur propre estime et dans celle de leurs camarades les enfants moins favorisés, on leur donnerait la confiance qui ouvre l'esprit, qui double les forces; on préserverait leurs cœurs des sentiments amers.

De là, même au point de vue intellectuel, un double profit; car d'un côté les terrains ingrats, aujourd'hui incultes ou mal cultivés, entreraient en rapport, et, de l'autre, les terres fertiles, plus profondément labourées, produiraient davantage. A l'autre point de vue, il y aurait, entre les enfants d'abord et plus tard entre les hommes, plus d'union, plus d'accord; car l'accord repose sur la bienveillance et l'estime mutuelles, et ces sentiments ne peuvent naître et durer sans une appréciation équitable de qualités nécessairement différentes entre des êtres doués inégalement. D'ordinaire, nous n'estimons en autrui que les qualités que nous croyons avoir; aussi notre dédain et notre indifférence pour des talents qui nous sont étrangers, provoquent en retour des mépris ou des représailles qui nous tiennent les uns vis-à-vis des autres dans un perpétuel état d'isolement, de fractionnement ou d'hostilité.

Si l'on parvenait à créer dans l'école une émulation morale semblable à celle qui y règne pour les succès scolaires, si les enfants s'efforçaient de se surpasser en vertu comme ils font en savoir, s'ils se portaient vers le bien avec la même ardeur que vers la science, si l'on travaillait autant à former leur cœur qu'à meubler leur esprit, à préparer à la pratique du bien qu'à préparer aux examens de tout genre, à faire d'honnêtes gens qu'à faire des brevets et des certificats, en un mot, si l'éducation allait de pair avec l'instruction, quelle abondante semence de bonnes actions pour l'avenir, quelle riche floraison de vertus en perspective, quel renouveau de moralité pour la vie publique et pour la vie privée, quel apport de force et de santé pour le corps social, quel gage de sécurité pour le pays, de stabilité pour la République et d'honneur pour la patrie! C'est le but auquel il faut tendre; mais nous sommes loin du but.

Nombreuses sont les causes de notre partialité en faveur de l'instruction et de notre indifférence en matière d'éducation; je me bornerai à toucher les principales.

La première et peut-être la plus importante, c'est notre goût naturel pour les dons de l'esprit, disons le mot, c'est notre vanité.

Nous préférons les gens d'esprit qui nous amusent, aux honnêtes gens qui nous sont utiles. Ce faible est si fort qu'il nous porte à l'indulgence même pour les libertins spirituels, pour les fripons adroits, voire pour les grands criminels à facultés puissantes, pour les scélérats raffinés et aimables qui raisonnent et assaisonnent leurs coups ou qui innovent dans le crime. Quelle que soit leur perversité, nous trouvons toujours en leur faveur une circonstance atténuante. La seule excuse du crime devrait être dans l'obtuse brutalité de ceux qui le commettent; et nous, au contraire, c'est de leur intelligence, c'est-à-dire d'une circonstance aggravante que nous tirons une atténuation.

Les annales judiciaires en font foi, comme aussi notre littérature, le théâtre surtout et les romans. Prenez le roman de Renart, qui nous en dit long sur les mœurs du temps; les honnêtes gens y sont moqués, bernés, dupés, et cela non par hasard ou par accident, mais par habitude et par système; c'est leur rôle; au gredin tout l'esprit, la bêtise à l'honnête homme.

Mais sans remonter jusqu'au moyen âge, en plein dix-septième siècle, le théâtre classique nous donne d'étranges leçons. Il absout volontiers, que dis-je, il glorifie les attentats bien conçus, ceux qui révèlent de la hardiesse, qui marquent du génie. Écoutons Corneille, le grand Corneille, le poète de l'héroïsme ; c'est lui qui met dans la bouche de Livie, une femme, une impératrice, les vers suivants :

> Tous ces crimes d'État qu'on fait pour la couronne,
> Le ciel nous en absout alors qu'il nous la donne,
> Et, dans le sacré rang où la faveur l'a mis,
> Le passé devient juste et l'avenir permis.
> Qui peut y parvenir ne peut être coupable,
> Quoi qu'il ait fait ou fasse, il est inviolable.

Richelieu, lui, punissait de mort les conspirateurs découverts ; mais le plus grand orateur de la chaire chrétienne, Bossuet, noyait dans la gloire de Condé coupable son crime de haute trahison.

De nos jours le théâtre, le roman, [illegible]ont que trop riches de ces héros à rebours, à qui l'on sait gré d'avoir accompli quelque progrès dans le crime, d'avoir reculé les limites de la perversité, fait avancer d'un pas l'œuvre de la décomposition morale; et l'on dirait que nos auteurs s'appliquent et s'ingénient à tourner en sympathie et en admiration l'horreur et le dégoût qu'ils doivent inspirer.

L'histoire elle-même, la grave histoire, se fait

parfois leur complice. Que ne pardonne-t-elle pas sous le rapport des mœurs, et même de la simple probité, aux hommes qui ont jeté sur leurs désordres ou leurs crimes l'éclat du talent ou du génie? Bref, sous quelque forme et en quelque lieu que l'esprit se montre, même mêlé à un impur alliage, même souillé de boue, taché de sang, il nous charme, il nous séduit. On a même été jusqu'à inventer deux morales : l'une étroite pour les petites gens, pour le commun des mortels, l'autre large et complaisante pour les gens de haut vol, de large envergure.

Étonnons-nous donc que, le bon exemple venant de si haut et sous de tels patronages, on en soit arrivé dans la vie ordinaire à une indifférence légèrement dédaigneuse ou sceptique à l'endroit de ceux qui sont tout bonnement, tout simplement d'honnêtes gens.

En effet, on dit couramment avec une nuance de pitié ou d'ironie : c'est un brave homme! ce qui en bon français, trois fois sur quatre au moins, signifie : c'est un être borné ou médiocre, c'est un pauvre d'esprit. Il semble en vérité qu'on ne puisse être honnête sans être dupe, ni bon sans être débonnaire. Et dans toutes les carrières, même dans la vie publique, où pourtant la sévérité devrait, ce semble, se mesurer à l'importance des fonctions exercées, que ne passe-t-on pas à ceux qui font preuve de quelque qualité brillante, d'habileté, d'éloquence ou simplement de compétence?

Dans les épreuves qui ouvrent l'entrée des carrières, peut-on dire qu'on fasse à la valeur morale la part qui lui revient et qu'on exige autant de garanties que le voudraient la nature et la grandeur des intérêts à défendre?

En somme, toutes les complaisances, tous les éloges, toutes les flatteries, toutes les faveurs vont à l'esprit; bien petite est la part faite à la vertu.

L'école s'est naturellement modelée sur la société; elle s'est faite à son image; elle s'est efforcée de donner à la société des hommes tels que celle-ci les aime, à exercer toutes les facultés, à développer toutes les aptitudes; elle a habitué les enfants à aspirer aux premiers rangs, à disputer les couronnes, à rechercher les succès bruyants; quant à former le cœur, à tremper le caractère, à inspirer l'amour de la vertu, à former à la pratique du bien, si on ne peut pas dire qu'elle s'en soit désintéressée, on ne peut dire non plus qu'elle s'y soit consacrée; à l'école l'éducation est restée un sous-entendu; elle n'a jamais eu la place qui lui est due et qu'il faut absolument lui donner aujourd'hui, la première.

Si l'on a fait jusqu'à ce jour la part si petite à l'éducation, ne serait-ce pas aussi parce qu'il est beaucoup plus facile d'instruire les enfants que de les élever, parce que l'enseignement, surtout élémentaire, ne demande que des connaissances, tandis que l'éducation réclame, sinon des vertus, au moins des qualités assez rares? Ne serait-ce pas que l'autorité morale est aussi indispensable à l'éducateur que l'autorité intellectuelle au maître, et, d'autre part, que l'enfant apprend plus aisément à bien écrire ou compter, qu'à bien faire et à se bien conduire ?

Pour enseigner une science, un art, un métier, il faut avoir acquis dans ce métier, dans cet art, dans cette science, une supériorité marquée sur ceux auxquels on les enseigne ; de même, pour élever l'enfance, c'est-à-dire pour l'amener à la pratique du bien, il faut une supériorité morale incontestable et incontestée. Le maître qui enseigne la grammaire ou l'arithmétique est sous ce rapport tellement au-dessus de son élève, que celui-ci s'incline devant une supériorité évidente et qui se fait sentir à tout instant ; aussi il écoute avec confiance, il suit avec docilité ; mais peut-on dire qu'il en soit toujours de même pour l'enseignement de la morale ? que le maître y soit aussi à l'aise et qu'il ait le même avantage sur ses élèves ? Quel maître est sans défaut ? et quel est le défaut du maître que l'enfant n'ait bien vite aperçu ? Je ne parle pas de ceux qui crèvent les yeux, et ils ne sont pas rares, je parle de ceux que le maître lui-même ignore ou se pardonne, mais que l'œil observateur et pénétrant de l'enfant a bien vite découverts, et que sa malignité quelque peu vindicative n'est pas disposée à excuser. N'est-ce pas pour cela que l'éducation dans les familles est si difficile et si chanceuse ? Le moyen en effet de donner aux enfants les qualités qu'on n'a pas et de ne pas leur donner les défauts que l'on a? Aussi, même dans les familles aisées, l'éducation n'est-elle souvent qu'un simple vernis; elle est toute en surface, toute en manières; mais savoir saluer avec aisance, tourner un compliment, s'habiller à la mode, c'est de l'éducation à la manière du *Bourgeois gentilhomme*. La vraie éducation est bien une autre affaire; elle n'a rien de commun avec les formes changeantes de la mode et les formules banales de la politesse courante; elle n'est pas dans la mise, mais dans la conduite; elle ne consiste pas dans une tenue, mais dans une vie irréprochable; elle n'est pas répandue sur la personne, elle réside dans le cœur. Dans cette éducation-là, le tailleur et le maître de danse n'ont rien à faire.

C'est sans doute à raison de sa difficulté même que presque dans tous les temps et chez tous les peuples on a cherché des hommes qui par leur caractère, par la dignité de leur vie, par l'autorité de l'exemple pussent mener à bien cette œuvre délicate et laborieuse. C'est pour cela que dans l'antiquité, les philosophes, et dans les temps modernes, les ministres des cultes ont été investis de ces fonctions et que les familles royales, aristocratiques et même bourgeoises se sont débarrassées sur eux du poids incommode de cette responsabilité morale. Aristote est chargé de donner au jeune Alexandre les vertus qui manquaient à Philippe; Bossuet et Fénelon ont mission de donner au Dauphin et au duc de Bourgogne, des exemples meilleurs que les exemples paternels ; J.-J. Rousseau, et pour cause, ne confie pas au père d'Émile le soin d'élever son fils. En général, le précepteur est ou doit être un modèle qui dispense le père d'être vertueux ; il a ou doit avoir de la vertu pour le compte d'autrui. Malheureusement cette substitution ne réussit guère ; les regards de l'enfant reviennent toujours du modèle substitué au modèle naturel, qui est le père, et qui bon gré, mal gré, forme ses enfants à son image. Ce n'est pas seulement dans les familles assez riches pour payer des modèles que cette délégation morale est passée en habitude ; chez nous, dans le peuple tout entier, prêtres, pasteurs et rabbins ont été presque les seuls éducateurs, parce que leurs fonctions et leur caractère leur imposent les vertus nécessaires à l'éducation.

Avons-nous beaucoup gagné à cet abandon d'un devoir qui revient naturellement au chef de la famille, qui en constitue la plus noble prérogative, et qui donne à son autorité une sorte de consécration ? Il est permis d'en douter. Le jour où l'autorité religieuse a vu décroître son prestige et par suite l'efficacité de son action, l'autorité paternelle n'a pas toujours ressaisi l'exercice de son droit ni repris l'exercice de ses fonctions, et ce que l'éducation a perdu d'un côté, elle ne l'a pas regagné de l'autre. C'est ce qui rend si désirable aujourd'hui un effort et un accord de la famille et de l'école dans l'œuvre de l'éducation nationale.

L'enseignement moral profite à celui qui le donne autant qu'à ceux qui le reçoivent ; il oblige l'éducateur à de fréquents retours sur lui-même, à de salutaires examens de conscience.

En effet, comment entreprendre de corriger dans les autres les vices ou les défauts dont on se sait atteint ? Qui voudrait s'exposer au ridicule et à l'humiliation d'une contradiction flagrante entre sa conduite et son langage ? Un ivrogne prêchera-t-il la sobriété ? un avare la générosité ? un paresseux le travail ? Le maître dont la tenue est négligée, les vêtements malpropres, osera-t-il parler de propreté ? Fera-t-il l'éloge de l'ordre, celui dont la table ou le bureau offre constamment à sa classe la parfaite image du désordre ? Donnera-t-elle aux jeunes filles le goût du naturel et de la simplicité, la maîtresse dont la mise est recherchée, dont le teint est fardé ? Non, sans doute ; les mauvais exemples détruisent l'effet des meilleures leçons comme ils ruinent le prestige et l'autorité des maîtres. Il faut posséder ce que l'on veut donner, et, pour améliorer, il faut être meilleur.

L'efficacité de l'enseignement moral sur celui qui le donne n'est pas absolue, mais elle est réelle, et il y a un certain degré de contradiction entre les actes et les paroles qui est incompatible avec les fonctions d'éducateur. Je ne puis m'empêcher de croire que bien des pères auraient une conduite meilleure, s'ils n'abandonnaient à un tiers le soin d'élever leurs enfants, que l'accomplissement de ce devoir exercerait sur eux une influence salutaire, et qu'ils tiendraient pour la plupart à donner à leur famille la plus efficace des leçons, celle de l'exemple.

Il en a été longtemps de l'école comme de la famille, et le maître de l'école ne s'est pas considéré comme chargé spécialement de l'éducation des enfants, mais bien seulement de leur instruction. Du reste nombre d'enfants n'allaient pas à l'école et pour une bonne raison, c'est qu'ils n'en avaient pas près d'eux.

Comme d'un côté l'éducation consiste à enseigner la morale et surtout à la faire pratiquer, comme de l'autre il n'y avait pas d'enseignement moral en dehors de l'enseignement religieux, et que les deux ne faisaient qu'un, le maître d'école n'était pas en réalité l'éducateur. Sa part à lui, part ingrate et modeste, c'était la récitation du catéchisme. Cet exercice d'ordre inférieur, d'un caractère presque mécanique, n'exerçait qu'une influence médiocre sur le développement moral de l'enfance ; à coup sûr il n'ajoutait rien au prestige du maître, réduit au simple rôle de répétiteur.

La situation est changée, et le maître, maintenant véritablement maître de l'école, y est rentré dans la plénitude de ses droits ; aussi il a vu croître l'étendue de ses devoirs et doubler l'importance de sa mission.

La pauvreté et l'insuffisance passées de l'éducation scolaire ont sans doute encore d'autres causes; cependant les défauts du caractère national, les difficultés inhérentes à cette œuvre et l'effacement presque complet de la famille et de l'école devant une autorité étrangère en sont assurément les causes principales.

Quoi qu'il en soit, cette séparation de l'éducation d'avec l'instruction a eu pour effet d'assurer à celle-ci tous les stimulants de l'émulation, tous les avantages des récompenses, au grand détriment de la première.

Les conséquences de cette partialité sont graves. L'enfant n'apprécie que ce qu'il voit apprécié. Il n'a ni assez de maturité d'esprit pour se faire une opinion personnelle dans des questions de ce genre, ni assez de force et d'indépendance pour réagir contre l'opinion régnante, surtout quand cette opinion se révèle à ses yeux par des habitudes si générales et si anciennes. L'enfant suit la direction qu'on lui imprime. Là où il voit briller les récompenses, là il porte ses efforts. Ce qui n'est pas récompensé ne lui semble pas digne de l'être, car il ne peut croire à une erreur ou à un oubli. Voilà comment il s'habitue et comment on l'habitue à ne voir dans l'éducation qu'une chose secondaire, accessoire, qui ne demande ni application ni efforts, qui s'apprend toute seule, ou plutôt qui ne vaut pas la peine d'être apprise.

Plus tard ces enfants, devenus hommes, portent dans la vie les habitudes de jugement et de conduite qu'ils ont contractées dans l'école ; indifférents à tout ce qui touche aux mœurs, indulgents à eux-mêmes comme aux autres, ils ne recherchent que le plaisir, ou n'envient que le talent, ils n'aspirent qu'au succès, et tandis qu'un certain nombre s'efforcent encore d'avancer dans l'étude des sciences et des arts dont on leur a enseigné les premiers éléments, combien peu se soucient d'avancer dans cette voie de progrès moral, qui, commençant à l'école, ne devrait finir qu'avec la vie ! Ils travaillent encore à devenir plus instruits, ils ne travaillent pas à devenir meilleurs.

Et cependant jamais la société française n'a eu un plus grand, un plus pressant besoin, je ne dis pas seulement d'honnêtes gens, ce besoin est de tous les temps, mais d'hommes de bon sens et de bon conseil. Autrefois les erreurs de jugement ne nuisaient guère qu'à ceux qui les commettaient ; aujourd'hui elles nuisent à tout le monde ; c'est qu'autrefois chacun n'avait à s'occuper que de soi ou des siens, tandis qu'aujourd'hui chacun a sa part d'influence et partant de responsabilité dans la chose commune.

En nous faisant citoyens, de sujets que nous étions, la République nous a rendus maîtres et arbitres de nos destinées et nous pouvons dire avec le poète Régnier :

> Nous sommes du bonheur de nous tous artisans
> Et fabriquons nos jours ou fâcheux ou plaisants.

En effet, la vie moderne n'est qu'un continuel exercice de jugement sur les choses et sur les hommes.

L'élection est partout, à tous les degrés de l'échelle : conseillers municipaux, conseillers d'arrondissement, conseillers généraux, députés, sénateurs, du haut en bas, nous choisissons et nommons ceux qui sont chargés de nos affaires. Et ce ne sont pas seulement les affaires publiques qui sont livrées à l'élection ; sociétés industrielles, commerciales, financières, agricoles, scientifiques, littéraires, artistiques, sociétés de secours mutuels, d'assurances, d'éducation, d'enseignement, partout c'est le suffrage qui règne en maître ; presque toutes les professions, presque tous les métiers, ont leurs conseils, leurs syndicats élus ; le suffrage est devenu sinon l'unique, au moins le principal dispensateur des pouvoirs de tout genre ; et l'exercice de ce droit déjà si étendu, on doit s'attendre à le voir étendre encore plutôt qu'à le voir restreindre. Il est donc permis de dire, sans exagération aucune, que nous sommes aujourd'hui responsables de notre sort comme de notre honneur.

Dans une société où tout dépend du vote, c'est-à-dire du choix, on peut comprendre combien il importe de former de bonne heure la raison des enfants, de leur donner une règle sûre pour leurs jugements, de leur apprendre que ce qu'ils doivent par-dessus tout désirer et acquérir pour eux-mêmes, ce qu'ils doivent avant tout rechercher et priser dans les autres, c'est la moralité, c'est la vertu ; que l'accomplissement des devoirs dans la vie privée est la seule garantie d'honnêteté dans la vie publique ; que, sans la moralité, le talent n'est qu'un danger, et le génie peut être un fléau ; que la probité scrupuleuse, la dignité de la conduite, l'élévation du caractère sont les premières qualités à exiger de nos mandataires, si nous voulons épargner à notre pays les dommages et les désastres, les humiliations et les hontes.

Voilà la conviction qu'il faut enraciner dans l'esprit de nos enfants, voilà les sentiments dont il faut nourrir leurs cœurs pour qu'un jour ils soient moralement utiles à leur pays.

Comme aujourd'hui les enfants ne font guère qu'apporter dans la société les habitudes et les sentiments qui y régnent, comme les générations se succèdent sans différer sensiblement les unes des autres, le mal se perpétuerait sans fin, il serait sans remède, si l'école ne réussissait enfin à créer une génération meilleure, qui soit l'instrument d'une réforme et qui en assure la durée. Cherchons donc les moyens de former cette génération régénératrice.

CHAPITRE XII

DES RÉCOMPENSES

Système gradué de récompenses. — Classement moral. — La première des récompenses, le témoignage de la conscience. — Comment le maître peut s'y associer. — Témoignages divers d'estime et d'affection. — Appropriation des récompenses à la nature du mérite récompensé. — Exemples. — Témoignages de confiance. — Leur efficacité. — La délation du bien. — Extension de la récompense à la classe, à l'école. — Rôle des inspecteurs et des magistrats. — Quelle conviction il importe d'engendrer dans l'esprit des enfants. — Extension des bons points aux qualités morales. — Que les récompenses doivent être choisies de manière à développer le sentiment de la solidarité. — Les ordres du jour. — Les archives de l'école. — Son livre d'or. — Le livret moral de l'écolier. — La mention au Bulletin. — Des distributions de prix actuelles. — Leurs inconvénients. — Moyens de les réformer à l'avantage de l'éducation. — Récompense finale. — Comités de patronage et de placement. — Appel au concours de tous les instituteurs.

J'ai exposé le mal, j'en ai indiqué les causes principales, il reste à en trouver les remèdes.

Un des meilleurs, à mon avis, serait de récompenser l'effort moral comme on récompense l'effort intellectuel. Je sais que la vertu pure est désintéressée, que la certitude de la récompense diminue le mérite, qu'il serait dangereux de substituer l'habitude du calcul à l'élan spontané vers le bien, et qu'il faut prendre garde d'altérer le principe même de la vertu, sous prétexte de rendre vertueux : mais je sais aussi que les enfants ne sont pas des hommes, que l'idée abstraite du bien a peu de prise sur leur esprit, que le devoir n'est d'abord pour eux qu'un mot vague et vide, qui ne se précise et ne se garnit de sens qu'à la longue et par des accroissements insensibles ; enfin je crois que, si l'on récompense la vertu dans l'homme fait, il y a au moins inconséquence et imprévoyance à ne pas la récompenser dans l'enfant.

La loi morale toute seule, l'impératif catégorique tout sec ne suffit pas à l'éducation du premier âge ; la conscience elle-même ne se borne pas au commandement strict, elle qui récompense toute bonne action et presque toute bonne pensée d'une secrète douceur, et qui à la rigueur de ses ordres mêle une promesse et comme un avant-goût du plaisir pressenti. Ne soyons donc pas plus exigeants que la conscience, imitons-la, mais avec prudence et discernement. Récompensons l'enfant pour qu'il prenne le goût de la vertu et pour qu'il arrive un jour à se passer des récompenses, et à se contenter de la satisfaction du devoir accompli. C'est une affaire de tact et de mesure ; gardons-nous de tout et toujours récompenser, faisons en sorte que la récompense soit le fruit et non l'unique but de l'effort, changeons la nature des encouragements suivant l'âge de l'enfant, diminuonsen le nombre à mesure que l'âge augmente, que l'idée du devoir s'éclaircit dans les esprits, et que le sentiment de l'obligation morale se fortifie dans les cœurs.

Ainsi, sans croire à l'efficacité pas plus qu'à l'innocuité absolues des récompenses, j'estime qu'employées discrètement et à propos, elles peuvent amener les enfants au bien, leur en donner d'abord le goût, puis l'habitude et enfin leur en faire un besoin.

Au surplus, le problème n'est pas précisément facile à résoudre et la preuve, c'est que non seulement il n'a pas encore été résolu, mais que pas plus dans l'enseignement secondaire que dans l'enseignement primaire, il n'a été résolument abordé. Il n'y faut rien moins que l'effort de tous les esprits et le concours de toutes les volontés. On sent bien l'insuffisance du système actuel, sa pauvreté, sa sécheresse et sa stérilité, et déjà certains essais, quoique timides encore et isolés, révèlent la préoccupation des maîtres et le sentiment de nos besoins.

Pour ma part, dans ma longue carrière de professeur, j'ai souffert plus d'une fois de mon impuissance à modifier des habitudes tyranniques; j'étais las de ce roulement monotone des compositions de tout genre, de cet éternel classement des élèves qui ramenait périodiquement les mêmes noms aux mêmes rangs, enflant les uns d'une vanité dangereuse, engendrant dans les autres une jalousie amère, ou une résignation humiliée, ou un dégoût funeste. Plus d'une fois je me suis mis par la pensée à la place de ces pauvres enfants, dont les efforts redoublés ne pouvaient triompher d'une médiocrité estimable, et qui, après chaque élan généreux, retombaient toujours au même point; et j'aurais voulu pouvoir établir un classement compensateur, où les enfants auraient été classés non plus d'après leur savoir et leurs succès, mais d'après leur mérite et leur bonté, et qui plus d'une fois, renversant l'ordre habituel, eût fait descendre un élève brillant, mais plein de défauts, et monter un élève ordinaire, mais plein de qualités.

Malheureusement ce classement réparateur présente des difficultés de tout genre ; il peut bien se faire approximativement dans l'esprit du maître; mais en pratique comment l'établir avec précision et sûreté? Dans les exercices de l'esprit, le classement est le résultat d'un concours ou, comme on dit, d'une composition; est-il possible de faire composer les enfants en docilité, en franchise, en politesse, comme on les fait composer en écriture, en histoire ou en calcul? évidemment non. Une heure ou deux suffisent à l'élève pour prouver qu'il a retenu ce qu'on lui a enseigné, ou compris ce qu'on lui a expliqué ; mais comment pourrait-il dans le même laps de temps prouver qu'il possède telle ou telle qualité, qu'il pratique telle ou telle vertu? il faut pour cela des actes, et les actes veulent des occasions, qui ne se présentent qu'à des intervalles inégaux et parfois éloignés, occasions qu'on ne pourrait remplacer par une épreuve imposée et commune, sans fausser la sincérité et même sans compromettre le sérieux du concours. Peut-on se représenter trente ou quarante enfants mis en demeure d'accomplir, séance tenante, un acte de vertu? et si, par impossible, on réussissait à trouver les moyens d'instituer ces concours, n'est-il pas évident que le stimulant de l'amour-propre et l'appât des récompenses provoqueraient des efforts de circonstance qui ne donneraient qu'une idée fort inexacte de la valeur réelle des concurrents? Si l'acte demandé est le même pour tous, on obtiendra deux séries d'élèves: l'une comprendra ceux qui l'auront accompli, et l'autre, ceux qui n'auront pu l'accomplir, et les nuances observées dans l'accomplissement même ne fourniront jamais les éléments nécessaires au classement. Si les actes exigés sont différents, comment trouver une mesure commune et arriver à l'exactitude dans l'appréciation de mérites divers?

Il y a donc impossibilité manifeste soit à imposer simultanément à une classe entière une épreuve identique, soit à apprécier exactement des épreuves différentes. Aussi n'est-il pas étonnant qu'il ne se soit pas produit de tentatives de ce genre ou que ces tentatives n'aient pas abouti. C'est à la longue, c'est à la suite d'observations faites au jour le jour dans les divers incidents de la vie scolaire, ou dans des rapports personnels avec l'enfant, c'est à l'aide des renseignements de toute nature puisés auprès des parents, auprès de ses collègues, c'est à l'aide aussi du jugement que les enfants portent les uns sur les autres et manifestent volontiers, que le maître arrive à se faire une opinion exacte sur la valeur morale de ses élèves. Du reste, si des concours réguliers et fréquents de morale pratique pouvaient être établis, on courrait le risque de créer un genre de vertu artificielle et superficielle, une vertu de parade et d'estrade, et par cette surexcitation permanente de la vanité, on corromprait le principe même de la vertu véritable.

Il y a pourtant un genre de classement qui est de nature à corriger dans une certaine mesure ce qu'a d'exclusif et d'incomplet le classement purement intellectuel. Il consiste à donner des bons points pour l'assiduité, les efforts, la conduite, et à dresser à la fin de la semaine une liste où les enfants sont rangés d'après le nombre des bons points obtenus. Mises en regard, la liste des places et la liste de mérite se complètent et se redressent l'une l'autre; la comparaison établit une sorte de compensation, et assure un dédommagement à l'élève malheureux et méritant. Ce classement est en usage dans quelques écoles, il a l'avantage de faire une part à des qualités purement morales; il pourrait s'étendre encore et embrasser d'autres qualités semblables, comme la propreté, l'ordre, la tenue, dont l'appréciation facile et quotidienne se prête à la même notation. Nous ne pouvons donc qu'en recommander l'emploi. Mais il est loin encore de comprendre toute la vie morale de l'enfance, et nous devons chercher d'autres moyens pour atteindre et développer les germes des sentiments vertueux et donner à la volonté naissante d'utiles auxiliaires dans sa lutte contre les mauvais penchants.

La première des récompenses, c'est celle que donne la nature elle-même, c'est le témoignage de la conscience, c'est la satisfaction du devoir accompli. Cette satisfaction, le maître n'y est pour rien, il n'a pas le pouvoir de la procurer; il peut cependant s'y associer, il peut aider l'enfant à mieux goûter, à savourer ce plaisir exquis et noble. En effet, l'enfant est tout en dehors, il vit dans l'étourdissement de son propre mouvement, dans la turbulence et le bouillonnement d'une nature exubérante, en travail de croissance et de développement. Aussi n'a-t-il guère la force et n'éprouve-t-il guère le besoin de rentrer en lui-même, pour y goûter la douceur des jouissances intimes et morales. C'est au maître à l'y ramener, à faire le silence et le calme dans cette conscience bruyante et agitée, afin que l'enfant apprenne peu à peu à se sentir en lui-même, à écouter la voix intérieure qu'il distingue encore à peine à travers le bruit d'une incessante fermentation. Tâche délicate, je l'avoue, mais que peut remplir tout homme honnête et bon. On prend l'enfant dans un de ces moments qui suivent une bonne ou une mauvaise action, et où l'âme s'épanouit dans une sorte de bien-être, ou se resserre dans un malaise indéfinissable. On prolonge ce plaisir ou cette souffrance, on la lui fait ressentir, pour que le souvenir en soit durable et engendre le désir ou la crainte du retour. C'est là une sorte d'initiation à la vie de conscience, d'acheminement vers le bien, et s'il est permis d'unir deux mots si contraires, de séduction morale.

Une autre récompense d'un caractère analogue, c'est la bonne opinion que l'enfant donne de lui-même et qui est comme un écho agrandi de sa propre conscience, c'est l'estime et l'affection du maître. Être aimé, être estimé, ne sont-ce pas les plus grands biens de la vie ? et si les autres biens ont quelque valeur, n'est-ce pas surtout parce qu'ils servent à nous procurer les premiers ? les richesses, les talents, l'esprit, et la force, nous permettent en effet d'obliger nos semblables, nous aident à leur plaire et à former autour de nous cette atmosphère de sympathie et de respect dans laquelle il est bon de vivre, comme il est bon de respirer dans un air pur et doux. Heureusement ces deux sentiments se touchent de près, et il est rare que l'estime n'engendre pas l'affection, comme il est rare que celle-ci survive à l'autre ; heureusement aussi ces deux sentiments sont un besoin de notre nature, et ce besoin, l'enfant le ressent de bonne heure et vivement. S'il est d'abord plus jaloux d'affection, c'est à nous à lui faire de plus en plus désirer notre estime, à lui faire comprendre que l'une dépend de l'autre, et que nous l'aimerons d'autant plus que nous l'estimerons davantage.

Au foyer, pour l'enfant la plus douce des récompenses est le baiser maternel ; sans doute l'affection du maître a quelque chose de moins tendre ; elle n'est pas non plus une sorte de droit, il faut qu'elle soit méritée, et c'est ce qui en fait la moralité et le prix. Mais, pour qu'elle ait toute sa vertu, il importe qu'elle soit désirée, et par conséquent que le maître sache en inspirer le désir. De ce que le cœur de l'enfant est naturellement aimant, ce n'est pas une raison pour s'en remettre à la nature toute seule, il lui faut venir en aide, et se rendre aimable pour être aimé. Si le maître réussit à inspirer ce sentiment, il s'est assuré le plus utile et le plus sûr des auxiliaires, il a trouvé la source de récompenses la plus abondante et la plus pure.

L'instituteur suivra donc l'enfant avec une attention bienveillante, et non seulement pendant la classe où celui-ci est contenu par la discipline, mais dans les récréations, dans les promenades, où son naturel se montre plus librement, et, si c'est possible, au dehors même, jusque dans la famille, où il pourra s'enquérir avec sollicitude de la conduite de l'enfant, se renseigner sur son caractère, sur ses qualités, sur ses défauts et se concerter avec les parents sur les mesures à prendre pour le rendre meilleur.

Il s'attachera à le convaincre qu'il cherche non à le prendre en faute, mais à savoir tout ce qu'il peut faire de bien ; et il profitera avec empressement et avec une satisfaction visible de toutes les occasions qui pourront s'offrir, pour le soutenir et l'encourager. L'enfant souffre également et d'une surveillance étroite et sévère, où il sent la défiance et la menace, et d'un abandon qui lui paraît une preuve d'indifférence sinon de mépris. Il désire, il veut qu'on s'intéresse à lui, et il est heureux de voir que ses moindres efforts ne passent point inaperçus.

Avant les grandes récompenses qui ne doivent pas être prodiguées, et qui ne peuvent être accordées qu'à l'ensemble de la conduite ou à des actes d'une valeur exceptionnelle, il y a mille petits moyens d'encourager l'enfant, de le tenir en haleine, de lui procurer d'utiles et douces satisfactions. Tantôt ce sera un mot dit en passant, à demi-voix, et entendu de lui seul ; quelquefois un geste d'approbation, un signe de tête, un regard, ou, si la chose en vaut la peine, un éloge donné à haute voix en présence de ses camarades. Parfois aussi le maître pourra prendre l'enfant à l'écart, faire quelques pas avec lui, lui adresser quelques paroles affectueuses, lui exprimer le plaisir qu'il éprouve à le voir se bien conduire. Les enfants sont particulièrement sensibles à ces témoignages qui les relèvent à leurs yeux et leur prouvent qu'ils comptent pour quelque chose dans la vie de leurs maîtres. Quelquefois aussi ce sera un de ces riens qui tirent tout leur prix de l'intention, et qui, donné à propos, avec une bonne parole, avec un sourire, quelque chose qui vienne du cœur, produira plus d'effet qu'un objet précieux ou un éloge solennel.

Pour bien et utilement récompenser, il ne faut jamais perdre de vue le but qu'on se propose, c'est-à-dire l'amélioration morale de l'enfance. Tout ce qui va au but est bon, tout ce qui s'en éloigne est mauvais. Cette règle est générale, mais elle est sûre. En éducation comme en toute chose, il y a des cas douteux, et alors il est sage de s'abstenir; car mieux vaut ne pas récompenser que de le faire à faux. Lorsqu'un enfant a fait preuve de quelque qualité, on peut lui fournir le moyen de l'exercer; s'il a été charitable, il n'y a aucun danger à lui donner de quoi pouvoir l'être encore; s'il a partagé avec un camarade ses petites provisions de bouche, s'il a fait largesse de papier, de plumes, de quelques menues fournitures, on peut le mettre à même de recommencer; s'il a un camarade, un petit frère, une petite sœur malades, on peut s'enquérir de ce qui leur serait nécessaire ou agréable, et lui donner le plaisir de leur porter ce don. Ce plaisir, l'enfant le devra à sa propre bonté autant qu'à la générosité du maître; il prendra goût au bien. De même que, dans l'ordre intellectuel, il convient de donner aux enfants des prix appropriés à leurs facultés, au dessinateur des crayons, une boîte à couleurs, des modèles, au géomètre une boîte à compas, au musicien un instrument ou des livres de musique, de même dans l'ordre moral on doit, autant que possible, chercher quelque rapport entre la récompense et le mérite à récompenser.

Tantôt ce sera une image représentant une action analogue à celle qu'on veut récompenser; tantôt le portrait d'un de ces enfants devenus célèbres par la vertu même dont l'écolier aura montré le germe; tantôt ce sera un livre contenant des récits propres à développer dans l'enfant les bons sentiments qu'il aura révélés. Dans ce livre, ce portrait, cette image, il verra moins une rémunération du bien qu'il a fait, qu'un encouragement à mieux faire encore.

Il y a un moyen de récompenser sans récompense, et de rendre les enfants meilleurs; c'est de leur témoigner de la confiance. Les enfants sont comme les hommes, et souvent on réussit à leur inspirer des sentiments nobles, en les leur supposant; ils veulent devenir ce que l'on croit qu'ils sont; ils rougissent de rester au-dessous de la bonne opinion que l'on a conçue d'eux.

Cette confiance peut se témoigner de bien des manières et la vie scolaire en offrira bien des occasions. Tantôt l'enfant sera exempté d'une surveillance que le maître juge encore nécessaire pour les autres ; tantôt il sera chargé de conduire ses camarades au jardin, à la cour; quelque fois le maître se reposera sur lui du soin de maintenir l'ordre en son absence; ou bien, si quelque enfant s'est mal conduit, il l'engagera à lui donner des conseils; ou bien il l'enverra dans quelque famille prendre des nouvelles d'un enfant malade. L'emploi de ces moyens demande du tact et de la mesure, car il faut se garder d'exciter la jalousie ou la défiance envers celui qu'on veut honorer; il ne faut ni lui créer dans l'école une sorte de situation privilégiée, ni en faire un petit Mentor qui deviendrait bientôt suspect et qui perdrait en affection ce qu'on aurait voulu lui donner en autorité. Il est difficile de tracer sous ce rapport une règle de conduite; le point essentiel est que les marques de confiance données par le maître paraissent justifiées aux yeux de la classe, et que sa conduite à l'égard d'un enfant s'accorde avec l'opinion qu'ont de lui ses camarades. Ceux-ci ne se trompent guère, et si l'on a parfois à redresser leur jugement, le plus souvent l'on n'a qu'à le suivre.

Si on doit détourner les enfants de se dénoncer les uns les autres, si l'on doit les en punir comme d'une faute grave, on peut au contraire les encourager à révéler ce que leurs camarades ont pu faire de bien et de méritoire. C'est ce qu'on pourrait appeler, si les deux mots ne juraient de se trouver ensemble, une louable délation. Elle prouve en effet que le révélateur a le sentiment du bien, qu'il l'apprécie dans les autres, qu'il en est capable lui-même et qu'il n'est pas jaloux, puisqu'il désigne un camarade à l'éloge ou à la récompense. En pareil cas les deux enfants devraient être loués ou récompensés ensemble, l'un pour avoir fait quelque chose de bien, l'autre pour l'avoir fait connaître. Le danger, c'est de provoquer des actes intéressés et, pour l'éviter, s'il est bon que la récompense soit espérée, il ne faudrait pas qu'elle fût assurée; le maître se gardera donc de se lier à l'avance et de dresser une sorte de tarif des bonnes actions; il se réservera la faculté de ne pas récompenser les actes qui lui paraîtraient d'une valeur douteuse ou qu'il pourrait croire inspirés par le calcul.

Ce qui importe, c'est de bien convaincre les enfants qu'à nos yeux la vertu a plus de prix que le talent, et qu'aux dons et aux qualités de l'esprit nous préférons les dons et les qualités du cœur. A cet âge on est trop irréfléchi pour avoir une opinion personnelle, et, autant que le permettent une volonté encore inexercée et les élans d'une nature encore indisciplinée, on règle sa conduite sur l'opinion d'autrui. Faisons donc bien connaître nos préférences, saisissons toutes les occasions qui se présentent pour les manifester hautement et en donner d'irrécusables preuves. Et ne craignons pas d'affaiblir ainsi le ressort d'une émulation nécessaire à l'école, car l'accroissement de la moralité générale ne peut qu'accroître la somme des efforts individuels et par suite assurer le progrès des études. Devenant plus consciencieux, les enfants bien doués rougiront de laisser perdre par leur paresse les facultés que leur devoir est d'exercer; d'autre part, les enfants moins favorisés par la nature trouveront dans l'estime accordée à leur valeur morale un stimulant précieux pour ajouter à leur valeur intellectuelle. Si donc un inspecteur, un délégué cantonal, un magistrat vient visiter l'école, que l'instituteur signale d'abord à leur attention, non pas les élèves les mieux doués et les plus capables, mais les plus laborieux et les plus méritants. Avant l'intelligence et le succès, qu'il loue l'effort, la docilité, le caractère, la conduite, et s'il a par bonheur à citer quelque trait qui fasse honneur à l'école, qu'il en parle avec accent, je dirais presque avec fierté. Les visiteurs ne manqueront certainement pas d'entrer dans les vues du maître, de seconder son action, et d'ajouter à sa parole l'appui de leur approbation et le prix de leurs félicitations.

Dans beaucoup d'écoles on accorde aux enfants des bons points pour la conduite et ces bons points donnent droit à des prix qui sont distribués ou à la fin du mois ou à la fin du trimestre. Ne pourrait-on étendre cet usage, multiplier ces bons points, en donner non seulement pour la conduite générale et l'application, mais pour les qualités diverses dont l'enfant aurait fait preuve, politesse, obligeance, franchise, etc., et indiquer sur le bon point lui-même par un mot, par un vers, par une sentence, la nature de la qualité récompensée? Les prix accordés pour l'éducation arriveraient ainsi à égaler en nombre ceux qu'on décerne à l'instruction et l'équilibre si désirable s'établirait par degrés.

Lorsque l'enfant a fait une bonne action, l'instituteur peut la raconter à la classe sans désigner l'auteur et en laissant à ses camarades le soin de le découvrir; il peut aussi, il doit même tenir ses élèves au courant de ce qui se fait de bien dans les autres écoles, afin de leur inspirer le désir d'une imitation louable et féconde. Au lieu d'une simple note consignée au carnet de correspondance, il vaudra mieux, dans l'occasion, écrire aux parents une lettre que l'enfant leur remettra lui-même, et qui, lue le soir en famille, y répandra la joie. De toutes les récompenses, les plus efficaces et les plus morales sont celles qui font sentir à l'enfant qu'il peut contribuer au bonheur de ceux qui l'entourent et qui l'habituent à désirer une récompense non pour lui-même, mais pour le plaisir qu'elle doit causer aux autres. Il apprend ainsi, avant d'agir, à se préoccuper non seulement du jugement qu'on portera sur lui, et des conséquences que ses actions doivent entraîner pour lui-même, mais aussi du bien et du mal qui peuvent en résulter pour ceux qu'il aime; il comprend mieux de jour en jour que dans la société les hommes sont unis par mille liens à leurs semblables, qu'on n'est jamais seul à jouir et à souffrir de sa propre conduite, que nous ne pouvons pas être vertueux ou vicieux pour nous seuls, que l'étroite solidarité qui nous attache aux autres accroît notre responsabilité et ajoute au mérite des bonnes actions comme à la gravité des fautes.

Tout ce qui est de nature à rendre plus vif et plus fort ce sentiment de la solidarité humaine, tout ce qui peut arracher l'enfant à une vie d'isolement, tout ce qui l'identifie à la famille, à l'école, me semble avoir une vertu particulièrement moralisatrice. Aussi verrai-je avec plaisir que lorsque, dans une école, un enfant s'est distingué par quelque trait de courage, de charité, de dévoûment, la récompense s'étendît à l'école ou au moins à la classe entière. Une lecture intéressante, un spectacle utile, une récréation, une promenade pourraient associer à la récompense les camarades de l'enfant récompensé et les faire profiter tous de la bonne action d'un seul. Lui-même verrait son plaisir accru du plaisir des autres et serait plus joyeux d'une joie commune dont il serait l'auteur. Dans une famille, quand quelque chose d'heureux arrive à l'un des membres, c'est une fête pour tous les autres; l'école ne doit-elle pas avoir ses joies et ses peines communes comme aussi son honneur?

Et pourquoi l'école n'aurait-elle pas ses archives, son livre d'or, où seraient inscrits les noms de ceux qui l'auraient honorée, avec un récit succinct de leurs bonnes ou belles actions? Dans certaines institutions on voit parfois des plaques commémoratives où se lisent en lettres d'or les noms des lauréats au grand concours et des élèves admis aux grandes écoles? Sans aller jusqu'aux inscriptions fastueuses, sans recourir au marbre et à l'or, on pourrait fort bien conserver fidèlement dans un livre, qui, pour être modeste, n'en aurait pas moins de prix, le souvenir des traits vertueux, comme on expose ailleurs les témoignages rassemblés des succès scolaires. Les régiments ont leur histoire; ils ont leurs drapeaux. Le drapeau du régiment, emblème de la solidarité qui unit le présent au passé, élève, entraîne tour à tour les recrues qui se succèdent sous ses plis et leur inspire le désir d'accroître une gloire héréditaire.

Ne pouvons-nous pas, aussi, mais sans bruit ni fracas, par des moyens plus simples et cependant puissants, conduire les enfants au bien? Je connais à Marseille une école de garçons où ce moyen est mis en pratique et non sans profit. Le dimanche toute l'école est rassemblée dans la cour, et là le Directeur lit à haute voix un ordre du jour où sont portés les élèves qui se sont signalés par quelque trait d'honnêteté, de moralité, ou de bonne camaraderie; ces ordres du jour sont ensuite déposés et conservés dans les archives. Je ne puis qu'engager les autres écoles à suivre cet exemple.

Une récompense plus haute encore, c'est la mention au Bulletin départemental. Mais, pour sortir de l'enceinte de l'école et agrandir ainsi le cercle de la publicité, il faut avoir à louer quelque acte qui s'élève au-dessus de l'ordinaire ; car on court risque, par une récompense disproportionnée, de donner à l'enfant une trop haute idée de lui-même et de le porter à croire qu'ayant si bien fait, il ne lui reste plus rien à faire.

Indépendamment du livre d'or, destiné à garder le souvenir des actes qui honorent l'école tout entière, chaque enfant ne pourrait-il avoir, à partir d'un certain âge, 9 ou 10 ans par exemple, un livre à lui ou plutôt un livret, où le maître consignerait, de sa propre main, ce que l'enfant aurait fait de bon et de bien, les défauts corrigés ou diminués, les qualités acquises ou accrues, les services rendus aux camarades, les traits de franchise, d'honnêteté, de courage, enfin qui retracerait l'image de sa vie scolaire, qui le suivrait à travers les phases de son développement moral, qui le montrerait tel que l'école l'a pris au début et tel qu'elle l'a rendu à la fin ?

Ce serait le livre d'or de l'enfant, le sommaire ou le résumé de son histoire à lui. Il y trouverait, il y relirait plus tard avec charme et peut-être avec fruit le récit des premiers avantages obtenus, puis des victoires remportées sur l'égoïsme et tous les sentiments mauvais qu'il engendre et nourrit. Qui pourrait dire si même quelque jour ces souvenirs ne seraient pas pour lui un réconfort dans les heures de découragement, une lumière dans les moments de trouble, une leçon salutaire après les défaillances. Sans avoir la sécheresse d'un carnet de notes, cette chronique de l'élève faite par le maître devrait cependant être sobre et ne contenir que des faits significatifs. Ce serait comme une petite biographie marquant les pas faits en avant, les étapes parcourues dans la voie du progrès moral.

Mais j'entends qu'on se récrie : « Encore un cahier à tenir ! » Qu'on se rassure. Ce que je propose ne peut être imposé. Je suggère une idée : si l'idée est bonne, il se trouvera quelqu'un pour la mettre à l'essai; mais un essai de ce genre veut être fait de bon cœur et avec le cœur.

Les distributions de fin d'année ont donné lieu á de nombreuses et justes critiques, et, plus d'une fois, on s'est demandé si ces distributions ne sont pas plus nuisibles qu'utiles et s'il ne conviendrait pas de les supprimer. Cette question a même été posée aux aspirants au certificat d'aptitude pédagogique. Je crois que ces solennités sont entrées trop avant dans nos mœurs pour être supprimées purement et simplement; mais je crois aussi qu'on peut en changer peu à peu le caractère et les mettre en harmonie avec la nature de l'enseignement primaire et les besoins reconnus de l'éducation.

En général elles sont trop solennelles, trop bruyantes, trop pompeuses; elles affectent un caractère théatral et contrastent par leur éclat, par leur fracas, avec la simplicité de l'enseignement primaire et l'humilité du mérite récompensé. Mettre l'orthographe, savoir calculer, faire une belle page d'écriture, sont-ce là des talents à couronner au bruit des fanfares, au son de la grosse caisse et des cymbales? On pourrait, ce me semble, ramener ces cérémonies à la simplicité qui leur convient. On congédierait les musiques militaires et on les remplacerait par des chœurs chantés par les enfants eux-mêmes. L'école y paraîtrait sous ses divers aspects ; ce serait plutôt une exposition, un compte rendu qu'une distribution. Les cahiers des élèves, leurs dessins, leurs travaux manuels y seraient exposés ; au lieu d'un discours d'apparat roulant sur des généralités banales, l'Instituteur ferait la revue sommaire et en quelque sorte l'historique de l'année écoulée.

Dans cet exposé il donnerait au mérite moral la place qui lui revient, c'est-à-dire la première ; il rappellerait le souvenir des enfants qui, après avoir donné le bon exemple dans l'école l'ont plus tard honorée par leurs talents ou leurs vertus. Je connais plus d'une commune des Bouches-du-Rhône où ces beaux souvenirs ne manqueraient pas. Il raconterait tout ce qui est de nature à toucher les familles, à marquer la direction morale donnée à l'enseignement, à montrer l'esprit des enfants, leurs progrès dans le bien. Il nommerait ceux qui se seraient distingués pendant l'année par leur conduite, leur caractère, leur pitié filiale, leur reconnaissance envers leurs maîtres, leur bonté envers leurs camarades. En entendant ce récit, simple et sans apprêt, les parents comprendraient l'importance que nous attachons à l'éducation, ils réfléchiraient sur leurs propres devoirs quelquefois négligés, ils se sentiraient plus disposés à seconder nos efforts. L'influence bienfaisante de l'école pénétrerait ainsi dans les familles; et, au lieu des jouissances éphémères de la vanité flattée par des succès bruyants, les parents goûteraient une satisfaction plus douce et plus durable causée par l'amélioration morale de leurs enfants. Ceux-ci de leur côté, voyant quel prix on attache à leur bonne conduite, suivraient tout naturellement la voie si nettement tracée, et feraient, pour devenir meilleurs, les mêmes efforts qu'ils font aujourd'hui pour devenir plus instruits.

Une récompense finale, la plus grande et la meilleure, celle qui serait le fruit de la scolarité tout entière, consisterait à placer l'enfant sortant de l'école, d'après ses aptitudes et ses goûts. Il faudrait organiser à cet effet, dans les grandes villes surtout, où les débuts sont si pénibles et si difficiles et les dangers si grands pour la moralité, de vastes comités de patronage et de placement. On achèterait à l'apprenti ses instruments de travail, on indemniserait le patron pour abréger les lenteurs calculées d'un fastidieux apprentissage. L'apprenti, l'employé resterait en relations avec le comité qui s'enquerrait de sa conduite et de ses progrès. La commune, le département, l'État même s'associerait peut-être volontiers pour couvrir les dépenses d'une œuvre aussi salutaire, et puisqu'on les voit associés déjà pour faire des maisons d'école, ne s'uniraient-ils pas aussi pour faire d'honnêtes gens et de bons citoyens ?

Voilà une série graduée de récompenses moralisatrices ; nous n'avons pas la prétention d'en avoir épuisé le nombre ; nous avons simplement voulu marquer le but, tracer la route et planter quelques jalons. La chose n'est du reste pas facile, et le laconisme, pour ne pas dire le mutisme des meilleurs traités de pédagogie sur ce chapitre prouve surabondamment la difficulté du sujet. Nous convions donc les instituteurs et les institutrices à un grand et commun effort ; dans leur ardent désir d'être utiles, dans les inspirations de leur cœur, dans la variété renaissante des occasions, dans les expériences de chaque jour, ils trouveront de quoi enrichir cette liste première et grossir un trésor destiné à l'enfance.

CHAPITRE XIII

QUALITÉS A RÉCOMPENSER

SOMMAIRE. — Que certaines qualités ne doivent pas être récompensées, et que certaines autres doivent l'être particulièrement. — De l'honnêteté ou probité. — Des qualités qui se révèlent par la répétition fréquente des mêmes actes. — Exactitude, ordre, propreté. — Vocabulaire des enfants. — Manie qu'ils ont d'imiter l'homme fait. — Les petits fumeurs. — Les joueurs d'argent. — Les cartes. — Les jeux violents. — Le jeu de bataillon. — La grande ennemie de l'école. — La rue. — Son attrait. — L'école buissonnière et l'école de la rue. — Le vagabondage. — Les *nervis*.

La vie de l'écolier est une image de la vie de l'homme, et les rapports des enfants entre eux, avec leurs parents et leurs maîtres ressemblent, à s'y méprendre, aux rapports des hommes faits avec leurs semblables. Presque toutes les qualités et tous les défauts, les vices et les vertus trouvent occasion de s'y manifester. Il y a entre les passions de l'enfance et celles de l'âge mûr des différences de degré plutôt que de nature; l'homme est tout entier dans l'enfant, comme le fruit est dans la fleur ; voilà pourquoi il faut veiller avec tant de sollicitude sur cette fleur, de peur qu'elle ne se dessèche avant le temps, ou ne produise qu'un fruit abortif ou gâté.

Toutes les qualités de l'enfant doivent être développées, mais toutes ne doivent pas être également récompensées. Parmi ces qualités il en est à qui la récompense serait plus nuisible qu'utile; il en est d'autres qu'il faut récompenser partout et toujours, parce qu'elles sont nécessaires à tout homme et en tout pays ; il en est enfin qu'il faut récompenser d'une manière particulière parce que les défauts du caractère national, les habitudes et les mœurs du temps en rendent l'acquisition plus difficile, et que la nature de nos institutions et la situation du pays en rendent le développement plus désirable ; c'est à ces dernières que je m'attacherai de préférence.

Au premier rang des qualités qu'il n'est pas toujours prudent de récompenser, je placerais la probité. Récompenser un acte de ce genre, n'est-ce pas en affaiblir et presque en détruire le mérite ?

La récompense en effet suppose au moins un effort, et ces actes sont de ceux qu'un enfant droit et honnête accomplit de lui-même et pour lesquels il n'a pas de lutte à soutenir. Le soupçon même de l'hésitation a quelque chose d'humiliant et presque d'injurieux, parce que l'inaccomplissement d'un devoir si rigoureux emporterait la déchéance et le mépris. Les enfants sont hommes sur ce point. Trouvent-ils sur un chemin, dans la rue, un porte-monnaie rempli, ils s'empressent de le remettre à leurs maîtres, et souvent ils refusent toute récompense. A l'argent ils préfèrent le plaisir d'avoir bien agi, ils sentent que l'argent corromprait ce plaisir et qu'ils perdraient à l'accepter; ils sentent que la récompense implique un doute sur ce qu'ils auraient pu faire et que l'encouragement cache la défiance. On fait parfois trop de bruit autour de ces actes d'honnêteté pure, on les loue trop haut et trop fort, on leur accorde les honneurs de la mention au Bulletin, parfois au journal. Il suffirait, je crois, de raconter le fait en classe, tout simplement, et d'ajouter qu'on craindrait de blesser la délicatesse de l'enfant en le félicitant de ne pas s'être approprié le bien d'autrui. Des éloges trop libéralement dispensés, des récompenses inconsidérément accordées ne peuvent que tromper les enfants sur la valeur de l'acte accompli. Il ne faut pas qu'ils s'imaginent avoir fait merveille pour n'avoir pas commis un vol, et le mieux est de leur faire assez d'honneur pour ne pas même admettre qu'ils en aient eu l'idée ou la tentation.

On peut au contraire récompenser certaines qualités dont l'acquisition exige des efforts de chaque jour, de chaque heure, de chaque instant, qualités que l'enfant ne peut feindre par calcul et par intérêt et qui sont d'une constatation facile et sûre. De ce nombre sont l'exactitude, l'ordre et la propreté. Elles se révèlent par la répétition fréquente de menus actes, qui, pris séparément, n'ont pas sans doute une haute valeur, mais dont l'ensemble constitue des habitudes précieuses, qui forment les meilleures conditions et comme les garanties de la moralité. En effet, l'exactitude et l'assiduité témoignent d'une volonté qui sait se plier à la règle, et sont par là même une véritable préparation à la pratique de la vertu; l'ordre et le soin me semblent aussi le gage et la promesse d'une vie bien réglée, car il existe des affinités naturelles et par suite il s'établit des rapports sensibles entre la vie extérieure et matérielle de l'homme et sa vie intime et morale; enfin la propreté en toutes choses et surtout dans la mise, propreté qui se concilie sans peine avec la simplicité la plus grande, et qui n'a rien de commun avec la recherche, développe et fortifie dans l'enfant, dans le jeune homme, le sentiment de la dignité personnelle, qui lui-même devient par la suite un préservatif contre les excès qui avilissent et dégradent.

On peut récompenser ces bonnes habitudes sans enfler la vanité, et je ne crois pas qu'il y ait d'inconvénients, au moins dans les petites classes, à les encourager par des prix.

Une fois loin des regards et de l'oreille du maître, les enfants, livrés à eux-mêmes se mettent volontiers à parler un langage bien différent de celui qu'on leur enseigne et qui convient à leur âge. Eux en qui tout plaît, la fraîcheur, la vivacité, la franchise, ils devraient, ce semble, avoir un langage qui fût d'accord avec leur grâce naturelle, avec le charme de leur figure et leur innocence. Cependant il n'en est pas toujours ainsi, et si l'on éprouve du plaisir à les voir, on éprouve parfois une impression pénible à les entendre.

C'est que l'enfant joue à l'homme, et c'est ce qui le gâte ; il veut faire, ou, pour mieux dire, contrefaire l'homme ; il le regarde avec admiration à cause de sa force, avec envie à cause de sa liberté ; il voudrait être grand, c'est sa passion la plus forte, il croit se grandir par l'imitation, et dans son modèle il prend d'abord non ce qu'il y a de meilleur, mais ce qu'il y a de plus aisé à prendre, ce qui frappe les yeux, ce qui sonne à l'oreille, dans la rue, sur la place, sur la route, les gestes de moquerie, de menace, de défi, les mots crus, les jurons. Tout cela est d'une imitation facile, tout cela est dans l'air, tout cela s'attrape sans qu'on y pense. Ces termes grossiers ou obscènes, dont on voudrait croire qu'il ignore le sens et qui composent presque tout le vocabulaire de la rue, qu'on entend voler et résonner au milieu des coups de fouet et des cris, les enfants des villes s'en emparent, ils se les envoient et renvoient entre eux avec raideur, avec crânerie et non sans quelque fierté. Alors ils se croient élevés à la dignité d'homme, il s'établit entre eux sur ce point une sorte d'émulation ; celui qui crie le plus fort et parle le plus cru acquiert de l'ascendant sur ses camarades, il établit son autorité, il devient une manière de chef de bande, et gare à l'enfant mieux élevé qui aurait l'air de blâmer ces preuves de virilité précoce; il entendrait pleuvoir sur lui tous les qualificatifs dont un charretier en colère accable sa bête récalcitrante.

La contagion est si forte que ces grossièretés passent de la bouche du jeune garçon aux lèvres de la jeune fille, et même des femmes du peuple. Dans une ville qu'il n'est pas besoin de nommer, j'ai entendu des jeunes mères lancer à leurs enfants qui jouaient autour d'elles des mots à faire rougir. Il mérite récompense l'enfant qui s'interdit l'usage de ces mots orduriers ou grossiers que le défaut d'éducation et la rudesse ou la vulgarité de certains métiers peuvent bien expliquer sans les rendre excusables, mais qui font horreur dans une bouche enfantine, et qui flétrissent dans leur fleur les sentiments nobles et délicats.

Malheureusement cette manie qu'ont les enfants d'imiter les hommes faits, ne s'arrête pas au langage, elle va plus loin, elle s'étend jusqu'à certaines actions, à certaines habitudes, au grand détriment de leur santé et de leur moralité même. Qui n'a vu des enfants, de tout jeunes enfants entrer résolument dans un bureau de tabac, et acheter non pour leurs parents, mais pour eux-mêmes, cigarettes, cigares ou tabac, et procéder ensuite à la distribution entre les camarades qui attendaient à la porte? qui n'en a vu passer crânement, la cigarette aux lèvres, et lancer des bouffées à droite, à gauche, sans s'inquiéter des passants qui s'arrêtent en haussant les épaules? Ce dédain précoce de l'opinion est un fâcheux symptôme; il n'est cependant pas rare dans les grandes villes, où l'enfant est perdu dans la foule, où tout le monde le voit et où personne ne le connaît. Presque sûr de n'être pas reconnu, et de rester impuni, comment ne s'enhardirait-il pas à mal faire? Il faut donc le secourir contre lui-même et l'aider par l'attrait des récompenses à résister aux tentations. Plusieurs instituteurs le font et non sans succès; ils ont créé dans leurs écoles des sociétés dont les membres prennent volontairement l'engagement de ne pas fumer tant qu'ils seront enfants. Voilà qui est excellent non seulement pour la santé physique, mais pour la santé morale; ils apprennent ainsi à se préserver eux-mêmes de la contagion de l'exemple, à exercer leur volonté et à se conduire d'après leur propre raison.

Un autre objet de leur imitation ambitieuse et prématurée, c'est le jeu. Laissant là les divertissements et les exercices qui sont de leur âge et que leur santé réclame, on en voit qui se groupent sur le seuil de quelque maison écartée, dans un coin de quelque place ou promenade, et qui là, pelotonnés ou rangés en cercle et pressés les uns contre les autres, jouent aux cartes pendant des heures entières, jetant de temps à autre un coup d'œil inquiet sur les passants distraits, et tenant leurs petits tripots en plein air. D'autres jouent à pile où face et font sauter, non sans cris et querelles, entre deux haies de badauds, les quelques sous obtenus de la faiblesse paternelle.

Pour les arracher à ces jeux, le maître peut les engager à lui rendre compte de l'emploi de leurs loisirs, récompenser ceux qui les auront employés à des promenades utiles, à des travaux manuels, à des exercices gymnastiques, à la confection d'un herbier, d'une collection, d'un musée, à l'arpentage, à la musique, au dessin. Il pourra presque toujours s'en rapporter à l'enfant; ceux-ci sont plutôt portés à mentir pour s'excuser d'une faute et éviter une punition méritée que pour s'attribuer faussement une action louable et pour usurper une récompense. Du reste, en pareil cas, le maître demande, il n'exige pas; si l'enfant se tait, c'est qu'il n'a rien de bon à dire, et s'il essaye de tromper, ses camarades sauront bien le lui faire sentir, et d'ailleurs le contrôle n'est pas impossible.

Il y a presque dans chaque pays des jeux dangereux qui tiennent aux habitudes et aux mœurs locales; de ce nombre est le jeu de bataillon. Les enfants se rassemblent dans quelque terrain vague ou quelque rue écartée, ils se partagent en deux bandes et se battent à coups de pierres. Plus d'un enfant est sorti grièvement blessé de ces véritables combats et plus d'un passant inoffensif a reçu des coups qui ne lui étaient pas destinés. Casser un bras, crever un œil, et rendre un enfant infirme pour le reste de ses jours, ce n'est pas un jeu, c'est de la pure barbarie.

Les amusements comportent l'émulation, mais non l'hostilité ; des camarades d'école ne sont point des ennemis. Même à l'armée, dans les simulacres de combat, qu'on appelle la petite guerre, on s'arrange de manière à éviter les accidents. Il faut à tout prix extirper cette habitude indigne d'un peuple civilisé, et surtout d'un peuple comme le nôtre, humain et généreux entre tous. Ce ne sont pas les plaintes répétées des journaux, ni même les arrestations de la police qui triompheront d'un préjugé brutal où se mêle une fausse apparence d'honneur, c'est le raisonnement, c'est la persuasion, c'est l'éducation.

Dans les grandes villes l'école a une rivale et l'éducation une ennemie redoutable : c'est la rue. A la campagne, l'école buissonnière compense au moins ses inconvénients par quelques avantages; si l'esprit y perd, le corps y gagne; l'enfant respire un air pur et la nature n'est pas mauvaise conseillère ; mais l'école de la rue n'offre que des dangers; l'enfant qui la fréquente est perdu ou bien près de l'être; il y a là trop de mauvais exemples, trop d'occasions de mal faire, trop de tentations de tout genre, pour que l'enfant y résiste. La rue est un théâtre aux personnages aussi divers que nombreux, aux décors incessamment renouvelés, aux scènes tour à tour tristes ou plaisantes, aux contrastes les plus violents. Dans un pêle-mêle curieux, dans un va-et-vient continuel, la société tout entière y passe et repasse, oisive ou affairée, opulente ou misérable; mais elle ne s'y montre pas sous ses aspects édifiants; le vice y marche la tête haute, bravant le mépris, bruyant et provocant; la grossièreté s'y étale, la brutalité y éclate; à travers cette foule de promeneurs qui flânent, de curieux qui regardent, d'affairés qui courent, se faufile l'activité malfaisante, en quête d'occasions.

Là s'offre aux regards, dans les mille combinaisons de savants étalages, tout ce que le commerce a pu rassembler, tout ce que l'industrie a pu fabriquer, tout ce que l'art a pu créer pour satisfaire les besoins naturels ou factices, élevés ou grossiers, pour allumer tous les désirs, flatter toutes les passions, depuis les plus nobles jusqu'aux plus honteuses. Là, sous le nom d'art, la photographie encadre ses vitrines de nudités moins artistiques qu'indécentes ; avec une affectation de neutralité immorale ou d'égalité révoltante, elle expose pêle-mêle les plus pures gloires de la France et les célébrités équivoques, tapageuses ou scandaleuses de la rampe et des coulisses. Heureux encore quand ces contrastes heurtés et cherchés ne vont pas jusqu'à la profanation, et quand on ne trouve pas côte à côte l'image de la Vierge et le portrait d'une Phryné!

Dans un pareil milieu que va devenir l'enfant? Enhardi par cela même qu'il se sent inconnu, étourdi par le bruit, grisé par le mouvement, attiré par tous ces étalages qui aiguillonnent sa curiosité et la fourvoient, qui provoquent en lui des désirs de tout genre, qui y éveillent des sensations nouvelles et sans cesse renouvelées, travaillé, tourmenté à la fois par ce qu'il voit et ne peut comprendre, par ce qu'il convoite et ne peut posséder, il va, il se glisse au milieu de ces passants qui se promènent, qui stationnent, qui courent, qui se croisent, qui s'abordent, qui causent, discutent ou se querellent sans faire attention à lui. Il éprouve une sorte d'entraînement, d'enivrement; il prend plaisir à ce spectacle mouvant et changeant, il prend goût à cette vie d'indépendance; les heures passent sans qu'il y pense, et la faim seule le ramène au logis.

Le lendemain, quand arrive l'heure de se rendre à l'école, ses souvenirs se réveillent, la tentation le saisit. Combien l'école lui paraît nue avec ses pauvres tableaux attachés au mur, combien elle lui paraît monotone avec la succession régulière de ses exercices prévus, en comparaison de la rue si vivante, si animée, si amusante! critique est le moment.

S'il n'est ressaisi à temps, si le maître a manqué de vigilance, si les parents ont manqué de fermeté, l'enfant échappe, il passe entre la famille et l'école, ses absences vont se multipliant, elles tournent en habitude, il fait de mauvaises connaissances qui combattent ses derniers scrupules, il cède à la fois à l'attrait du plaisir, à la crainte du blâme et au respect humain.

Quand l'enfant s'est habitué ainsi par degrés à vivre à la fois dans la société et en dehors d'elle, à se soustraire à la règle commune, à s'affranchir des obligations de la vie scolaire, quand toute son activité intellectuelle est employée à tromper la surveillance de ses maîtres, à dépister les recherches, à inventer des excuses, à forger des mensonges, c'en est fait de lui. Il ne tarde guère à entrer en lutte avec cette société à laquelle il échappe et à trouver dans cette vie de vagabondage des compensations aux reproches et aux coups qui l'attendent et qui le trouvent insensible et endurci ; il s'applaudit des ruses qui lui ont réussi, il éprouve un âpre plaisir d'amour-propre à tenir en échec et maîtres et parents ; les liens de toute sorte vont se relâchant pour se briser bientôt. Le jour où il n'ose plus reparaître à la maison vers l'heure du repas, la faim, mauvaise conseillère, ne tarde pas à vaincre les derniers scrupules d'une conscience émoussée et affaiblie ; sa main furtive prélude et s'exerce par des vols d'abord insignifiants à des exploits plus dangereux. Il est maintenant à l'école du vice, il fait l'apprentissage du crime. Bientôt ce ne sera plus à ses maîtres, à ses parents qu'il aura affaire, et ce sont les limiers de la police qu'il lui faudra dépister.

Ce que deviennent les enfants déserteurs de l'école et du foyer, la chronique judiciaire nous l'apprend ;

et sans aller bien loin chercher des exemples, Marseille nous en fournit assez. Il n'est guère de jour où les journaux de la ville n'enregistrent quelques nouveaux exploits de ces enfants perdus de la rue, qu'on nomme *nervis*, véritable fléau des passants, terreur des boutiquiers et des marchands, éternel exercice d'une police aux abois ; et quand, pris sur le fait, on les traîne en justice, il n'est pas rare de les voir narguer leurs juges stupéfaits de leur cynisme gouailleur et de leur précoce perversité.

Aussi je prie, je supplie nos maîtres de déployer la plus active vigilance, de signaler sans retard aux parents les absences de leurs enfants, de prendre avec eux les mesures les plus propres à en éviter le retour ; je les supplie de suivre attentivement les enfants, de les observer avec sollicitude, et, lorsqu'ils ont surpris sur leur visage et dans leur manière d'être les premiers symptômes de l'ennui et du découragement, de s'ingénier à ranimer en eux le goût de l'étude, à les intéresser, à les distraire, à leur rendre l'école agréable, afin de combattre l'attrait de sa malfaisante rivale. Par cette surveillance affectueuse, par les efforts qu'ils feront pour s'attacher les enfants, pour les retenir à l'école, pour la leur faire aimer, désirer, ils préserveront ces enfants du vice et du crime, les familles, de la honte, et la société, d'un fléau.

J'appelle aussi de tous mes vœux et je ne cesserai de réclamer avec instance la création d'une police bienfaisante entre toutes, vraiment préservatrice et que je ne craindrai pas d'appeler paternelle, qui aurait pour mission de ramener sur les bancs les petits déserteurs. La police d'aujourd'hui aurait moins à faire, si on ne laissait grandir à l'aise et se multiplier sous ses yeux ses futurs ennemis.

CHAPITRE XIV

QUALITÉS A DÉVELOPPER (SUITE)

SOMMAIRE. — Qu'un régime de liberté absolue de la parole et de la presse exige qu'on développe surtout le jugement. — Nécessité d'avoir une opinion à soi. — D'avoir le courage de son opinion. — Défauts de l'esprit et du caractère français : respect humain, légèreté, besoin de se sentir appuyé, crainte de l'isolement — qu'il faut louer et récompenser l'enfant qui a su résister à l'entraînement. — De la franchise. — Qu'elle est une garantie de progrès moral. — Qu'elle est la qualité républicaine par excellence. — Pourquoi les enfants sont portés au mensonge. — Comment le maître doit s'y prendre pour les guérir de ce défaut. — Du sérieux dans les choses sérieuses. — La blague. — Ses caractères. — Ses effets. — De la politesse. — Son principe sous un gouvernement monarchique. — Qu'elle n'est pas en progrès. — Ce qu'elle devrait être sous le régime républicain. — De l'économie. — Que l'état social du pays rend le développement de cette qualité particulièrement désirable. — Du patriotisme. — Le patriotisme de parade. — Le patriotisme sincère. — A quoi on le reconnaît. — Sur quel ton on doit parler de la patrie. — Qu'il ne faut pas abuser du mot. — L'idée de la patrie en général. — De quels éléments elle se compose. — Comment on peut les faire trouver aux enfants. — Du caractère français. — Ses qualités. — Comment ces qualités se révèlent dans notre histoire. — Ce qu'a été notre patrie. — Ce qu'elle est aujourd'hui. — Leçons de l'heure présente.

La qualité maîtresse dans la conduite, c'est le jugement. Nécessaire à tous les hommes, en tout temps et par tous pays, elle l'est particulièrement à ceux qui sont destinés à vivre sous le régime républicain, où chacun a la légitime prétention de se conduire par lui-même, et où l'extrême variété, la diversité, la contradiction même des opinions qui se produisent librement est de nature à troubler, à déconcerter, à désorienter les esprits faibles et incertains. La lecture des journaux si nombreux, si différents par les principes qu'ils représentent, par les intérêts qu'ils défendent, par le but qu'ils poursuivent, par l'importance de leur rôle, par le ton de leur polémique, par la valeur intellectuelle et morale de leurs rédacteurs, exige chez les lecteurs une sûreté de bon sens, une clairvoyance, une défiance même, que l'expérience de la vie ne donne pas toujours ou donne trop tard, et que l'éducation doit tendre à développer. Les mêmes faits, les mêmes hommes, les mêmes actes y sont jugés d'une manière non seulement différente, mais absolument contraire, et entre ces jugements extrêmes et contradictoires se range une multitude d'appréciations qui représentent toutes les nuances de l'approbation et de la désapprobation, tous les degrés de la passion depuis la haine la plus acharnée jusqu'à la plus aveugle admiration. Dans cette mêlée souvent furieuse des opinions de tout genre que peut devenir un esprit sans règle, sans force et sans solidité? Le proverbe dit : « Qui n'entend qu'une cloche, n'entend qu'un son. » Le proverbe a raison sans doute, mais qui entend trop de cloches finit par en être étourdi ; de même qui entend trop d'opinions différentes ne sait plus à quoi s'en tenir, et s'il n'apporte au milieu de ce pêle-mêle un jugement exercé, il devient le jouet de la contradiction ou la proie de la violence, ou il tombe dans le scepticisme et l'indifférence et va grossir le nombre déjà trop grand de ceux qui laissent tout dire et finissent par laisser tout faire.

Il importe donc que le lecteur soit en état de juger les jugements qui lui passent sous les yeux, de s'orienter et de se diriger à travers toutes les erreurs et les folies, tous les mensonges et toutes les calomnies, vers le bon sens et la vérité. Aussi l'école doit-elle être un perpétuel exercice de jugement pour que l'enfant s'habitue à discerner vite et sûrement, à fortifier sa raison, à prendre confiance en elle, à ne rien laisser passer sans contrôle, à ne pas croire à la légère, enfin à avoir une opinion à lui en tout ce qui est à sa portée ; mais ce n'est pas tout d'avoir une opinion à soi, il faut dans l'occasion avoir le courage de son opinion.

C'est une chose rare en France que d'avoir le courage de son opinion, et surtout le courage d'être, s'il le faut, seul de son opinion. Nous avons le besoin de nous sentir soutenus, appuyés; si les autres nous donnent tort, si nous nous trouvons seuls de notre avis, nous commençons à douter de nous-mêmes, nous devenons inquiets, nous sommes troublés, ébranlés; le respect humain, la crainte nous gagne, et nous passons parfois à l'avis contraire, non pas convaincus, mais entraînés. Il semble que la raison soit toujours du côté du nombre; il n'en est pourtant pas ainsi, et il peut arriver qu'on ait raison, seul contre tous.

Une autre cause de cette faiblesse, c'est notre légèreté naturelle; les Français, en général, ont 'esprit ouvert et vif, ils saisissent vite, mais réfléchissent peu. Satisfaits de comprendre, ils ne se donnent pas la peine de penser; d'où il suit que leurs opinions, n'ayant pas de racines, ne tiennent pas et cèdent au premier souffle. La pensée qui a germé lentement, qui a été mûrie par la réflexion, qui est le fruit de la recherche personnelle et de la méditation, celle-là est enracinée au plus profond de l'esprit, celle-là tient et nous y tenons, par cela même qu'elle est à nous, qu'elle est nôtre et qu'elle nous a coûté davantage.

Une autre cause de cette inconsistance, c'est notre sociabilité même. Nous ne pouvons nous passer des autres; l'isolement nous pèse, c'est pour nous un supplice. Ayant à ce point besoin de la société de nos semblables, nous sommes amenés à toutes les concessions pour leur être agréables, et pour ne pas troubler des relations dont le charme réside en grande partie dans l'accord des opinions. De là l'incroyable insignifiance de la conversation courante, qui n'est qu'un échange de banalités; si par hasard on rencontre une opinion contraire, on tourne brusquement pour ne pas la heurter.

Quoi qu'il en soit, cette légèreté d'esprit, ce besoin d'accord, exercent sur la volonté et sur la conduite une fâcheuse influence, et nous devons dès le principe réagir autant qu'il est en nous contre ce défaut du caractère et de l'esprit français.

Les enfants comme les hommes subissent ce qu'on peut appeler l'entraînement du mal. Quand ils vont par troupes, si quelque garnement a une mauvaise inspiration, il prend la tête, le gros suit et les meilleurs cèdent, tout en désapprouvant. En pareil cas celui qui a le courage du bon sens, celui qui ne se laisse pas emporter par le courant et qui résiste, celui-là fait preuve d'une qualité rare partout, mais particulièrement en France. Si nous parvenons à obtenir de nos enfants qu'ils s'affermissent dans leur bon sens, qu'ils prennent leur point d'appui en eux-mêmes, dans leur conscience et leur raison, qu'ils prêtent une oreille moins inquiète à ce qu'on dit ou pourra dire d'eux, qu'ils bravent le qu'en dira-t-on et la raillerie, qu'ils foulent aux pieds un sot respect humain, nous aurons contribué à faire des hommes propres à se gouverner eux-mêmes et partant gouvernables. Cette préoccupation constante de l'opinion d'autrui, cette défiance de son propre jugement, cette crainte pusillanime de la moquerie et de l'isolement, ce besoin de nous sentir les coudes, d'être toujours avec le nombre et à l'unisson des autres, affaiblit la volonté, détruit la personnalité; il fait des individus une sorte de poussière que le premier vent qui passe fait voler en tourbillons effarés; il ôte aux caractères cette trempe et cette solidité si nécessaires en pays de suffrage; il livre la nation aux dangers des revirements soudains, des paniques inexplicables; il crée ces courants aveugles, irrésistibles qui emportent tour à tour les masses d'un extrême à l'autre et qui font désespérer de la stabilité des gouvernements et du progrès de la civilisation. Voilà une qualité à encourager, à louer, à récompenser chez les enfants; car si nous félicitons la classe tout entière de n'avoir pas suivi le mauvais exemple donné par un seul, à combien plus forte raison devons-nous louer l'enfant qui seul a résisté au mauvais exemple donné par tous les autres.

Évitons seulement de donner dans l'autre extrême, et de développer chez les enfants la manie de la contradiction. Prendre systématiquement le contre-pied de l'opinion d'autrui et aller toujours dans un sens contraire aux autres, affecter l'originalité et l'indépendance, n'est pas une preuve de la force de l'esprit et de la fermeté du caractère, c'est un simple travers.

Une qualité précieuse entre toutes les autres, qualité qui fait la noblesse du caractère, le charme et la sûreté des relations de tout genre, c'est la franchise. Elle est aussi une garantie de bonne conduite; car, pour mal faire, on se cache, et ce qu'on a fait de mal, on s'efforce de le tenir caché; la franchise au contraire répugne à chercher l'ombre; elle aime mieux avoir à rougir d'un aveu qu'à rougir d'un mensonge. Cette qualité généreuse implique un fond de courage et de bonté native; car d'une part il faut du courage pour se livrer soi-même au blâme et donner aux autres prise et avantage sur soi; d'autre part, l'aveu des fautes est une preuve de repentir et un gage d'amélioration morale. Il n'est pas de qualité qui convienne mieux à des hommes libres, et, à ce titre, on peut l'appeler la qualité républicaine par excellence.

Dans les États fondés sur l'esclavage, l'esclave est, par sa condition même, voué au mensonge et au vol: ses moindres fautes sont trop sévèrement punies pour qu'il ne s'efforce pas de les tenir secrètes; d'un autre côté, il a trop peu à attendre de la générosité de son maître pour se faire scrupule, ou plutôt pour ne pas se faire un malin plaisir de lui dérober tout ce qu'il peut. Aussi chez les poètes grecs et latins, l'esclave est-il le type obligé de la fausseté, de la fourberie, comme le parasite est celui de la gloutonnerie et de la bassesse.

Les enfants sont pour la plupart enclins au mensonge, et, sans vouloir les assimiler à des esclaves, on peut dire qu'il y a dans la dépendance où ils sont de leurs parents et de leurs maîtres une condition peu favorable à la franchise. La crainte d'une punition sinon certaine, au moins probable, les porte naturellement à mentir et les rend ingénieux à trouver des mensonges. Et puis les enfants sont comme les hommes, ils voudraient paraître meilleurs qu'ils ne sont; pour sauver la bonne opinion qu'on a d'eux, ils s'exposent à en donner une mauvaise; pour tenir une faute cachée, ils en commettent une autre.

C'est qu'il en coûte étrangement à l'homme lui-même d'avouer une faute, et les meilleurs ne résistent pas sans peine à la tentation de mentir dans l'intérêt de leur réputation. Ce qui arrête l'aveu sur leurs lèvres, ce n'est pas la crainte de l'expiation; car pour eux l'expiation est un soulagement; ils la souhaitent et souvent se l'imposent à eux-mêmes : qu'est-ce donc? C'est la crainte de déchoir dans l'opinion de leurs semblables; tant il est vrai que l'estime est le premier des biens! Pour conserver ce bien suprême, des coupables se condamnent au double supplice d'une crainte sans fin ni trêve et d'un remords sans adoucissement; plus d'un ne reculerait pas devant un nouveau crime, s'il pouvait à ce prix s'assurer, non pas l'impunité, mais le secret.

Le catholicisme, auquel on ne peut refuser une connaissance profonde de la nature humaine, mais qui est atteint à son endroit d'une défiance incurable, le catholicisme, pour tirer l'aveu des fautes, l'enveloppe d'ombre et de mystère, lui assure l'anonyme et le secret; il considère comme une expiation la souffrance morale qui accompagne la confession même faite à un inconnu par un autre inconnu.

Que le maître tienne donc compte de ces sentiments, qu'il s'ingénie à rendre l'aveu plus facile, que dans l'occasion il se contente d'un demi-aveu, d'un silence consentant. Il ne faut pas aller jusqu'à promettre l'impunité, car, s'il est des fautes assez légères pour que l'aveu suffise à les racheter, il en est qui sont trop graves pour rester impunies.

Mais, sans se lier par une promesse inconsidérée et tout en se réservant le droit de punir, il faut faire comprendre à l'enfant qu'en avouant sa faute, il ne perdra rien de notre estime et qu'il se relèvera dans la sienne, que la franchise honore et qu'elle accroît la confiance et l'affection ; et quand l'aveu est tombé des lèvres, tout en blâmant la faute, il faut louer l'aveu et le récompenser par un adoucissement de la peine proportionné à l'effort qu'il a coûté ; il faut retenir l'enfant pendant quelques instants sur sa faute et ne pas passer brusquement à autre chose ; il faut lui faire sentir ce qui se passe en lui et goûter ce sentiment de plaisir qui suit tout acte louable, cet allègement du poids qui pesait sur son cœur, cette sorte de détente intérieure qui dissipe peu à peu le malaise d'une conscience chargée.

Ah ! cultivons bien cette exquise qualité ; dans un enfant la franchise a je ne sais quel charme irrésistible ; on a plaisir à regarder dans ces yeux candides où se peint la bonté de l'âme, et, au lieu de punir l'enfant qui s'accuse, on est tenté de l'embrasser.

Si donc un enfant de l'école est naturellement franc, ou si, ce qui est plus méritoire, il a réussi à le devenir, nous pouvons le récompenser pour cette qualité naturelle ou acquise; nulle récompense ne sera mieux placée, nulle ne sera plus fructueuse et j'ajoute plus approuvée, car la franchise est une des qualités qu'on aime le plus en France et qui répondent le mieux à la générosité du caractère national. La fausseté nous répugne, quelque forme qu'elle revête, quelque masque qu'elle prenne, religion ou patriotisme, et si le Menteur de Corneille nous fait rire par sa vanité naïve, les Tartufes nous dégoûtent, et l'espionnage que certain peuple érige en système, ne nous inspire que le mépris.

Nous sommes d'un pays où l'on aime à rire, ce qui est bon et sain, mais ce rire n'est pas toujours celui de la gaieté ni même celui de la malice. Ces derniers temps ont vu naître ou du moins se développer un genre particulier de moquerie qui ne s'attaque pas simplement aux défauts et aux travers, mais aux actions elles-mêmes, dont elle fausse ou dénigre les intentions, aux convictions et aux croyances dont elle suspecte ou nie la sincérité, à l'autorité qu'elle tourne en ridicule, à toutes les choses sérieuses qu'elle affecte de trouver plaisantes. Pour elle le fond de la vie est vide et les dehors ne sont qu'une tromperie dont elle entend ne pas être la dupe, c'est là son unique souci; ne voyant partout que trompeurs, elle ne veut pas être trompée.

Cette moquerie monotone, plus triste que gaie, est devenue un tour d'esprit, une habitude, une manie : s'il faut l'appeler par son nom, c'est la *blague*. C'est une forme de scepticisme non pas philosophique ou scientifique, mais superficiel et banal; qui n'est pas né d'une étude approfondie de l'histoire et de la nature humaine, mais plutôt de l'instabilité politique et du spectacle trop fréquemment renouvelé des palinodies de tout genre; elle accuse une entière défiance des hommes et des choses, défiance qui, au lieu de tourner à la satire amère ou à la misanthropie, se traduit, grâce à la bonne humeur du pays, en une perpétuelle et universelle gouaillerie.

La moquerie d'autrefois, celle de nos pères, n'était pas toujours inoffensive; mais, quoique piquante, elle était en somme légère, elle frappait çà et là, choisissant ses coups; la blague s'attaque à tout et à tous sans distinction. La première s'en prenait aux individus en particulier ou aux défauts en général, laissant à entendre qu'à côté des gens et des choses dont elle se moquait, il y en a d'autres qui méritent le respect; la blague, elle, va plus loin, beaucoup plus loin; c'est l'homme lui-même, c'est l'humanité qu'elle atteint dans tout ce qu'elle a de noble et d'élevé, dans ses aspirations, dans sa foi aux grandes choses, dans sa confiance en elle-même, c'est la source de la vie morale qu'elle dessèche, c'est le ressort de l'activité qu'elle brise.

Elle affecte en tout une incrédulité de parti pris, elle se pique d'une expérience prématurée de la vie, elle prend un air de supériorité qui en impose, elle accable de sa pitié railleuse les naïfs qui croient encore en quelqu'un ou à quelque chose. Mais, malgré sa défiance systématique elle accueille sans contrôle les bruits les moins fondés, les nouvelles les plus invraisemblables et, sans scrupule, elle s'en fait des armes pour détruire les réputations les mieux établies.

Ce mal contagieux s'est répandu dans la jeunesse qu'il vieillit et gâte ; l'adolescence, l'enfance même n'est pas à l'abri de ses atteintes. Aussi l'éducateur doit-il veiller avec soin sur les enfants pour les préserver de la contagion, et, dès qu'il a surpris les premiers symptômes du mal, il doit le combattre. Parler sérieusement des choses sérieuses et respectueusement des choses respectables n'empêche ni de rire à l'occasion, ni de critiquer à propos ; mais il ne faut pas que le rire s'égare, ni que la critique dégénère en habitude.

Sous le régime républicain la politesse change de caractère et de signification ; elle se simplifie et s'inspire de sentiments nouveaux. Dans un État monarchique où les classes sont placées les unes au-dessus ou au-dessous des autres, où la noblesse déroule une longue hiérarchie de titres, où la bourgeoisie elle-même à l'imitation de la noblesse se nuance et se diversifie, où le clergé séculier et régulier s'ordonne et se dispose en séries ascendantes ou descendantes, la société tout entière offre l'image d'une montagne au sommet de laquelle s'élève le trône et sur les flancs de laquelle montent et tournent des escaliers aux degrés innombrables. Sur ces degrés la population se distribue et s'étage. Là chacun a sa place marquée; chacun compte les degrés qu'il a au-dessus et au-dessous de lui, et mesure le respect qu'il témoigne aux personnes sur la distance qui l'en sépare dans un sens ou dans l'autre. La société forme ainsi comme une immense gradation croissante et décroissante de rangs et de conditions. La politesse s'y complique de nuances infinies; elle a des formules arrêtées, quoique nombreuses, des marques tranchées et des signes imperceptibles; elle est une traduction étudiée et savante des différences tantôt énormes, tantôt insignifiantes que les degrés de l'échelle mettent entre les hommes; c'est une étude, c'est une science et un art; et plus la personne est haut placée, plus l'art devient difficile, parce que la personne a plus de nuances à observer; aussi vante-t-on la politesse de certains rois et de certains princes comme des merveilles de tact, de délicatesse et de mesure. Mais cette politesse ne peut être sincère.

En haut elle respire souvent l'orgueil et le dédain; en bas, la crainte et la servilité.

Sous le régime républicain la politesse prend un autre caractère et s'inspire d'autres sentiments. Les hommes étant libres, la politesse devient volontaire ; les citoyens étant égaux, elle devient plus simple et plus digne. En l'état de nos mœurs, et l'avènement de la démocratie ayant précédé son éducation, l'ancienne politesse a presque disparu, et la nouvelle ne l'a pas remplacée. Le titre de citoyen, que l'on prodigue aujourd'hui, n'est pas encore une garantie des égards que méritent des hommes libres. On dirait même qu'un grand nombre de ces citoyens de fraîche date n'aient vu dans leur dignité nouvelle qu'un droit à l'incivilité. Sans parler du ton de la polémique actuelle, ni des aménités qui s'échangent dans les réunions publiques, il est certain que la politesse acquiert le prix des choses rares et qu'à sa place on rencontre un peu partout ce sans-gêne et même cette rudesse de gens qui ne se doivent plus rien, étant égaux. C'est à l'éducation à réagir, à faire comprendre ce que doit être la politesse, d'abord partout et particulièrement dans un pays où elle a toujours été proverbiale, et sous un régime qui devrait l'accroître au lieu de l'affaiblir.

Ce qu'elle doit être, la devise républicaine nous l'enseigne ; mais cette devise, il ne suffit pas de l'inscrire sur la façade des édifices, nous devons l'imprimer dans les cœurs. Il ne faut pas qu'elle reste lettre morte, mais qu'elle dicte notre langage et règle notre conduite. Méditons donc cette immortelle devise, elle nous apprendra le sens et la portée de la véritable politesse ; elle rendra à ces formules, à ces souhaits avec lesquels les hommes s'abordent et se séparent, à ces saluts de la tête et de la main qu'ils s'envoient en se croisant, leur force et leur signification première; elle nous rappellera que des hommes qui vivent ensemble doivent être animés d'une bienveillance mutuelle et que dans ces *bonjour*, ces *bonsoir* qu'ils échangent en toute rencontre, ils se souhaitent au moins les uns aux autres le bonheur qu'il ne dépend pas toujours d'eux de se procurer; elle nous rappellera que les hommes appartiennent à la même famille, et qu'ils doivent se traiter en frères; qu'entre inconnus, la politesse est l'expression du respect que mérite la dignité humaine, que cette dignité a sa source dans le libre arbitre et dans les libertés qui en découlent; que les égards témoignés à nos semblables, à nos égaux sont en réalité un hommage rendu à nous-mêmes en la personne d'autrui; que respecter les autres, c'est s'honorer soi-même.

L'on a beaucoup fait pour développer chez les enfants le goût de l'épargne, mais l'on ne saurait trop faire et il faut redoubler d'efforts; car des deux dangers auxquels un pays est exposé, l'un qui vient du dehors ne peut être conjuré que par le courage et la force, et l'autre qui vient du dedans ne peut être évité que par l'esprit de prévoyance et d'économie. Tout peuple a deux sortes d'ennemis, ceux du dehors qui convoitent le sol national, et ceux du dedans qui convoitent la fortune d'autrui; c'est de la misère, c'est du chômage et des souffrances qu'il impose, c'est de l'incertitude du lendemain et des craintes qu'il inspire, que naissent les pensées coupables, les rêves de partage, et les entreprises criminelles.

La science et l'industrie, en augmentant la richesse générale, ont créé une classe nombreuse dont la vie est précaire. Ce qu'étaient autrefois les paysans, les Jacques, dans les temps de famine, les ouvriers le sont aujourd'hui dans les temps de chômage. Quand du jour au lendemain les machines s'arrêtent, des milliers d'hommes sont sans pain. Le paysan, grâce à la terre acquise, est aujourd'hui à l'abri du besoin, il n'en est pas ainsi de l'ouvrier; ce sera l'honneur de la République d'arriver par des mesures libérales et équitables et par l'éducation du peuple à changer une situation inquiète et précaire en aisance et sécurité. Notre tâche à nous instituteurs est de créer des habitudes qui préservent le futur ouvrier des dépenses inutiles et des excès nuisibles. La vie de l'ouvrier engendre d'inévitables dégoûts et des découragements, dont l'ivresse procure un moment l'oubli, mais pour les rendre ensuite plus profonds et plus invincibles. Le goût de l'économie, l'habitude de l'épargne, en créant de bonne heure les ressources indispensables, sont d'efficaces préservatifs contre des excès funestes aux individus, funestes à la société. Le proverbe dit : « Qui a bu boira. » On pourrait en dire autant de l'économie : qui a épargné, épargnera.

Le grand point est de commencer. Les bonnes passions sont comme les mauvaises : le temps les fortifie. Plus l'épargne croît, plus on veut l'accroître. A mesure qu'elle grossit, l'homme a l'esprit plus tranquille, il travaille avec plus de plaisir ; il est moins à la merci de la volonté des autres et des accidents du sort ; il sent grandir sa dignité, son indépendance et sa sécurité.

La qualité ou, pour mieux dire, la vertu qui résume toutes les autres, c'est le patriotisme.

Le patriotisme consiste à aimer sa patrie, surtout à la bien servir. Pour l'aimer, il faut la connaître ; pour la servir, il faut l'aimer.

Commençons donc par faire comprendre aux enfants ce que c'est que la patrie ; apprenons-leur ensuite ce qu'a été la France, et puis ce qu'elle est et ce qu'elle doit être.

Mais tout d'abord qu'ils sachent distinguer le patriotisme de parade du patriotisme sincère ; le premier est facile et banal, il a sa racine dans la vanité, il n'est qu'une forme de l'égoïsme, il éclate en fanfaronnades ridicules ou imprudentes, c'est un défaut ; l'autre est difficile et rare, il prend sa source dans un légitime orgueil, il est la plus haute expression du devoir, il parle peu, il agit, c'est une vertu.

> La foi qui n'agit point, est-ce une foi sincère ?

dit le poète ; le patriotisme en paroles n'est que

tromperie et charlatanisme ; vienne le danger, il s'efface et disparaît. Pour juger du patriotisme, regardons à la conduite. Est patriote quiconque honore son pays par son caractère, par son mérite, par ses vertus, et, quand l'heure du danger sonne, par son courage.

C'est chose sacrée que le patriotisme ; il n'en faut point parler en termes vulgaires ou même familiers, non plus qu'en termes emphatiques et ronflants, mais avec une simplicité noble, une gravité recueillie, ou avec passion. Quand le maître aborde ce haut sujet, je voudrais que sa voix devînt grave et pénétrante, qu'elle prît un caractère religieux, et qu'au seul accent de cette voix, l'enfant comprît qu'il s'agit de la grande chose, et sentît courir en lui le frisson du respect.

Prenons garde aussi d'abuser du mot et, en le prodiguant, de lui ôter sa vertu ; prenons garde que le culte rendu à la patrie ne tourne en exercices de mémoire, ne dégénère en simples pratiques, en formules répétées machinalement et du bout des lèvres ; toujours le cœur doit y prendre part. Mais, pour qu'il vibre au nom de la patrie, il ne faut pas le prononcer à tout propos.

L'idée de patrie est de toutes la plus large et la plus complexe ; elle embrasse le passé, le présent, l'avenir ; elle renferme la vie individuelle, la vie de famille, la vie nationale ; elle évoque d'innombrables images ; elle réveille d'innombrables souvenirs, de là sa puissance vraiment magique et son retentissement jusqu'au fond des entrailles.

Elle comprend avant tout l'idée du sol natal, patrimoine commun, héritage glorieux, acquis au prix de mille dangers, fécondé au prix de sueurs infinies, mainte fois arrosé du sang de ses avides envahisseurs, et consacré par le sang de ses héroïques défenseurs. Vient ensuite l'idée d'une race qui se distingue des autres par certains traits de la physionomie, par certaines aptitudes physiques, par le tour de l'esprit, par la manière de sentir, par des goûts communs, par des qualités qui lui sont propres, qualités morales et intellectuelles, grâce auxquelles les individus qui la composent se ressemblent entre eux, se reconnaissent et se recherchent, ont plaisir à se trouver ensemble et forment comme les membres d'une famille immense; puis la communauté de la langue qui leur permet de s'entendre et de se comprendre, d'échanger leurs pensées et leurs sentiments par la parole et l'écriture, de se connaître sans se voir et de resserrer ainsi à travers la distance les liens naturels qui les unissent; de cette langue qu'on appelle maternelle, parce que l'enfant l'apprend aux lèvres de sa mère au milieu des baisers, de cette langue si douce qu'elle fond le cœur de l'exilé quand il vient à l'entendre résonner sur la terre étrangère; la communauté de religion qui unit les hommes par le sentiment douloureux de leur destinée présente et par leurs espérances en une destinée meilleure; la communauté du gouvernement qui donne aux forces éparses d'un peuple l'unité et la cohésion nécessaires, et qui les tourne à la prospérité, à la défense, à l'agrandissement du pays; la communauté des lois, qui assure à tous les mêmes avantages, qui étend sur tous la même protection; la communauté des intérêts qui fait que chacun profite de la prospérité publique, ou souffre des maux du pays; la communauté des gloires de tout genre, littéraire, scientifique, artistique, militaire, qui ont porté la patrie à un rang élevé parmi les nations; la communauté des souvenirs consolants ou amers, des dangers de l'heure présente, des aspirations légitimes, des craintes et des espérances. La patrie, c'est un grand corps, qui a ses moments de malaise et de faiblesse, ses maladies, ses infirmités même, mais dont la vitalité puissante a d'inépuisables ressources et ne connaît pas la vieillesse; la patrie, c'est une grande âme qui anime d'innombrables êtres, les fait vivre de la même vie, souffrir des mêmes souffrances, jouir des mêmes joies et s'enorgueillir du même orgueil.

Ainsi le sol, la race, la langue, la religion, les lois, le gouvernement, les intérêts, les souvenirs glorieux, les dangers présents, les craintes, les espérances et les ambitions, tels sont les principaux éléments qui entrent dans l'idée de patrie, tels sont les liens qui forment ces grands faisceaux d'hommes qu'on nomme des peuples, telles sont les causes qui font vivre d'une vie commune les habitants d'un même pays et battre leur cœur à l'unisson.

Par une série de questions méthodiquement posées on peut faire trouver aux enfants ces idées l'une après l'autre, et leur donner l'intelligence claire et nette de ce qu'est la patrie en général.

Mais ce n'est pas assez; leur patrie à eux, la France, il faut qu'ils la connaissent, qu'ils l'aiment, qu'ils l'admirent.

Cherchons donc dans le passé, dans le présent, tout ce qui honore et ennoblit la France, et de ces traits pieusement recueillis, faisons une grande image, qui soit toujours présente et vivante en leurs cœurs. L'idée de la patrie résume tout ce qu'il y a de meilleur dans le caractère, dans l'esprit, dans l'âme de la nation, tout ce qu'il y a de plus beau et de plus grand dans son histoire et forme ainsi pour tous les citoyens un idéal d'honneur, de gloire et de vertu.

Et puisqu'on s'adresse à de petits Français, pourquoi n'essayerait-on pas de leur faire découvrir en eux-mêmes les qualités qui distinguent le caractère de leur race? Et qu'on ne craigne pas de les rendre ainsi vaniteux et de leur donner une trop haute opinion d'eux-mêmes. Il est facile en effet de dissiper les bouffées de vanité qui pourraient leur monter à la tête, en leur rappelant que ces qualités dont la France est justement fière, ils ne les ont qu'en germe, que leur devoir est de les cultiver, de les développer, de les montrer dans leur conduite sous peine de déchoir et de paraître indignes du nom qu'ils portent et de leur pays.

On peut demander à des écoliers s'ils n'estiment pas ceux qui ont le courage d'avouer leurs fautes au lieu de les cacher par le mensonge, ceux qui tiennent fidèlement leurs promesses; s'ils n'ont pas de plaisir à entendre bien raconter une histoire ou lire une belle pièce de vers, s'ils n'aiment pas ceux qui font du bien aux autres, qui secourent les pauvres, qui soignent les malades, qui consolent les malheureux, s'ils n'admirent pas ceux qui pardonnent à leurs ennemis, qui défendent le faible contre le fort, qui exposent leur vie pour sauver leurs semblables ou qui la sacrifient pour sauver leur pays. Et sur leur réponse qui ne saurait être douteuse, on leur fait remarquer que cette franchise et cette loyauté qu'ils estiment, ce goût pour les arts qu'ils commencent à ressentir, cette bonté, cette charité qu'ils aiment, cette générosité, ce courage, ce dévoûment qu'ils admirent, sont précisément les traits principaux du caractère français; que ces qualités et ces vertus se révèlent à chaque pas dans notre histoire, qu'elles y engendrent tour à tour des œuvres et des actes à jamais admirables.

On leur dit que la loyauté fait si bien le fond et comme la moelle du caractère français que c'est à peine si pendant une longue suite de siècles on rencontre quelques exemples de trahison dans notre histoire; que si les Gaulois, nos pères, ne craignaient qu'une chose, la chute du ciel sur leurs têtes, leurs descendants n'ont pas dégénéré, et que dans les plus terribles épreuves, dans les plus épouvantables revers, ils ont donné des preuves éclatantes de leur courage et de leur constance ; que nos annales ne sont qu'une longue et brillante chaîne de faits d'armes glorieux que la bravoure contemporaine enrichit de nouveaux chaînons ;

Qu'il n'est terre au monde où l'on ne trouve les traces de notre séjour ou de notre passage, où notre intrépidité parfois aventureuse, presque toujours chevaleresque, n'ait laissé d'ineffaçables empreintes et d'impérissables souvenirs ;

Que les grandes époques de notre histoire ne sont que d'irrésistibles mouvements de notre bonté naturelle, que nulle part ailleurs la chevalerie n'a produit des héros plus nobles et plus purs ; que c'est un élan de notre cœur qui nous a entraînés à la délivrance des lieux saints ; que nous ne pouvons rester sourds à la voix des opprimés qui nous appellent, des malheureux qui nous implorent, que nombre de peuples, les États-Unis, l'Italie, la Grèce, nous ont vus accourir pour briser leurs chaînes, et que l'ingratitude et l'indifférence n'ont pu nous guérir de notre incurable et admirable ardeur ;

Que nos ennemis mêmes rendent à notre caractère un involontaire hommage, car leur jalousie et leur haine ne les empêche pas de venir se réchauffer à la douce et vivifiante chaleur de notre hospitalité;

on voyage ailleurs, on séjourne chez nous, et la France est le rendez-vous du monde ;

Qu'aucune gloire ne nous manque et ne nous a manqué ; que nulle part, dans le monde entier, les lettres, les sciences, les arts, n'ont brillé d'un éclat plus vif et plus durable ; qu'aucun peuple de la vieille Europe ne peut présenter comme nous à l'admiration du monde quatre grands siècles de chefs-d'œuvre comme nos seizième, dix-septième, dix-huitième et dix-neuvième siècles ;

Que les premiers entre tous les peuples nous avons conçu un idéal de bonheur et de fraternité universels, et que nos déceptions et nos malheurs n'ont pu tarir en nous la source toujours jaillissante des aspirations sublimes ;

Que dans nos derniers désastres, ce n'est pas le courage qui nous a fait défaut, que nous avons lutté là où bien d'autres auraient jeté les armes, que nous avons espéré contre toute espérance, que depuis ces jours néfastes notre race a prouvé et prouve aujourd'hui même que le vieux sang français bout encore dans ses veines ;

Que nous avons le droit de nous enorgueillir de notre passé, mais aussi que nous avons le devoir d'envisager l'avenir avec une fermeté virile et une froide et calme résolution.

Ici commence la tâche la plus importante de l'instituteur. Il ne suffit pas d'avoir fait comprendre ce que c'est que la patrie, et d'avoir montré, l'histoire en main, que notre patrie est digne entre toutes d'amour et d'admiration ; il faut placer sous les yeux des enfants la situation présente, telle que nos erreurs, nos fautes, nos qualités même et nos révolutions l'ont faite, et de cette peinture tirer de fortes et fortifiantes leçons.

En l'état actuel de l'Europe, avec la diffusion de la science et des ressources qu'elle crée incessamment pour l'attaque comme pour la défense, avec la constitution des États nouveaux que leur ingratitude rend déjà dangereux, avec le développement rapide et menaçant de certaines puissances plus ou moins voisines, avec les sentiments hostiles qu'une inévitable rivalité et une astucieuse politique ont suscités contre nous chez des peuples autrefois bienveillants, avec la persistance et l'ardeur des haines que des victoires inespérées et une incroyable fortune n'ont pu refroidir, le patriotisme impose de rigoureux et impérieux devoirs.

Autrefois la sécurité de la patrie ne demandait que quelques milliers d'hommes, elle en exige aujourd'hui des millions ; et quand le principe même de nos institutions, quand l'égalité républicaine ne ferait pas à chaque citoyen un devoir de contribuer à la défense commune, la situation présente lui en ferait une nécessité. Il faut le dire, et le redire : la puissance germanique a réussi à tourner contre le vaincu les haines et les défiances que devait inspirer le vainqueur. S'il y a là quelque sujet d'orgueil, s'il est permis d'y voir une preuve de notre vitalité, il y a surtout dans cet intervertissement des rôles, et dans l'attitude des peuples qui nous entourent, un grave avertissement.

Élevons donc les enfants dans cette pensée, que l'ambition, la jalousie, la puissance croissante des nations voisines ne nous permettent plus les illusions passées ; que les peuples plus encore que les individus ont à combattre pour la vie ; qu'à cette heure les victoires sont impitoyables et décisives, les défaites désastreuses et presque irréparables ; que les alliances sont douteuses et souvent perfides, que la puissance seule les noue et que le malheur les brise ; que la France ne doit compter que sur elle-même, mais aussi qu'un pays comme le nôtre est invincible s'il est armé, exercé, discipliné et uni ; que la patrie doit avoir autant de défenseurs qu'elle a de citoyens, que chaque enfant doit lui donner un homme et un homme de cœur, qu'il doit tremper son corps et son âme, souhaiter d'être au plus tôt en état de la servir et considérer l'obligation sacrée du service moins encore comme un devoir que comme un honneur et comme un bonheur.

CHAPITRE XV

PETITES LEÇONS DE L'ÉDUCATION

SOMMAIRE. — Qu'il n'y a rien d'insignifiant en matière d'éducation. — Exemples. — Les peaux d'orange. — La branche brisée. — La porte ouverte. — La rampe de l'escalier. — La bouteille cassée. — La pierre tombée au milieu du chemin. — Le cheval abattu. — La voiture à bras. — Les chanteurs nocturnes. — Le clairon des touristes. — Les feux et les danses en temps de choléra. — Les conscrits et le drapeau national. — Conclusion.

Les proportions de cet ouvrage ne nous permettent pas de descendre dans les détails ; cependant nous croyons devoir citer quelques exemples pour montrer que les petites choses ont souvent plus d'importance qu'elles n'en paraissent avoir et que les occasions manquent moins au maître que le maître aux occasions.

Il y a dans chaque pays des habitudes locales dont l'ancienneté et la ténacité prouvent que l'éducation générale est loin d'être achevée et qu'il faut plutôt compter sur l'école et les générations nouvelles que sur le bon sens public pour en élever progressivement le niveau et en combler les lacunes.

13.

A Marseille on mange beaucoup d'oranges et l'on n'a pas tort, car elles y sont bonnes, elles y sont à bon marché et la santé s'en trouve bien. Mais en mangeant le fruit, chemin faisant, dans la rue, on jette les peaux sur le pavé, sur le trottoir, et ceci ne vaut pas ; on ferait mieux de les jeter dans les bouches d'égoût qui ne sont pas rares, ou bien encore, de les mettre dans sa poche qui n'en sentirait que meilleur, ou de les rapporter à la maison. Mais quoi ! il est bien plus simple et plus commode d'en semer les morceaux sur son passage, advienne que pourra. Or il advient que maint passant distrait ou pressé, met le pied sur l'écorce, glisse, tombe et se blesse ou même se casse un bras, une jambe. Mais dira-t-on, c'est aux passants à prendre garde et à voir où ils marchent. D'accord ; cependant il ne serait pas mal, il serait même bien et charitable de prévenir les accidents qui peuvent par notre faute arriver au prochain, surtout quand il en coûte si peu. Nous devons pardonner aux autres d'être étourdis ou préoccupés, nous devons admettre qu'on peut avoir à courir, nous devons surtout convenir qu'il y a des gens qui pour leur malheur ont la vue faible, et quelques-uns mêmes qui n'y voient pas du tout. Irons-nous jusqu'à dire : Tant pis pour les aveugles !

Eh bien, l'on peut cependant être cruel par défaut de précaution, tout comme on arrive à être homicide par imprudence. Que de choses qui sont, comme celle-là, insignifiantes en elles-mêmes et en apparence, mais qui deviennent singulièrement importantes si l'on veut bien regarder aux conséquences! En tout, comme dit le poète, il faut considérer la fin, et si la prévoyance est bonne et louable pour nous-mêmes, elle est meilleure encore pour nos semblables. On n'a pas tous les jours l'occasion d'accomplir un acte de haute vertu, de dévoûment et d'abnégation. La vie n'est après tout qu'une suite, un tissu de menues actions, mais dans lesquelles on trouve l'occasion d'appliquer les grands principes de la morale, pour peu qu'on veuille bien se donner la peine de trouver le lien qui les rattache à ces principes. Jeter une peau d'orange n'est pas assurément un crime, mais cela peut causer un malheur, et, si l'on se place à ce point de vue, la précaution s'impose et devient un devoir.

Dernièrement je me promenais dans un admirable vallon; c'était au printemps; tout était en fleurs. Un cytise attire mes regards. Vous connaissez ce ravissant arbuste aux grappes d'or qui pendent légères et gracieuses à ses sveltes rameaux. Arrivé au pied, je vois l'arbre mutilé; une branche gisait à terre avec un reste de fleurs fanées ou foulées; une bande d'enfants s'éloignait en chantant, des fleurs aux mains et sur la tête. C'est bien de cueillir des fleurs; au moins n'est-ce pas mal; mais casser la branche pour avoir les fleurs, n'y a-t-il pas là quelque chose comme de l'ingratitude, n'est-ce pas un acte d'imprévoyance, d'égoïsme et de barbarie? Oui, il y a de l'ingratitude, car c'est rendre le mal pour le bien. Les arbres nous ressemblent un peu; comme nous ils naissent, ils vivent, ils meurent; comme nous ils sont bons ou mauvais; vivants, ils nous charment, nous donnent de l'ombre et des fruits; morts, ils nous réchauffent, ils soutiennent, ils meublent nos maisons. S'il y avait une société protectrice des arbres, dussé-je faire sourire, je le dis, j'en serais. C'est un acte d'imprévoyance; car les fleurs renaissent, mais les branches ne repoussent pas; c'est un acte d'égoïsme, car on prive les autres du plaisir que l'on a goûté soi-même; c'est de la barbarie, car le propre du barbare, c'est de ne pas sentir la beauté, de ne pas la comprendre, et de détruire les belles œuvres de la nature, comme les chefs-d'œuvre des arts.

En voyant cette branche étendue et souillée, je songeais au mot de Montesquieu; parlant du despotisme, il dit : « Les despotes sont comme les sauvages de l'Amérique qui coupent l'arbre pour avoir les fruits. » Nos petits sauvages d'Europe, déjà frottés de civilisation, s'étaient contentés de casser la branche pour avoir les fleurs.

Voilà, dira-t-on, de bien grands mots pour une petite chose; j'en conviens; mais le respect des belles choses est un sentiment délicat, et l'éducation doit développer ces sentiments que j'appellerais, puisque le sujet m'y invite, les fleurs de l'âme;

elle doit aussi habituer les enfants à prévoir les conséquences possibles, même lointaines, d'actes insignifiants ou indifférents en apparence.

En réalité il n'y a rien ou presque rien d'insignifiant dans ce monde. Nous sommes si nombreux sur cette planète et nous sommes si près les uns des autres, que nous ne pouvons, pour ainsi dire, nous mouvoir sans être exposés à heurter ou à froisser le prochain. C'est notre devoir de regarder autour de nous, et de faire en sorte que nos mouvements ne gênent et ne blessent pas nos semblables.

Les choses ne nous paraissent indifférentes que par notre propre indifférence, elles ne nous paraissent sans importance que par notre propre légèreté. Laisser la porte ouverte quand on entre ou qu'on sort, n'est pas un crime assurément; mais l'air qui vient du dehors est plus froid que celui du dedans et les courants d'air ne sont pas du goût de tout le monde; ils ne sont pas du reste sans inconvénient ni même sans danger. Un mal de gorge, un mal de dents, et autres maux semblables s'attrapent vite et s'en vont moins vite qu'ils n'arrivent. Un enfant mal élevé (et sous ce rapport combien d'hommes sont enfants!) ne songe pas aux suites possibles, probables de sa négligence; c'est-à-dire qu'il songe à lui et non aux autres. L'incivilité est presque toujours de l'égoïsme, voulu ou involontaire.

Tenir la rampe en montant l'escalier et forcer ceux qui descendent à la lâcher, ce n'est pas non plus un cas pendable ; cependant il ne faudrait qu'un peu de réflexion pour comprendre qu'on a plus besoin d'appui quand on descend que lorsqu'on monte, que dans ce dernier cas une chute est sans gravité et que dans l'autre elle peut être mortelle. Que sera-ce si celui qui monte est un enfant, et celui qui descend un vieillard ?

Un fiacre passe; une bouteille vole par la portière; naturellement elle se casse et les débris restent sur le pavé. Quel mal y a-t-il à se débarrasser d'une bouteille qui est vide et qui gêne? Aucun sans doute; on eût pu la donner; il n'y a pas de petit cadeau; tout dépend de ceux à qui l'on donne; mais c'est être trop exigeant. Ce qu'on peut raisonnablement demander, aux enfants comme aux grandes personnes, c'est de vouloir bien réfléchir qu'une rue, qu'une route, est un lieu de passage, pour les bêtes et pour les gens; et que si le verre cassé ne vaut rien même pour la corne des chevaux et les souliers des passants, il est plus dangereux pour les pieds nus; et il y a encore et il y aura longtemps des pieds nus.

Voici une lourde charrette; elle est chargée de pierres; une de ces pierres tombe au milieu du chemin. Le charretier ne l'a pas vue; les passants la voient tomber et passent. Il n'en coûterait pourtant guère de la prendre et de la jeter dans le fossé qui borde la route. La nuit arrive, et il se pourrait bien que quelque voiture allât donner contre cette pierre malencontreuse et verser. Une voiture verse d'ordinaire avec ceux qu'elle porte, et il est rare qu'on se fasse du bien en tombant. Un peu de prévoyance, un peu de complaisance, et il n'y eût pas eu d'accidents.

Nous sommes dans une grande ville et dans une grande rue ; omnibus et tramways, chariots et charrettes, fiacres et équipages se croisent, se mêlent, s'embarrassent et parfois se heurtent. Quel est cet imprudent qui traverse la rue? Ne voit-il pas venir cette voiture lancée au galop des chevaux? N'entend-il pas le bruit des roues et du fouet ? Peut-être. Il y a malheureusement des sourds, il y a aussi des aveugles ; d'ailleurs il n'est pas rare de voir écraser des gens qui ne sont ni aveugles ni sourds, mais simplement distraits. Au lieu de hausser les épaules, ou simplement de regarder, ne vaudrait-il pas mieux avertir l'imprudent, crier pour attirer l'attention du cocher, car les cochers aussi sont sujets aux distractions.

Un cheval s'abat ; vite on s'attroupe; le cocher s'empresse, il essaye de dételer, de dégager, de relever sa bête; on le regarde faire, avec intérêt, peut-être avec bienveillance; ne pourrait-on l'aider ?

Et ce pauvre diable qui tire après lui son charreton chargé ; la pente est forte ; arrivera-t-il au haut? il s'arrête pour souffler, il tourne son charreton en travers, il tire obliquement; on le suit du regard. Enfin le voilà arrivé! les passants reprennent leur marche; n'auraient-ils pas mieux fait de pousser à la roue? Que de cas semblables où une sotte curiosité semble paralyser tout bon mouvement et étouffer la sensibilité !

S'amuser est bien, car on ne peut travailler toujours; mais encore faut-il s'amuser sans incommoder les autres et à plus forte raison sans leur nuire. Entre toutes les distractions le chant est assurément l'une des meilleures et, si l'on choisit bien les chants, l'une des plus morales. Mais chanter en pleine rue, chanter à nuit close, et chanter à tue-tête, de manière à réveiller les gens qui dorment et qui ont besoin de dormir, et surtout de manière à accroître les souffrances des malades et à rendre plus cruelles les heures de l'agonie, c'est une autre affaire. Ces chanteurs nocturnes pourraient bien comprendre, que dans ces rues des villes qu'ils font retentir de leurs voix sonores, il n'en est guère, il n'en est pas qui n'aient leurs malades et souvent aussi leurs mourants.

Dans les villages suburbains on ne jouit pas toujours de la paix des champs. Souvent au beau milieu de la nuit, ou, bien avant le lever du jour, le village est réveillé en sursaut par le bruit du tambour et du clairon. On court aux fenêtres, on regarde, qu'est-ce donc? Ce sont des touristes qui passent, et qui n'ont pas voulu traverser le village sans avertir de leur passage. Ne peut-on donc se promener sans tambour ni trompette, et si ces terribles instruments sont les compagnons obligés d'une excursion nocturne, ne peut-on les laisser dormir, au moins pendant la nuit, et avec eux les habitants paisibles des villages traversés?

Au temps du choléra, temps néfaste et récent, pour assainir l'atmosphère à la nuit tombante, on allumait des feux; passe encore pour les feux; mais on dansait autour et même l'on chantait, sans doute pour se donner du cœur. Je l'avoue, en entendant ces chanteurs dansant, en voyant ces danseurs chantant, j'avais le cœur serré et je ne pouvais m'empêcher de me dire : « Que doivent penser, que doivent sentir les malheureux dont ces feux (il y avait même des feux de Bengale) viennent éblouir les yeux mourants, dont ces chants à contre-sens viennent troubler la dernière heure? »

C'est l'habitude de nos conscrits, d'arroser de libations copieuses, trop copieuses parfois, les numéros qui les font soldats. Ces numéros à la casquette, ils se promènent à pied, ils se promènent en voiture, ils chantent, ils crient même; jusque-là il n'y a pas grand mal.

Mais voici qui est plus grave. Presque toujours ils portent à la main le drapeau tricolore; or comme l'effet ordinaire des libations abondantes est de troubler la vue, d'alourdir les membres et de compromettre l'équilibre, on assiste parfois à des scènes attristantes. Le drapeau national veut être tenu d'une main ferme et porté d'un pas assuré; des mains tombantes et des pas chancelants sont une offense pour le drapeau.

L'instituteur peut le dire, il doit le dire aux enfants qui l'écoutent et qui seront un jour conscrits.

Voilà un genre de leçons morales dont nos maîtres trouveront toujours des sujets à leur portée, sous la main, et dont les incidents et les accidents de la vie journalière leur offriront une ample matière. Ils rentrent dans le domaine de l'éducation, car, ne l'oublions pas, le degré d'éducation se mesure au degré de prévenance, d'obligeance et de prévoyance que nous sommes ou devenons capables de nous imposer dans l'intérêt et pour le plaisir de nos semblables, ce qui revient à dire que l'éducation se mesure à la bonté, et que l'homme le mieux élevé, c'est en réalité celui qui est le meilleur.

CHAPITRE XVI

DES PUNITIONS

SOMMAIRE. — Punir est chose facile en apparence, difficile en réalité. — Que la bienveillance et l'indulgence sont nécessaires, mais n'excluent pas la fermeté. — Inégalité originelle des enfants; qu'il en faut tenir compte dans les punitions. — But des punitions. — Nécessité de l'étude directe de l'enfant. — La première des punitions — le remords; — rôle de l'instituteur dans l'éducation de la conscience. — Que nous punissons pour arriver à ne plus punir. — De la manière de punir; — privation des récompenses; — ses effets. — De la neutralité entre les punitions et les récompenses; ses dangers. — Solidarité dans le mal comme dans le bien; gradation; appropriation des punitions. — Faire comprendre la nécessité de la punition donnée. — Qu'il faut agir sur la conscience. — Que l'opinion n'est que l'écho de la conscience individuelle. — Nécessité de l'accord entre l'école et la famille. — De la limite de la publicité des punitions. — De l'abus des punitions; ses dangers; qu'il vaut mieux parfois cesser de punir. — Du pensum; causes de sa persistance; moyens de l'amender. — Des punitions humiliantes; la mise à genoux; le bonnet d'âne; le coin. — L'élève appelé à se punir lui-même. — Que le maître ait la classe de son côté. — Moyens de donner à la punition plus de portée morale. — Généralisation; — suspension. — De l'influence du milieu; sa vertu disciplinaire. — Des défauts que l'exemple ne suffit pas à corriger. — Puissance de l'opinion dans l'éducation publique.

Se flatter qu'on pourra obtenir et surtout maintenir la discipline par le seul charme de la parole, par le seul attrait de l'enseignement est une pure illusion; il y faudrait bien autre chose qu'un brevet de capacité ou un certificat d'aptitude. Même avec des légions de charmeurs et de fées, on ne réussirait pas à captiver tous ces esprits mobiles, à fixer tous ces petits corps remuants, à arrêter toutes ces petites langues que l'envie de parler démange. Et quand on mettrait au service de l'enfance, quand on appellerait au secours de la discipline tous les dons de l'esprit, tous les talents, toutes les grâces, le but serait manqué; on aurait amusé les enfants, on ne les aurait pas disciplinés, on les aurait rendus plus exigeants, mais non pas plus dociles.

La condition de l'enseignement collectif, c'est le silence et l'ordre, c'est-à-dire la discipline, et les fautes contre la discipline demandent une répression immédiate. Le maître ne peut pas s'interrompre à tout instant et couper ses leçons par de longues exhortations. Mais ces fautes dues pour la plupart à la légèreté naturelle sont sans gravité; un regard, un geste, un mot, un mauvais point suffisent souvent à les réprimer, et les véritables maîtres réussissent à établir la discipline, par leur tenue, par leur maintien, par une gravité douce et une fermeté calme; ils punissent sans doute, mais rarement et sobrement.

Autre chose est la discipline du régiment, autre chose est celle de l'école; la première est sèche et rude, parfois brutale; son caractère s'explique par son but, qui n'est pas de former des hommes, puisqu'ils arrivent formés, mais d'en faire les instruments dociles d'une volonté dirigeante. Elle se contente de l'obéissance passive; l'autre, au contraire, tient à obtenir une obéissance volontaire; l'une ne veut que briser toute résistance, l'autre s'efforce d'y faire renoncer; à l'une il suffit de vaincre la volonté, l'autre tend à la gagner. La première ne voit que l'acte accompli, la seconde cherche à lire dans la conscience, à démêler les mobiles de la conduite, à atteindre la cause pour supprimer l'effet; la première est presque toute matérielle, la seconde est surtout morale.

Punir est chose facile, je dirais presque tentante, et la plupart des maîtres ne cèdent que trop vite à la tentation. C'est qu'en effet rien n'est plus commode qu'une punition, l'effet en est presque toujours immanquable et instantané; avec elle les bavards se taisent, les turbulents se calment, le silence et l'ordre se rétablissent, mais pour combien de temps? le devoir est refait, mais est-il mieux fait? L'enfant copie page sur page, mais avec quel profit? On l'envoie dans un coin, y est-il plus attentif? On le met à genoux (la chose n'est pas rare), se relève-t-il plus disposé à mieux faire?

Si l'on ne considère que le résultat immédiat, il est atteint; si l'on se contente des apparences, on a lieu d'être satisfait; mais si l'on regarde au but que l'éducation se propose et si l'on se rend compte de ce qui se passe dans le cœur de l'enfant, on a souvent lieu de regretter la punition donnée.

En réalité, punir est au moins aussi difficile que récompenser ; une récompense donnée mal à propos fait moins de mal qu'une punition injuste; dans le premier cas l'enfant profite de la récompense, mais il sait bien qu'il ne l'a pas méritée et sa raison redresse l'erreur du maître ; dans le second cas il a pour lui sa conscience qui proteste. Une punition donnée à faux ou sans mesure aigrit, irrite et décourage.

On a dit avec esprit et raison : « Aux qualités qu'on exige des domestiques, combien de maîtres seraient dignes de servir ? »

On peut bien en dire autant des élèves ; à la perfection qu'en exigent certains maîtres, feraient-ils eux-mêmes des élèves passables ?

Nous sommes tous d'ordinaire sévères aux autres, indulgents à nous-mêmes ; efforçons-nous d'être aussi sévères pour nous que pour autrui, ou du moins aussi indulgents pour autrui que pour nous-mêmes ; et, surtout quand nous avons affaire à des enfants, n'oublions pas qu'il serait injuste d'exiger d'eux ce qu'on est à peine en droit de demander à des hommes. C'est donc avec une indulgence bienveillante qu'on doit traiter les enfants, se rappelant qu'ils sont des enfants, c'est-à-dire, des commencements, des ébauches d'hommes.

Je ne saurais trop recommander à nos maîtres

cette disposition d'esprit ; elle est le gage et la condition du succès en éducation. Cependant l'indulgence n'est pas la faiblesse ; la première s'allie bien avec la fermeté ; l'autre en est la négation ; l'indulgence est une qualité, la faiblesse un défaut. Sous la bienveillance il faut que l'enfant sente une volonté arrêtée, il faut qu'il sache qu'à la liberté qu'on lui laisse il y a une limite fixe, et que, s'il la dépasse, la punition est inévitable. Ce qui perd les maîtres, c'est leur inégalité d'humeur et de jugement, c'est l'incertitude où ils laissent les enfants sur l'étendue de leur liberté, et par suite l'espoir qu'ils leur donnent d'échapper aux punitions.

Il ne suffit pas que le maître se rappelle sans cesse qu'il a affaire à des enfants ; il devra aussi se rappeler sans cesse que ces enfants sont inégaux entre eux, et qu'il ne saurait sans injustice exiger des uns ce qu'il est en droit de demander aux autres. La naissance est une loterie ; peu nombreux sont les gros lots, et beaucoup d'enfants sont mal lotis. Dans une même classe, le maître n'a pas deux élèves semblables, il a les extrêmes, et entre les extrêmes toutes les variétés de caractère et d'esprit. Une classe est une image réduite de l'humanité presque entière ; c'est pour le maître un champ complet d'expériences. Cette inégalité, avec laquelle la nature le met aux prises, sa mission est de la redresser, de la diminuer dans la mesure du possible. C'est surtout pour les enfants mal doués qu'il doit avoir des égards et une bonté compâtissante, car ils sont vraiment à plaindre, eux pour qui tout est difficile, tout est pénible ; eux qui ne connaissent point le plaisir si vif des esprits ouverts et prime-sautiers, de comprendre à demi-mot, d'aller à la découverte, de devancer les explications, de deviner ce qu'on va dire ; ils sont à plaindre ceux en qui les mauvais penchants se révèlent avant que la raison ait eu le temps de s'éclairer et la volonté de s'affermir. Ne méritent-ils pas un peu de cet intérêt affectueux qu'inspirent les pauvres, les malades, les infirmes ? Aussi, quand le maître punit, quand il récompense, qu'il ait toujours présente à l'esprit cette inégalité originelle, qu'il en tienne compte, qu'il fasse la part du naturel. C'est dans la comparaison de ce que l'enfant a fait avec ce qu'il est capable de faire, qu'il trouvera la mesure et l'équité.

Les punitions et les récompenses sont deux moyens contraires qui concourent au même but, qui est de rendre l'enfant meilleur ; ayant le même but, ils ont le même caractère.

La définition du but donne aussi la règle qui doit présider au choix. Est bonne toute punition qui a pour effet d'améliorer l'enfant, est mauvaise toute punition qui produit un effet contraire ou qui ne produit pas d'effet. Il suit de là que l'éducateur qui veut s'instruire ne doit pas se borner à infliger la punition, même choisie avec réflexion, mais en suivre attentivement les effets, en observer les conséquences.

Un livre donne des conseils, indique des méthodes ; il ne peut suppléer à l'étude directe, à l'observation de la nature. L'enfant, l'âme de l'enfant, voilà le véritable livre ; apprenons à y lire, car c'est un art ; une fois le secret trouvé, il n'y a pas de lecture plus fructueuse, il n'en est pas non plus qui devienne plus attrayante, plus attachante. J'ai vu avec bien du plaisir que dans une école normale le directeur exige des élèves maîtres une étude de ce genre ; c'est une heureuse innovation qui mérite de devenir une obligation.

La première des punitions est infligée par la nature elle-même, c'est-à-dire par la conscience : c'est le malaise qui suit toute faute même légère et le remords qui suit une mauvaise action ; mais la fougue de l'enfant, sa turbulence l'arrache vite à ce malaise et émousse rapidement l'aiguillon du remords. Gardons-nous de le laisser ainsi s'échapper à lui-même et chercher dans l'étourdissement et dans des sensations nouvelles l'oubli ou l'adoucissement de sa souffrance. Le maître s'efforcera de retenir l'enfant en lui-même, de lui faire ressentir son mal, de le livrer sans distraction à sa conscience, de l'isoler au dedans de lui, enfin de lui faire achever son expiation. Il développera, il aiguisera, il affinera sa sensibilité morale, afin que l'enfant devienne de plus en plus impressionnable à ces troubles intérieurs, comme ces instruments de météorologie perfectionnés qui accusent non seulement les perturbations, mais jusqu'aux moindres variations de l'atmosphère. C'est ce que j'appellerais l'éducation de la conscience, œuvre difficile, je l'avoue, mais bien utile, bien nécessaire, et dont le succès décide du sort de l'enfant. La conscience est un sens intime qui, comme les sens extérieurs, comme le toucher, comme le goût, peut devenir plus obtus ou plus fin, plus grossier ou plus délicat, plus impressionnable ou plus indifférent ; et si l'on n'y veille, si on ne l'avive et ne l'exerce, il finit par se blaser et s'endurcir.

Pourquoi donnons-nous des punitions ? C'est parce que la conscience, trop faible encore, trop douce, trop anodine, ne suffit pas à punir assez l'enfant pour le préserver des fautes et des rechutes. Nous venons donc en aide à la conscience, nous lui apportons du renfort, nous ne sommes que ses auxiliaires, et nous travaillons de tout notre pouvoir à nous rendre inutiles. Notre désir et notre but, c'est de la mettre en état de se passer de nous le plus tôt possible, c'est de la fortifier assez pour qu'elle arrive à se suffire ; en un mot nous punissons pour arriver à ne plus punir. En effet, lorsque la conscience a réussi à se faire assez craindre, lorsqu'elle est devenue la maîtresse, alors l'éducation est terminée, on peut abandonner l'enfant à lui-même, il est mûr pour le *self-government*, c'est-à-dire qu'il trouve en lui-même sa punition comme sa récompense.

Nous n'irons pas jusqu'à dire : la façon de punir

vaut mieux que la punition ; cependant il est certain qu'elle est pour beaucoup dans la manière dont l'enfant la reçoit et dans le profit qu'il en tire. Les remèdes pris à contre-cœur font souvent plus de mal que de bien ; la punition est un remède ; faisons en sorte que l'enfant reconnaisse l'utilité de ce remède et l'accepte au lieu de le subir. Aussi convient-il de donner la punition et non de la jeter comme on jette une pierre à un chien qui aboie. Le maître qui punit de la sorte ne songe qu'à lui-même et non à l'enfant ; il se délivre d'une incommodité, il ne corrige point ; c'est une satisfaction qu'il s'accorde à lui-même et non un service qu'il rend à l'enfant. Donc point d'impatience, point d'emportement, pas d'éclats de voix, pas de gestes violents ; mais une action lente et calme, une voix grave et posée.

C'est déjà une punition de ne pas être récompensé. Lorsque, dans la distribution des récompenses, l'enfant n'a point de part, cette privation lui est sensible ; car dans ce monde on ne souffre pas seulement des maux qu'on éprouve, mais aussi des plaisirs dont les autres jouissent, surtout quand on s'est par sa faute privé de cette jouissance.

Cette privation est aussi un avertissement ; car l'enfant qui n'est pas récompensé sent qu'il est près d'être puni. Il est aussi difficile de se tenir entre les récompenses et les punitions que de rester en place sur une pente rapide ; si on ne remonte, on redescend. Quand on ne contente pas son maître, on est bien près de le mécontenter. Il y a pourtant un certain nombre d'enfants qui réussissent à nager entre ces deux eaux, et à éviter les punitions sans atteindre les récompenses. Le maître doit s'appliquer à en réduire le nombre, et à faire sortir l'enfant de cette espèce d'insignifiance morale qui finit par engendrer l'indifférence et la stérilité. Mieux vaut une certaine inégalité qui est une preuve de vie, et des fautes qui provoquent le repentir et l'effort, que cette neutralité entre le bien et le mal qui est l'indice de la somnolence intellectuelle et de l'inertie morale.

Certains enfants se résignent assez aisément à passer entre les punitions et les récompenses, parce que, s'ils n'ont pas la satisfaction d'avoir obtenu celles-ci, ils ont du moins vis-à-vis d'eux-mêmes et de leurs parents le mérite négatif et l'excuse de n'avoir pas encouru les autres. Gardons-nous de leur laisser prendre cette habitude, secouons leur apathie, stimulons en eux l'énergie qui est la condition du progrès. Efforçons-nous de leur faire comprendre que, lorsqu'on ne mérite pas d'éloges, on est bien près de mériter le blâme ; car il dépend de nous de bien faire, et n'avoir pas fait tout ce qu'on peut faire, c'est déjà être répréhensible.

L'interdiction des châtiments corporels qui déshonoraient nos écoles impose aux maîtres une étude attentive et scrupuleuse des punitions morales. Elles demandent à être graduées avec méthode, appliquées avec tact, appropriées avec art.

Nous ne voulons pas refaire point par point, pour les punitions, ce que nous avons fait pour les récompenses, et en présenter une gradation correspondante, c'est un travail auquel chaque maître peut ou plutôt doit se livrer lui-même et qui lui profitera davantage, s'il en est l'auteur, que s'il en est simplement l'emprunteur. Nous nous contenterons de mettre en lumière les caractères communs à ces moyens contraires.

Sous un certain rapport il en est du mal comme du bien ; et de même que nous ne pouvons rien faire de bien qui ne profite aux autres, ainsi nous ne pouvons rien faire de mal qui ne leur nuise plus ou moins. C'est ce qu'il importe d'expliquer de mille manières et de rappeler sans cesse à l'enfant. Si l'on peut parfois étendre la récompense même à ceux qui ne l'ont pas méritée, et cela pour le plaisir et dans l'intérêt de l'enfant récompensé, il est clair qu'on ne pourrait sans injustice et sans inconvénients graves étendre aussi la punition à ceux qui ne l'ont point encourue.

Mais, quelle que soit la faute commise, il est facile de faire comprendre au coupable que le contre-coup de sa faute se fait sentir tout autour de lui, à son maître, à ses camarades, à l'école et à la famille. Le moindre manquement à la discipline, sans parler de l'exemple, entraîne déjà un ennui pour le maître, un trouble et une perte de temps pour la classe entière. Que sera-ce de ces fautes qui, après avoir scandalisé l'école, vont porter la tristesse et l'inquiétude jusqu'au sein des familles? L'habitude de faire parcourir et embrasser à l'enfant tout le cercle où se propage l'écho de ses fautes, et de lui en faire suivre point par point les conséquences bonnes ou mauvaises, est l'une des meilleures qu'on puisse faire contracter à l'enfance, car elle accroît de bonne heure en lui le sentiment de la responsabilité, elle fortifie les liens qui soutiennent la volonté, elle le dégage peu à peu de la servitude de l'égoïsme et le force à vivre hors de lui, dans les autres et pour les autres.

On sera utile à l'enfant en lui faisant lire des histoires et des ouvrages qui soient en rapport avec son état moral; à celui qui ment, l'histoire d'un menteur, à celui qui vole, l'histoire d'un voleur, et en exigeant qu'il la raconte ensuite de vive voix ou qu'il en fasse le résumé écrit. Cette punition n'est pas sans efficacité, parce qu'elle retient pendant des heures entières l'esprit de l'enfant sur une faute dont le souvenir l'importune et qu'elle déroule longuement à ses yeux les conséquences du vice ou du défaut dont il est atteint; elle n'est pas non plus sans quelque douceur, puisque toute histoire bien racontée excite l'intérêt; mais le charme même du récit est comme le miel qui fait boire au malade un breuvage d'une amertume salutaire.

Une punition ne profite que si elle est acceptée, consentie; ce qui ne veut pas dire qu'on doive retenir la punition jusqu'à ce que l'enfant en ait reconnu la justice et compris l'utilité ; car à peine la faute est-elle commise que l'enfant, se sentant menacé, se met sur la défensive, se raidit, et parfois se redresse, et que, par un sentiment inné d'amour-propre et je dirais presque de dignité mal comprise, il se prépare à tenir tête à l'orage. Il ne faut donc pas attendre que l'enfant vienne demander sa punition; car on risquerait d'attendre longtemps ; mais, quand le moment le comporte, il est bon d'accompagner la punition de quelques mots qui l'expliquent, sauf à prendre ensuite l'enfant à part, et l'amener à reconnaître la nécessité où le maître est de punir, d'abord dans l'intérêt bien entendu du coupable, puis dans l'intérêt des autres enfants, que l'impunité de leur camarade pousserait vite à suivre son exemple.

Si ces explications ne produisent pas immédiatement leur effet, ce sera une semence que le temps et la réflexion feront lever plus tard. Que l'instituteur ne dise pas que nous lui demandons une chose difficile, nous le savons; mais, dans ce monde, ce qui est facile est par là même stérile ; la difficulté seule est féconde. Il s'agit ici du plus grand intérêt de l'enfant et de l'État ; plus la conscience individuelle a de vertu disciplinaire et de force directrice, moindre et plus rare est l'action gouvernante et coercitive de l'État. A quoi servent toutes les barrières des lois, tout l'arsenal des peines, sinon à suppléer à l'insuffisance de la conscience ? C'est parce que chez un trop grand nombre d'hommes elle est émoussée, étourdie, inerte et sourde, que la loi vient du dehors imprimer la direction qui manque au dedans. L'idéal républicain doit être le développement et la vivification de la conscience humaine. Que l'instituteur entre donc de bonne heure en relation directe avec la conscience de l'enfant, qu'il s'étudie à la bien connaître, à en apprécier comme à en accroître la force, que tantôt il la seconde et tantôt il la laisse un moment à elle-même, mais sans l'abandonner, comme fait la jeune mère qui laisse son enfant essayer ses forces et cesse de le soutenir, sans cependant le perdre du regard.

Plus il aura réussi à rendre la conscience sensible et moins il aura besoin de punir. Pour les fautes légères et avec des natures délicates un regard sévère, un mot de blâme dit à part, la moindre marque de mécontentement et de refroidissement suffisent ; ces enfants ont besoin de l'affection du maître, et la crainte de la diminuer ou de la perdre, la privation des témoignages d'estime auxquels ils sont habitués, leur causent une souffrance qui, jointe au malaise moral, les ont bien vite ramenés au bien.

Le blâme en présence de la classe, en présence de personnes étrangères, des inspecteurs, des autorités, les lettres écrites ou les visites faites par l'instituteur lui-même aux parents de l'élève, doivent être réservées pour des fautes plus graves ; ces moyens font sentir à l'enfant l'accord qui s'établit autour de lui, entre personnes différentes, au sujet de sa conduite; elles l'habituent à compter de bonne heure avec l'opinion, qui est comme une image agrandie de sa propre conscience, et qui lui fait sentir dans les autres ce même mécontentement qu'il sent en lui-même. L'enfant se trouve, si je puis dire, entre deux feux; et tel qui prenait assez résolument son parti des reproches de sa conscience, ne tient pas contre ce concert de désapprobation qui l'entoure. Il rencontre au dehors l'ennemi qu'il croyait avoir laissé au dedans; force lui est de rentrer en lui-même, de réfléchir et de s'amender.

Je n'ai pas besoin de dire combien l'alliance de l'école et de la famille, si utile pour les récompenses, est nécessaire pour les punitions. L'autorité paternelle, la tendresse maternelle surtout ont des ressources infinies et une liberté qui manquent au maître. Quand celui-ci est réduit à lui-même, quand les parents lui refusent leur appui, ou que l'enfant ne trouve à la maison que la brutalité bannie de l'école, la tâche du maître est bien ingrate et sa bonne volonté presque paralysée.

Il est difficile d'aller dans la voie des punitions aussi loin que dans la voie des récompenses; et notamment il serait imprudent de donner aux fautes graves la publicité même restreinte qu'on peut accorder aux bonnes actions; on risquerait de blesser l'amour-propre des parents et d'attacher au nom de l'élève des souvenirs qui pourraient le suivre assez avant dans la vie. Je ne conseillerais donc pas de répandre d'école en école, ni d'exposer dans un compte rendu les méfaits d'un écolier; mais ils peuvent sans inconvénient figurer comme contre-partie, dans l'ordre du jour où l'on mentionne les traits qui font honneur aux enfants. Leur place est tout indiquée dans ce livret individuel dont j'ai parlé plus haut, et qui formerait l'histoire du développement moral de l'enfant. Plus tard, reprenant ce petit livre, et revenant sur ces années déjà lointaines, le jeune homme, et même l'homme fait y trouverait encore avec le souvenir des premières fautes et des premiers efforts d'utiles avertissements et des leçons profitables.

Les punitions sont comme les remèdes; si l'on en abuse, on en affaiblit l'effet, et l'on finit par le détruire. L'enfant s'habitue aux punitions comme il s'habitue aux coups; vient un moment où il préfère une souffrance physique qui ne dure pas, ou d'autres punitions qui ne lui coûtent qu'un travail matériel, à l'effort soutenu qu'exigent de lui l'accomplissement régulier de ses devoirs ou l'amendement de défauts déjà anciens. Quand l'enfant en est arrivé à prendre son parti des punitions, alors il reste peu d'espoir, l'éducation est manquée, ce n'est plus le maître qui redressera l'enfant; celui-ci n'a plus rien à gagner à l'école et pas grand'chose à gagner dans la vie.

Usons donc sobrement des punitions, comme on use de munitions qui s'épuisent vite et qui ne sont pas renouvelables. Prenons garde de laisser l'enfant en venir à cet état d'indifférence et d'insensibilité morale qui est le symptôme d'un mal incurable et le prélude des plus graves désordres. Ménageons les punitions; et si nous remarquons qu'elles commencent à ne plus agir, suspendons-les pour un temps, laissons l'enfant à lui-même, disons-lui qu'il ne mérite plus d'être puni ; attendons qu'une détente se produise, guettons un retour de bonne volonté, et au moindre indice favorable, revenons avec douceur et sans rancune. Il s'établit parfois des luttes déplorables entre le maître et l'élève; on dirait un pari; c'est à qui restera le dernier mot; le maître redouble, accumule les punitions, et l'élève les reçoit sans broncher, ou d'un air de raillerie et de défi. Si, au contraire, le maître punit à froid, avec mesure, avec bienveillance, il évitera ces espèces de combats singuliers, d'où il ne sort pas toujours vainqueur, car l'exclusion qui les termine communément n'est pas une victoire pour le maître, c'est une défaite. Il est vaincu et bien vaincu, puisqu'il renonce à la lutte ; congédier son adversaire n'est pas triompher.

Il est plus facile de raccourcir la liste des punitions que de l'allonger, parce qu'on découvre plus aisément les inconvénients de celles qui sont en usage qu'on n'en découvre d'autres pour les remplacer. Cependant il faut bien se résigner à l'abandon des moyens inutiles ou nuisibles. De ce nombre sont les pensums. Le pensum pur n'est qu'une forme adoucie du châtiment corporel, puisqu'il n'a d'autre effet que de fatiguer la main et d'immobiliser le corps, sans profit pour l'esprit. Je me trompe, il n'y a pas seulement absence de profit, il y a dommage certain ; car le pensum a pour inévitable effet d'engendrer le dégoût de l'étude ; il est, par conséquent, nuisible au corps, nuisible à l'esprit. Qu'a-t-il donc pour lui? l'habitude et la commodité. Dieu sait si une habitude est facile à déraciner! Dans l'individu, c'est déjà une rude tâche, mais dans un corps nombreux et ancien, c'est une entreprise presque téméraire. L'habitude professionnelle tire du temps et du nombre une force de résistance invincible et une sorte de consécration. La commodité des pensums en explique aussi la persistance. Cela s'envoie, en passant, en courant, comme un projectile. « Un tel, dix fois la leçon à copier, » et le maître poursuit, sans plus s'inquiéter. Mais cette punition si chère à la routine est odieuse à l'enfant, et je suis persuadé que, si on lui laissait le choix entre une bonne paire de soufflets, voire quelque chose de plus, et un pensum à faire, plus d'une fois l'écolier tendrait la joue pour éviter le pensum.

Si le pensum est indestructible, du moins il est perfectible; d'interminable et d'abêtissant qu'il est pour l'ordinaire, on peut le rendre intelligent et court. L'instituteur digne de ce nom saura le faire tourner au profit intellectuel et moral de l'enfant par le choix du travail, et le mesurer non seulement à la gravité de la faute, mais aux forces de l'enfant et au temps dont il dispose. Le pensum doit être un devoir ordinaire par le sujet, extraordinaire seulement par le moment où il est fait, et le dernier des pensums, le plus machinal, la page d'écriture, doit encore servir à former la main, au lieu de la gâter.

Il y a un autre genre de punitions dont l'efficacité me paraît douteuse, et qui n'est qu'une variété du châtiment corporel aggravé par une certaine souffrance morale ; ce sont les punitions humiliantes. De ce nombre est la mise à genoux.

Plus d'une fois, entrant dans une classe, j'y ai trouvé des enfants dans cette posture, et, instinctivement, je les ai relevés ; j'éprouvais, à les voir, une impression pénible, et je lisais dans leurs yeux des sentiments qu'il est dangereux d'éveiller. Si l'agenouillement n'est pas un acte d'humilité volontaire et d'un caractère religieux, il me semble une sorte de dégradation. L'enfant mis à genoux souffre dans son amour-propre, et les blessures de l'amour-propre, les simples piqûres sont singulièrement cuisantes et lentes à guérir. Ce genre de punition est-il au moins de nature à améliorer l'enfant? Je ne le crois pas. Il est à craindre au contraire qu'agenouillé par force, il ne se relève aigri et la rancune au cœur. La dignité est un sentiment à respecter, à ménager même dans l'enfant. On comprendrait, à la rigueur, que le maître eût recours à cette peine, exceptionnellement, et pour punir un orgueilleux; il y aurait au moins quelque rapport entre le défaut et la peine; mais certains maîtres en usent et en abusent à tout propos.

Le même sentiment, ou, si l'on veut, la même délicatesse me ferait jeter le bonnet d'âne aux orties. Si l'ancienneté suffisait à mériter le respect, il n'y aurait guère de coiffure plus digne de respect que ce bonnet traditionnel. Mais sans compter qu'il a coiffé bien des têtes qui n'avaient rien de l'âne, il ne s'accorde guère avec l'esprit nouveau qui anime et ennoblit la discipline scolaire. Son premier et immanquable effet, c'est de rendre le délinquant ridicule et d'amuser à ses dépens. Or, de deux choses l'une: ou l'écolier orné des longues oreilles prend lui-même la chose en riant, le malin entre de bonne grâce dans son rôle, il partage l'hilarité qu'il cause, et au besoin il la provoque et la réveille, et alors la peine tourne en plaisir et la punition en distraction; ou l'enfant prend la chose au sérieux, il baisse la tête, il souffre, il est humilié; or ce sentiment amer de l'humiliation porte plus à la révolte qu'au repentir. J'admettrais plutôt qu'on infligeât cette punition à l'enfant qui aurait cherché à ridiculiser un de ses camarades; de la sorte il n'aurait aucun droit de se plaindre, souffrant ce qu'il a fait souffrir, et la leçon pourrait être profitable.

Si l'enfant trouble la classe, le maître peut le

placer debout, pendant quelques instants, au fond de la salle, là où, n'étant pas vu, il ne pourra ni gêner ni distraire. Cette punition, qui cesse dès que l'étourdi montre du repentir, est assez efficace sans être humiliante.

En dépit de l'axiome que nul n'est bon juge dans sa propre cause, il m'est arrivé d'inviter un enfant à fixer lui-même la punition qu'il croyait mériter. Tantôt l'enfant tout surpris hésitait comme devant un piège supposé et refusait de faire usage d'une liberté suspecte; tantôt, après un moment d'hésitation, il en usait: mais, soit crainte de paraître trop indulgent pour lui-même et indigne de l'honneur qui lui était fait, soit manque de discernement, il se montrait plus sévère que je ne l'eusse été moi-même.

C'est là évidemment un moyen délicat, et auquel on ne peut recourir que de loin en loin et avec des enfants d'un jugement droit et d'un bon naturel; néanmoins, employé avec discrétion et avec tact, il est d'un grand effet sur l'enfant lui-même et sur ses camarades, car il prouve que l'élève et le maître sont au fond d'accord, et qu'ils jugent d'après une règle commune, et à peu de chose près de la même manière; de plus il fait faire un pas dans cette voie d'émancipation progressive au terme de laquelle l'enfant est en état de se punir lui-même, c'est-à-dire de se conduire.

Une fois, pourtant, j'avais mal placé ma confiance, et le délinquant, abusant de la liberté offerte, s'était infligé une peine si légère et si peu en rapport avec la faute commise, que la classe tout entière partit d'un grand éclat de rire. Je fis comme la classe, et une fois l'accès de rire passé : « Allons, dis-je à l'enfant, vous donnez raison au proverbe : Nul n'est bon juge dans sa propre cause ; et, à la façon dont ils ont accueilli votre sentence, vos camarades ont prouvé qu'ils sont meilleurs juges que vous. Je vous dispense même du semblant de punition que vous vous êtes si judicieusement infligé ; vous êtes assez puni sans l'être, asseyez-vous. » Le délinquant s'assit un peu confus.

On peut donc à l'occasion mettre à l'essai le jugement de l'enfant dans sa propre cause, et profiter de l'excès soit d'indulgence, soit de sévérité où il tombe, pour lui montrer, en ramenant la peine à sa véritable mesure, qu'il n'est pas mûr encore pour se gouverner lui-même.

C'est un grand point pour le maître, qu'il punisse ou qu'il récompense, d'avoir la classe de son côté. Un mouvement instinctif porte les enfants à prendre fait et cause pour leur camarade, et ce mouvement n'est pas mauvais en son principe ; il part d'un bon naturel, comme dit La Fontaine, puisque dans l'espèce de lutte qui s'engage entre le maître et l'enfant, ses camarades prennent parti pour le faible contre le fort. Cependant, quand le maître a raison, quand les enfants ont senti la justice de la punition, quand ils en ont reconnu la nécessité, alors un revirement s'opère dans leur esprit ; ils passent du côté du maître, et le coupable reste seul. Cela se fait sans bruit, sans manifestation ; mais si le maître sait lire dans les yeux, s'il sait observer les contenances et saisir ces mouvements légers, ces frémissements presque insensibles, indices révélateurs de ce qui se passe dans les consciences, il sait bien vite aussi à quoi s'en tenir. Alors il est véritablement fort : le coupable ne résiste pas au maître derrière lequel il sent ses camarades, et cet accord, sur lequel il ne se méprend guère, le porte à réfléchir, à rentrer en lui-même, à s'avouer ses torts et à s'en corriger. Donnée dans ces conditions, une punition est toujours plus efficace ; parfois elle devient inutile, et l'accord constaté équivaut à la punition, s'il ne vaut davantage.

Une faute est un effet ; avant de punir, il faut, autant que possible, en rechercher la cause, car c'est la cause qui en fait la gravité, et si on ne la connaît, on punit en aveugle, sans mesure et sans proportion.

La plupart des enfants pèchent par légèreté, par étourderie, par entraînement. Comme en eux les sensations sont vives, la volonté faible et la prévoyance nulle, leurs fautes sont en général excusables et pardonnables. C'est leur raison qu'il faut fortifier, c'est l'habitude de la réflexion qu'il faut leur donner. Comme ils ne se rendent guère compte de ce qu'ils font et qu'ils n'en prévoient pas les suites, il est bon, avant de les punir, de faire un moment de silence, de les tenir en suspens, de prendre la faute en elle-même, de la considérer d'une manière générale, d'en montrer et mieux d'en faire trouver le caractère, la portée, d'en éclaircir les conséquences. Alors la punition arrive comme une conclusion naturelle, et prend un caractère d'impersonnalité. L'enfant comprend qu'il est puni comme tout autre le serait à sa place, et par tout autre maître ; que c'est au mal qu'on en veut plutôt qu'à lui; c'est la règle, c'est la loi morale qui l'atteint, et il se soumet plus volontiers, sans aigreur, sans rancune.

Cette sorte de généralisation dépouille la punition de ce qu'elle a d'irritant ; pendant qu'on parle du mensonge, de la grossièreté, de la brutalité, l'enfant qui a donné lieu par sa conduite à cette petite digression morale, comprend bien qu'en somme c'est de lui qu'il s'agit, quoiqu'on se tienne dans la généralité; il est bien forcé de suivre les raisonnements dont il a fourni l'occasion, il voit venir la conclusion, qui, pour être retardée, n'en produit que plus d'effet.

De toute manière, il est bon, quand les circonstances le permettent, de suspendre la punition et de la faire attendre, ne fût-ce qu'un moment. Ce moment d'attente et en quelque sorte de recueillement donne plus de poids à la petite sentence que le maître va prononcer, car ce dernier fait bien un peu office de juge, et en justice il y a toujours un moment d'intervalle entre la clôture des débats et le prononcé du jugement. Le petit coupable sent bien qu'il ne perdra rien pour attendre. De son côté, le maître se donne ainsi le temps de réprimer le mouvement d'humeur ou d'impatience qui pourrait l'entraîner à la sévérité.

Ce qui importe surtout, c'est que l'enfant sente la bonté de celui qui punit et ne doute pas de sa justice. S'il est persuadé qu'on le punit à regret et par devoir, par nécessité, s'il est forcé de s'avouer à lui-même que la punition est méritée et proportionnée à la faute, il se soumet et il s'amende.

Parmi les défauts les plus ordinaires à l'enfance il en est qui peuvent se corriger presque sans le secours des punitions et par la seule influence de l'école, si l'école est ce qu'elle doit être ; de ce nombre sont le bavardage, l'inexactitude, le défaut d'ordre, la saleté, l'impolitesse, la grossièreté du langage.

En effet, dans une école bien disciplinée, où la fréquentation est régulière, où la classe est bien tenue, où bancs et tables, murs et plancher, tout est net et luisant, où chaque chose est en son lieu et place, où, grâce aux soins du maître, les visages et les mains sont propres, les vêtements propres, et propres aussi les cahiers et les livres, où les manières sont polies et le langage convenable, dans une pareille école les quelques enfants qui font tache sur l'ensemble, ne peuvent longtemps résister aux leçons muettes mais continuelles qu'ils reçoivent de toutes parts et par tous les sens. Involontairement ils se comparent à leurs camarades, et insensiblement ils se font à leur image. Le milieu où ils vivent les pénètre, les façonne et les transforme ; l'exemple qui leur vient du maître, de leurs égaux, des lieux mêmes, l'humiliation qu'ils ressentent, le désir qu'ils éprouvent de faire comme les autres, désir si fort en notre pays, tout contribue à les guérir de leurs défauts personnels et à leur donner les qualités communes.

Le bien, en général, l'emporte sur le mal ; sans cela il n'y aurait ni école, ni société possible. L'éducateur doit donc se préoccuper avant tout de grouper et d'organiser les bons éléments que lui fournit la nature, de manière à former un bon corps de classe qui réalise promptement le type qu'il a conçu, et qui, s'accroissant sans cesse, agisse sur les autres enfants par l'irrésistible vertu de l'exemple. Ce sera là son meilleur auxiliaire, et qui réduira par degrés la part toujours trop large faite aux punitions.

Mais il y a d'autres défauts, presque des vices, si ce mot n'était pas trop fort pour des enfants, qui ne sont pas, comme les précédents, des défauts d'extérieur et de surface, mais dont les racines plongent au plus profond de la nature et sont une partie de la nature même ; pour ceux-là l'exemple, sans être inutile, est insuffisant, et les punitions même choisies, mesurées et appropriées, ne sont pas toujours d'une entière efficacité.

C'est ici la partie la plus délicate et la plus importante de la tâche du maître, celle qui demande le plus d'attention, d'observation, de clairvoyance et de sollicitude.

La brutalité, la dureté, la sensualité, le penchant à la colère, au mensonge ne se corrigent pas seulement par l'exemple des vertus contraires. Il y faut autre chose, il y faut le raisonnement, la persuasion, la douceur, patience et longueur de temps. Cependant l'on ne doit pas se priver du secours des punitions, surtout de celles qui sont en rapport avec la faute, et qui ont par là même un caractère plus moral. Si un enfant a commis un acte de brutalité, s'il a battu et blessé un autre enfant, on peut le priver pour un temps de la société de ses camarades, puisqu'il s'est montré insociable, on peut le conduire auprès de l'enfant victime de sa brutalité et le forcer à être témoin des souffrances dont il est l'auteur. S'il n'est tout à fait endurci, chose rare à cet âge, il éprouvera une émotion qui sera le prélude du repentir.

Il sera bon aussi d'intéresser la classe ou l'école entière en faveur de l'enfant maltraité; car si le coupable trouve parfois en lui-même la force de résister à son maître, il est rare qu'il résiste à l'accord établi entre ses camarades, et, quand il se sent condamné par eux, il est bien près de se condamner lui-même. L'opinion est une grande force, sinon la plus grande, dans l'éducation publique, et le maître doit s'attacher à la former pour s'en faire un appui. Il fera bien aussi de saisir les occasions qui pourront s'offrir de rappeler la faute commise, soit pour en empêcher le retour en ravivant un souvenir pénible, soit pour louer l'enfant coupable s'il est devenu meilleur. C'est affaire de tact et de mesure; mais, en général, il ne faut pas trop vite passer l'éponge, d'abord parce que l'enfant est oublieux par nature et ensuite parce que les impressions ne sont fécondes qu'autant qu'elles sont durables. En résumé, quelle que soit la punition suggérée, soit par la nature de la faute, soit par les circonstances, elle ne sera vraiment efficace que si elle trouve un complément et une sanction dans l'opinion et que si le coupable s'est senti isolé au milieu de la désapprobation commune; ce qui revient à dire que c'est à l'aide de tous que chacun se corrige, et que l'éducation publique possède dans l'opinion une force moralisatrice et puissante qui manque à l'éducation privée.

CHAPITRE XVII

DU CHAPITRE DE M. HERBERT SPENCER SUR L'ÉDUCATION MORALE (1)

Bien que l'appréciation des systèmes d'éducation n'entre pas dans le plan de cet ouvrage, nous croyons devoir faire une exception pour celui de M. Herbert Spencer, d'abord parce que, venu le dernier, il a fait naître des espérances naturelles, ensuite parce qu'il est entre les mains d'un grand nombre d'instituteurs et que la grande et légitime réputation de l'auteur a pu faire illusion sur la portée et l'efficacité de ce système.

M. Spencer traite de l'éducation domestique et non de l'éducation scolaire; mais si le principe qu'il propose est bon, ce principe est applicable à l'école aussi bien qu'au foyer, car ce sont les mêmes enfants qui reçoivent en même temps les leçons de leurs maîtres et celles de leurs parents. Voyons donc quelle est la valeur du principe qui sert de base au système.

(1) *De l'Éducation* par H. Spencer. Édition populaire. Librairie de Germer Baillière et Cie.

Qu'il nous soit permis d'abord de nous étonner que, dans un traité sur l'éducation morale, le mot de devoir ne se rencontre pas une seule fois. L'éducation n'étant que l'ensemble des moyens adoptés pour amener la volonté de l'enfant à la pratique de la loi morale, c'est une conception assurément nouvelle que celle où cette loi ne trouve plus de place, et l'on est conduit à se demander ce que peut bien être une éducation à laquelle on enlève à la fois et sa règle et son but?

M. Spencer commence par faire un exposé aussi piquant qu'exact des contradictions continuelles dans lesquelles tombent la plupart des parents, qui élèvent leurs enfants sans règle ni principe, au gré de leur humeur et de leurs caprices. Mais l'auteur qu'on n'accusera pas d'un excès d'optimisme, ne compte pas outre mesure sur l'efficacité de ses doctrines, d'abord parce que les parents sont fort imparfaits, ensuite parce qu'en vertu de la fameuse loi de l'hérédité ils retrouvent leurs défauts dans leurs propres enfants, enfin parce que, la société étant très imparfaite aussi, l'homme qui aurait été élevé dans la perfection, c'est-à-dire suivant l'idéal de M. Spencer, ne pourrait vivre dans une société si éloignée de la perfection. Le philosophe anglais se montre donc assez résigné aux lenteurs inévitables de l'amélioration morale; cependant sa défiance envers notre société, si grossière encore, ne va pas jusqu'à lui faire croire à l'inutilité d'un idéal. Il le proposera donc, afin que cet idéal, bien qu'inaccessible, règle au moins la marche et la direction du progrès. Quel est donc cet idéal ?

Il n'est pas placé bien haut, ce semble, et nous n'avons pas à faire un grand effort et à lever la tête pour l'apercevoir, nous n'avons au contraire qu'à regarder à nos pieds. En voici les traits principaux. Je cite : « Le criterium qui sert aux hommes, en dernière analyse, à juger leur conduite, c'est le bonheur ou le malheur qu'elle produit. » (Voir page 127.) Ce qui revient à dire que ce sont les conséquences de nos actes qui en déterminent le caractère, ou en d'autres termes que nos actes n'ont par eux-mêmes aucun caractère moral, et qu'il faut en attendre et en connaître les suites pour se prononcer sur leur valeur. Ce n'est point là un principe nouveau, mais bien le plus dangereux des principes, si l'on veut lui donner ce nom ; en réalité, c'est une erreur mainte et mainte fois réfutée et qu'il ne suffit pas heureusement de reproduire sous une forme nouvelle pour en faire une vérité. Si un pareil principe pouvait être transformé en règle de conduite, il n'est pas d'acte répréhensible, coupable ou criminel qui ne trouvât son excuse dans une erreur de jugement ou un défaut de prévoyance. Sous sa forme bénigne et inoffensive, cette petite formule contient la ruine de la morale tout entière.

Autre trait : « Les réactions naturelles de nos actes sont les plus efficaces des leçons : » et ailleurs ;

« les réactions accompagnées de peine sont toujours proportionnées aux transgressions. » Suivent des exemples tirés de l'enfant qui tombe ou se brûle. Si la nature est intelligente, si elle se charge d'élever l'enfant en lui faisant sentir les conséquences inévitables de ses actes irréfléchis ou autres, il ne nous reste plus qu'à nous en remettre à elle du soin de l'éducation et à la regarder faire. Mais il s'en faut que la nature ou les lois de la nature soient aussi douces et aussi équitables. Gardons-nous bien d'un excès de confiance. Si nous laissons à l'expérience le soin de corriger l'enfant, neuf fois sur dix elle ne le corrigera pas, elle le tuera. L'expérience n'a pas d'entrailles, l'expérience n'est pas une mère. Pour quelques épreuves inoffensives, elle en a mille qui peuvent être mortelles. Et combien il s'en faut que les réactions soient, comme le dit Spencer, proportionnées aux transgressions ! La moindre imprudence, effet d'une ignorance inévitable dans l'enfant, peut causer la mort. Mortel aussi peut être l'accident le plus léger, le plus ordinaire. Dans ce premier âge de la vie, où chaque pas est un danger, où tant d'enfants succombent, victimes précisément de l'inhumanité des choses, comment la vigilance inspirée par la tendresse maternelle, et l'expérience parfois chèrement acquise, pourraient-elles s'abstenir ? La nature ne fait pas de différence entre l'homme et l'animal ; elle ne change pas en faveur du premier la redoutable invariabilité de ses lois ;

mais, grâce à l'éducation, l'homme ou l'enfant peuvent éviter la plupart de ces transgressions dont les réactions lui seraient funestes.

Passant de la première enfance à la maturité, l'auteur prouve par des exemples que les réactions naturelles sont la meilleure et la plus efficace des leçons et des pénalités; l'oisif perd son emploi, le marchand trop avide perd ses pratiques, le médecin négligent perd sa clientèle, etc., et l'auteur conclut : « la fonction des parents est de veiller, comme ser- « viteurs et interprètes de la nature, à ce que les « enfants éprouvent les vraies conséquences de leur « conduite » (p. 131). Voilà donc, d'après Spencer, le principe dirigeant de l'éducation morale.

Ce système d'éducation me paraît sinon contraire, au moins absolument étranger à la morale; en effet, il ne s'occupe et ne se préoccupe que des avantages ou des inconvénients qui peuvent ou doivent résulter de la conduite, il n'entretient l'esprit que de l'intérêt personnel, il réduit l'éducation à la prudence et à l'égoïsme bien entendu.

Voyons donc en quoi consistent ces réactions naturelles que les parents ont pour mission de laisser se produire et de produire au besoin, et les réactions artificielles avec lesquelles il faut bien se garder de les confondre.

Notons, en passant, que la mauvaise conduite des enfants ayant pour effet ordinaire de provoquer le mécontentement, la colère et les violences des parents, de l'aveu de Spencer, les coups eux-mêmes que l'enfant s'attire, entrent dans le nombre des réactions naturelles. Comme cet aveu coûte quelque peu à son auteur, il ajoute que « les systèmes d'éducation sont en général aussi bons que le comporte le degré de culture de l'humanité, » ce qui en d'autres termes signifie que les choses vont à peu près aussi bien qu'elles peuvent aller et que, jusqu'à nouvel ordre, il n'y a pas trop à se plaindre si les enfants sont battus. On voit que le philosophe anglais n'entend pas précipiter la marche du progrès, et qu'il compte plus, pour l'obtenir, sur le développement naturel des sociétés que sur la vertu de son propre système. Nous retrouvons ici un des traits dominants de la philosophie contemporaine et qui consiste dans l'effacement et la presque abdication de la volonté humaine devant les lois de la nature.

Voici trois exemples de réactions naturelles choisis par l'auteur.

1° Après avoir joué, un enfant a refusé de ramasser ses jouets et de les remettre à leur place. Réaction : quand il voudra jouer et demandera ses jouets, on les lui refusera.

2° Une petite fille n'est jamais prête pour l'heure de la promenade. Réaction : on la laisse à la maison.

3° Un enfant brise ou perd son canif. Réaction : avant qu'on lui en achète un autre, l'enfant devra prouver qu'il est devenu plus soigneux.

Le premier avantage que trouve Spencer dans

l'emploi de ces réactions, c'est qu'elles donnent aux enfants « des notions justes de cause et d'effet ». Sans nier qu'il y a entre ces punitions et les fautes un rapport naturel, nous nous demandons si le mécontentement des parents, de quelque manière qu'il se manifeste, n'est pas aussi une conséquence également naturelle des fautes d'un enfant, s'il est bien sage que les parents restent indifférents ou affectent l'indifférence, et si cette élimination systématique des sentiments de plaisir ou de peine que les parents éprouvent et témoignent, n'entraînerait pas la perte d'un des meilleurs et des plus sûrs moyens d'éducation ? Ces sentiments ont un caractère éminemment moral, car ils ont pour principe un jugement moral et pour cause l'affection, qui n'est pas précisément un facteur à dédaigner en matière d'éducation ; car ces réactions, dites naturelles, un étranger, un indifférent peut les appliquer tout aussi bien que le père le plus affectueux et la mère la plus tendre. L'emploi de ces punitions n'exclut pas le témoignage d'un mécontentement qui lui aussi est fort naturel et auquel l'enfant doit être sensible. Si celui-ci devenait lui-même indifférent à la peine et au plaisir qu'il cause, croit-on que la famille et l'éducation y gagneraient beaucoup ? D'ailleurs ces punitions que propose Spencer ne sont pas à l'abri de toute objection ; elles ont pour effet de priver l'enfant d'un exercice qui lui est salutaire, nécessaire peut-être, et d'un instrument qui lui est utile.

De plus, si l'enfant apprend à se bien conduire de peur d'attrister ses parents, il apprend par là même à agir par un motif désintéressé ; si on l'habitue à ne considérer que les conséquences personnelles de ses actes, on le forme à l'égoïsme. Du reste l'auteur sera avant peu amené à reconnaître la puissance de l'affection.

« Un autre avantage, dit Spencer, de cette discipline naturelle c'est qu'elle est celle de la stricte justice et que tout enfant le sentira. » Et il ajoute un exemple analogue aux précédents, celui d'un enfant qui, ayant à plusieurs reprises sali ou déchiré ses vêtements, se trouvera privé d'une excursion le dimanche ou d'une partie de plaisir. Ici encore il y a méprise de l'auteur. De ce qu'il existe entre la punition et la faute un rapport évident d'effet à cause, il ne s'ensuit pas du tout que la punition soit juste, car la justice consiste non dans ce lien purement logique, mais dans l'exactitude de la proportion entre la gravité de la faute et la gravité de la peine. N'en déplaise à l'auteur, dans les exemples qu'il cite, dans les punitions qu'il indique, il peut fort bien y avoir injustice, et pendant le temps, le long temps que l'enfant passera enfermé à la maison seul avec lui-même, il pourra songer à bien autre chose qu'au rapport de cause à effet ; la sévérité de la peine pourra l'aigrir et le désaffectionner. Sans compter qu'il n'est pas toujours prudent ni même possible d'enfermer ainsi des enfants dans la maison.

Ces systèmes, qui paraissent si simples, n'ont souvent que la seule apparence de la simplicité ; cette apparence séduisante et trompeuse cache des lacunes nombreuses et des difficultés graves.

Un autre avantage que Spencer attribue à son principe, c'est de substituer l'action impersonnelle de la nature à l'action personnelle des parents, par conséquent de prévenir d'un côté la colère, de l'autre la rancune, et d'améliorer par là même les relations de famille.

Je crois devoir faire remarquer que cette prétendue substitution est, sauf les cas d'accidents, plus apparente que réelle. Dans les exemples choisis par l'auteur lui-même et cités plus haut, ce n'est pas une volonté impersonnelle qui punit, c'est la volonté paternelle ; ce n'est pas la nature qui retient l'enfant à la maison et qui le prive de jeu, de jouets, de canif, de promenade, d'excursion, c'est le père, et, malgré le rapport sensible qui lie la peine à la faute, il y aurait quelque naïveté à croire que l'enfant puni va s'en prendre à la seule nature. Pour toute faute véritable, pour toute punition d'un caractère moral, mettre l'enfant en présence de la nature, comme le veut Spencer, est tout simplement impossible ou parfaitement inutile, parce que la nature est absolument étrangère à la morale, elle l'ignore et ne peut l'appliquer. Les lois de la nature traitent de la même manière tous les êtres, animés ou inanimés, raisonnables ou privés de raison ; le vent renverse l'homme comme il renverse l'arbre, le feu brûle l'enfant comme il brûle tout ce qui l'approche.

Si l'enfant laisse ses jouets en désordre, s'il casse ou perd un canif, s'il n'est pas prêt pour la promenade, s'il salit ou déchire son habit, le père intervient entre la nature, qui est et reste fort indifférente, et l'enfant à punir; c'est lui qui fait un choix plus ou moins judicieux de la peine, et l'enfant ne se méprend pas sur l'auteur de la punition. La nature n'agit que pour l'application des lois qui lui sont propres, c'est-à-dire des lois physiques. Les jouets sont restés par terre en vertu de la loi sur la pesanteur, le canif s'est cassé, l'habit s'est déchiré en vertu de la loi sur les forces, l'enfant a manqué sa promenade, parce que le temps ne s'arrête pas; voilà la part de la nature; le reste est le fait d'une volonté et d'une raison très personnelles. Il s'en faut donc que le père se borne, comme le dit Spencer, « à laisser la peine se produire par les voies naturelles » (page 142). Laisser l'enfant en présence de la nature ne servirait pas à grand'chose sans l'intervention active de la volonté paternelle. Il y a du reste dans tout l'exposé du système, sur le sens et la portée du mot nature, une sorte d'équivoque, que la suite fera mieux ressortir encore.

Jusqu'à présent du reste le système n'a été appliqué qu'à la punition de fautes légères et au développement de qualités secondaires, comme l'ordre, l'exactitude, l'attention. Nous allons voir le système aux prises avec des difficultés plus sérieuses, non plus avec des étourderies ou de simples défauts, mais avec des fautes graves ou des vices, comme la brutalité, le mensonge, le vol.

Ici l'auteur se recueille un moment, et, pour se préparer à la partie la plus ardue de sa tâche et s'entraîner, il prend à son habitude, habitude d'ailleurs excellente, quelques exemples. Les voici : 1° Un enfant a refusé à son oncle (l'oncle ici fait fonction de père) d'aller lui chercher un objet dont il avait besoin ; le soir, le moment du jeu venu, quand l'enfant vient prier l'oncle de jouer, celui-ci refuse simplement et froidement. Le lendemain l'enfant était aux petits soins pour l'oncle.

2° En l'absence de sa mère un enfant de cinq ans prend un rasoir, coupe une partie des cheveux de son frère et se blesse. Le père rentre, l'apprend, et n'adresse pas la parole à l'enfant ni le soir, ni le lendemain. L'effet de ce silence fut souverain.

Dans ces deux nouveaux exemples il ne s'agit encore que d'un défaut de complaisance et d'un acte d'imprudence. Cependant, ce n'est point le système des réactions naturelles qui a eu l'honneur de corriger les petits coupables, car l'auteur prend soin de nous dire, que ces enfants aimaient tellement l'un son oncle, l'autre son père, qu'ils ne purent supporter, le premier, la froideur avunculaire, et le second, le silence paternel. Nous voyons ici se glisser dans le système un agent qui avait d'abord été soigneusement écarté ou au moins relégué au second plan, dont l'arrivée dérange un peu la séduisante simplicité du système des réactions naturelles. Cet agent d'éducation, c'est l'affection filiale d'un côté, paternelle de l'autre. L'apparition assez inattendue d'un agent dont le concours semblait avoir été d'abord refusé, ne laisse pas que de surprendre, mais elle nous ramène tout doucement vers les pratiques les plus ordinaires de l'éducation.

Spencer reconnaît donc que l'affection mutuelle entre enfants et parents est l'auxiliaire indispensable de la nature ; il ajoute que par l'abus et le mauvais choix des punitions, les parents pour la plupart finissent par perdre cette affection et ne plus être aux yeux de leurs enfants que des amis ennemis. Il n'en serait pas de même, croit Spencer, si les parents pratiquaient la méthode des réactions naturelles, la seule qui soit propre à leur concilier l'amour de leurs enfants. L'auteur prend encore un exemple :

Un enfant s'amuse à côté de sa mère ; il fait brûler à la chandelle des bouts de papier. La mère doit se borner à l'avertir, car si l'enfant se brûle, il acquerra une connaissance utile et ne pourra se plaindre de sa mère qui l'aura averti.

Nous ne demanderons pas si, à l'âge où l'enfant peut allumer des bouts de papier à la chandelle, il en est encore à ignorer que le feu brûle, et s'il n'y aurait pas un moyen plus simple de le lui apprendre sans danger, qui serait de le faire approcher du feu, en lui faisant remarquer que, plus il approche, plus la chaleur augmente et réciproquement ; mais laissant là ces questions qui pourraient paraître indiscrètes, nous nous bornons à demander ce que devient ici le système de l'auteur.

Voilà l'enfant en présence de la nature et d'une de ses lois les plus importantes et les plus dangereuses. Pourquoi donc la mère vient-elle s'interposer, et par un conseil inopportun faire manquer à l'enfant une si belle occasion de s'instruire ? Nous voyons par là que l'application du principe comporte quelques adoucissements et quelques exceptions. Mais le but de l'auteur était de montrer par cet exemple comment les parents peuvent s'assurer une affection nécessaire au succès de l'éducation. Nous avons des doutes sur l'excellence du moyen, car l'enfant qui se sera brûlé, et nous savons par expérience qu'on n'éteint pas toujours le feu aussi aisément qu'on l'allume et surtout au point voulu, l'enfant, dis-je, à qui la douleur cuisante de la brûlure ôtera une partie de son jugement, pourrait bien s'étonner que sa tendre mère ne lui ait pas épargné cette douleur d'une utilité au moins contestable. Nous craignons même que le souvenir de cette souffrance ne soit pas de nature à accroître en lui la piété filiale.

Enfin, après tant d'ajournements, il faut pourtant se décider à appliquer le principe aux cas graves, aux actes de brutalité, au mensonge, au vol. L'auteur paraît avoir quelque peine à en arriver là. Il s'arrête encore, après un faux élan, pour nous avertir que, si l'affection, dont il vient de montrer la puissance, règne dans la famille, les grandes fautes y seront beaucoup plus rares. Soit; mais cette rareté étant due à l'affection, et non au système, que devient l'efficacité ou la prétendue infaillibilité du système ? L'auteur répondra que, l'affection étant le fruit d'une sage application du principe, c'est en somme au principe que revient l'honneur du progrès ?

Nous ne pouvons nous empêcher de faire remarquer qu'il y a dans cette espèce d'évolution de l'auteur un véritable déplacement de la vertu éducatrice, qui est reportée du principe des réactions auquel elle était d'abord attribuée, à l'affection des enfants qui en serait la conséquence. Nous croyons superflu d'ajouter que la piété filiale ne découle pas uniquement du système de Spencer, et que dans bien des familles où ce système était ou est inconnu, les enfants ont aimé et aiment leurs parents.

Enfin nous arrivons, et, prenant son courage à deux mains, l'auteur applique enfin à une faute grave, au vol, la discipline des conséquences. Un enfant a volé; réaction : il restituera.

Ici notre étonnement augmente. Il restituera ! mais, quatre fois au moins sur cinq, l'objet volé a disparu, la restitution est impossible. Pardon, dit Spencer, on se rattrape sur l'argent de poche. Nous répondrons que si presque tous les enfants ont des poches, il s'en faut de beaucoup qu'ils aient tous de l'argent. Et puis quelle peut-être l'efficacité d'un pareil moyen ? Si l'enfant n'a en perspective que l'éventualité de la restitution, nous avons nous en espérance de belles générations de voleurs; car il n'est pas un bambin, si borné qu'il soit, qui ne puisse construire le raisonnement qui suit : « Si je suis pris, je n'y perds rien, puisque je n'ai qu'à rendre ; si j'échappe, c'est tout profit. »

Du reste l'auteur sent si bien l'insuffisance par trop manifeste de la discipline des conséquences qu'il se rabat encore cette fois sur le mécontentement des parents, rappelant toutefois que l'efficacité de ce mécontentement sera proportionné à l'affection des enfants, ce qui pour le fameux système des réactions naturelles revient à un aveu complet d'impuissance.

Le système se réduit donc à ceci : dans les cas graves, la discipline des conséquences n'a de vertu qu'autant que les enfants aiment leurs parents. J'ajouterai que cette vertu est bien petite, que dans le cas cité, la restitution est une punition insignifiante, et que la véritable punition de l'enfant est d'avoir affligé ceux qu'il aime. Il faut donc qu'il les aime. Spencer avance que l'application de son système pour les fautes légères suffira à engendrer l'affection. C'est reconnaître que ce système est par lui-même inefficace; donné d'abord comme l'instrument principal et presque unique de l'éducation, il tombe au rang de simple auxiliaire. C'est l'affection qui devient la véritable éducatrice, le principe des réactions n'est plus qu'un simple moyen, moyen douteux, de produire l'affection nécessaire.

Ajoutons que l'auteur se dispense et pour cause d'appliquer son principe déjà bien affaibli à des actes de brutalité et au mensonge. La réaction naturelle l'aurait peut-être amené à brutaliser l'enfant brutal et à tromper le trompeur. Après une démonstration si écourtée et si brusquement close, après cette espèce de substitution d'un agent nouveau au principe qui se dérobe, on est surpris que l'auteur se croie en droit de conclure comme il le fait en ces termes (page 152): « Ainsi la discipline des consé« quences est aussi bien applicable aux grandes « fautes qu'aux petites. »

Ce qui est démontré au contraire, c'est que ce principe étroit n'est applicable et encore avec force restrictions et tempéraments qu'à quelques cas de l'éducation physique, et que la vie morale de l'enfant lui échappe et le déborde de toutes parts.

Suivent des conseils qui, pour n'être pas nouveaux, n'en sont pas moins bons, comme les suivants :

1° Qu'il ne faut pas exiger des enfants une perfection prématurée.

2° Que les parents ne doivent pas laisser leur colère éclater en menaces ou en mauvais traitements, mais se contenir et se calmer en considérant quelle sera la conséquence normale de la faute commise et comment cette conséquence pourra être rendue sensible;

3° Que, d'un autre côté, il ne faut pas rester impassible, car on se priverait ainsi d'un moyen d'action qui, pour être secondaire, n'en est pas moins d'une efficacité réelle, l'approbation ou la désapprobation des parents ;

4° Qu'il faut être sobre de commandements, mais dans le besoin, commander avec suite et décision ;

5° Que le but de l'éducation étant d'amener l'homme à se gouverner lui-même, la direction extérieure doit aller diminuant à mesure que l'enfant devient capable de se diriger tout seul;

6° Que cette méthode d'éducation convient particulièrement aux peuples libres ;

7° Que l'éducation est la chose la plus délicate, la plus difficile qu'il y ait au monde ; qu'elle demande de la sollicitude, de la clairvoyance, de l'empire sur soi-même, et que si l'on veut bien faire l'éducation d'un enfant, on est amené à refaire sa propre éducation.

En résumé, par cet examen analytique et critique nous avons montré que le système de Spencer est surfait, qu'il se réduit à un principe étroit et rarement applicable même dans l'éducation physique, que l'auteur s'est dispensé de la partie la plus difficile de sa tâche, qui consistait à prouver par des exemples nombreux et variés que son principe embrasse toute l'étendue de la vie morale ; qu'il s'est borné à un seul et unique exemple, celui du vol, exemple peu concluant ; qu'il se trouve amené à reconnaître lui-même l'insuffisance, voire l'inefficacité

cité de son principe sans le concours et le secours de l'affection ; que l'application du principe est loin d'être un moyen infaillible de produire cette affection pourtant indispensable à son efficacité ; que l'auteur s'est enfermé lui-même et est resté enfermé dans un cercle vicieux évident, bien qu'il semble ne pas l'apercevoir; c'est en effet un cercle vicieux d'établir d'un côté que l'affection est nécessaire dans l'application du principe, et de l'autre que c'est l'application du principe qui produit l'affection ; ou, en deux mots, que la conséquence du principe est la condition de son efficacité.

Le bien y est ramené à l'utile, et l'obligation à un simple calcul. La loi morale n'y est même pas mentionnée à côté des lois physiques ; le mot de devoir n'y est pas prononcé ; du mérite et du démérite, il n'est plus question ; la conscience tout entière, avec sa vie si riche et si intense, a disparu, et avec elle le principe et les conditions de la moralité. Dans le for intérieur, il ne reste plus qu'une place vide, l'homme n'y est plus.

Avec un tel système on peut encore conseiller quelque chose à l'enfant, on ne peut plus rien lui commander ; car un ordre suppose une autorité, et l'on ne commande pas au nom de l'intérêt. Ce n'est pas la loi des réactions naturelles qui engendrera jamais ni l'effort volontaire, ni l'abnégation, ni le dévoûment ; elle pourra bien former de prudents égoïstes, mais des hommes vertueux, jamais.

Si l'on demande ce qui a causé une illusion assez répandue sur la valeur pratique de ce système, je répondrai que la clarté parfaite de l'exposition, l'appareil scientifique de la démonstration, le ton de l'auteur qui respire et inspire la confiance, sa légitime réputation fondée sur d'autres ouvrages, me paraissent les causes principales d'une vogue, que la valeur intrinsèque du traité est loin de justifier.

CHAPITRE XVIII

DE L'ÉDUCATION PAR LA FAMILLE — SA PUISSANCE.

SOMMAIRE. — De la famille. — Tant vaut la famille, tant vaut la société. — Que l'enfant doit être élevé en vue du rôle qui l'attend. — Puissance éducatrice de la famille. — Qu'elle l'emporte sur l'influence de l'école. Par la priorité, la continuité et la durée de son action. — Parce qu'elle s'exerce sur les sens autant que sur l'esprit. — Parce que les exemples ont plus de force que les leçons. — Parce que l'affection dispose à l'imitation. — Parce que l'autorité paternelle est la plus grande et qu'elle a pour elle l'opinion et les lois. — Il faut donc agir sur la famille autant et plus que sur l'école. — Que la parole vivante est préférable à la parole écrite pour exercer cette action nécessaire. — Faiblesse de l'action morale exercée par l'État. — Comment l'école peut lui venir en aide.

Tant vaut la famille, tant vaut la société. Si l'on veut juger de la valeur morale et par suite de la force véritable d'un pays, c'est à la famille qu'il faut regarder ; c'est là qu'est la source de la moralité publique comme de la moralité privée; pure, elle féconde et vivifie la société tout entière; corrompue, elle répand partout la corruption et la mort. Et il est facile de comprendre l'énergie de cette action bienfaisante ou funeste. Est-il des liens plus étroits, plus forts, plus sacrés que ceux qui nouent le faisceau de la famille, et par suite, est-il des devoirs plus impérieux que ceux qui naissent de ces liens naturels ? Respectera-t-il les liens de convention, l'homme qui aura brisé ceux de la nature? Remplira-t-il ses devoirs envers ses concitoyens, envers ses semblables, l'homme qui se sera affranchi de ses devoirs envers sa famille? Défendra-t-il sa patrie, celui qui abandonne une mère! sera-t-il bien sensible aux malheurs des autres celui qui reste indifférent aux souffrances de ses proches? Fera-t-il pour des étrangers ce qu'il ne fait pas pour son propre sang? Non, des époux infidèles, des pères égoïstes, des enfants ingrats, ne donneront pas dans la vie l'exemple de la loyauté, du dévoûment, de la reconnaissance; cependant la société ne peut se passer de vertu.

C'est la famille qui est l'école de la vertu ; c'est là qu'elle se forme et s'éprouve ; et l'accomplissement des devoirs que la famille impose est la condition et la garantie de l'accomplissement de tous les autres. Aussi n'est-ce pas seulement à l'enfant que nous devons songer, mais à la famille dont il n'est aujourd'hui qu'un membre et dont il sera un jour le chef. Faisons en sorte qu'il trouve à l'école les leçons et les exemples qui parfois lui manquent au foyer; donnons-lui l'éducation pour qu'il puisse la donner à son tour; élevons-le pour qu'il devienne éducateur. Tournons fréquemment ses regards vers l'avenir, plaçons-le en imagination dans le rôle qu'il aura à remplir. Les enfants sont appelés à être un jour pères de famille, ils auront à rendre le service qu'on leur rend aujourd'hui. S'ils n'ont pas d'enfants à eux, ils pourront avoir des enfants adoptifs, ils auront des neveux, des nièces; beaucoup seront des patrons et devront faire de leurs apprentis non seulement de bons ouvriers, mais aussi d'honnêtes gens; plusieurs seront instituteurs; enfin de toute manière ils auront des conseils, des exemples à donner, ils devront contribuer en quelque manière à l'œuvre commune de l'éducation. Dès aujourd'hui ils ont des frères, des sœurs plus jeunes qu'eux, auxquels ils peuvent être utiles ou nuisibles selon qu'ils se conduisent bien ou mal. C'est en les entretenant dans ces pensées qu'on leur donnera dès l'enfance le souci de la dignité personnelle, et qu'on les pénètrera du sentiment d'une responsabilité morale qui va croissant avec les années. Ramenons donc sans cesse leur esprit vers ce foyer à la flamme duquel s'allument tous les nobles sentiments, qui éclaire l'enfant, qui anime l'homme fait et nourrit au cœur du vieillard un reste de chaleur.

De toutes les influences au milieu desquelles l'homme se développe, l'influence de la famille est incomparablement la plus puissante et la plus durable. C'est qu'elle saisit l'enfant dès sa naissance ou pour mieux dire dès le sein de sa mère; c'est que d'abord elle agit au dedans de lui par cette mystérieuse et redoutable vertu de l'hérédité morale, c'est qu'ensuite du dehors, elle l'enveloppe, elle le pénètre par une action lente et continue dans la suite de son long et insensible développement. La famille forme le premier fonds sur lequel les autres influences viennent successivement déposer des couches diverses; mais ces sous couches plus ou moins épaisses, plus ou moins résistantes et dont plusieurs s'usent, changent ou disparaissent, le fonds subsiste inaltérable, indestructible.

Après la famille vient l'école; l'enfant lui arrive déjà imprégné des influences premières. Elle garde bien l'enfant pendant le jour, mais le soir elle le rend à la maison qui ressaisit son empire et reprend son action. S'il y a désaccord entre l'école et la famille, si ces deux influences au lieu de s'unir et de se confondre, se séparent et se combattent, ce n'est pas l'école qui a le dessus dans cette lutte inégale, c'est la famille qui défait presque infailliblement l'œuvre de l'école, de telle sorte que ou elle est son meilleur auxiliaire ou elle devient son pire ennemi.

Et lorsque l'enfant a quitté l'école, et il la quitte beaucoup trop tôt, au moment même où sa raison plus éclairée, sa volonté plus exercée assureraient aux leçons qu'il y reçoit une efficacité plus grande, la maison paternelle le reprend tout entier ou le livre, à peine moralement ébauché, aux dangers de l'apprentissage.

Ce qui fait la force de l'influence domestique, ce

n'est pas seulement qu'elle a pour elle la priorité, la continuité et la durée, ce qui est beaucoup, mais qu'elle s'exerce pour ainsi dire sur les sens autant que sur l'esprit; elle est moins un enseignement qu'un exemple permanent. C'est par l'imitation que se forme l'homme; il imite non seulement sans effort, mais par instinct et avec plaisir, et il imite le mal comme le bien, sinon mieux. Les parents n'ont qu'à faire et laisser faire; l'enfant se forme à leur image. La leçon orale est forcément courte et intermittente, la leçon vivante est continuelle. Bien plus, s'il y a désaccord entre les deux, si les parents parlent bien et agissent mal, la première leçon est perdue, l'autre seule est suivie. Et la chose est toute naturelle: en effet, l'enfant comprend instinctivement qu'il est plus aisé de bien dire que de bien faire, et de donner que de suivre un conseil; il comprend aussi qu'on ne peut pas exiger d'un enfant plus que d'une grande personne; aussi le mal qu'il fait par imitation lui paraît-il à bon droit excusable.

Ce qui contribue encore à l'efficacité des exemples domestiques, c'est que même en des parents indignes l'enfant sent encore de l'affection, c'est qu'il aime et se sent aimé; or l'amour dispose à l'imitation; on n'imite pas ceux que l'on hait, puisqu'on ne veut à aucun prix leur ressembler. Quelle que soit parfois la brutalité des parents, quelque pénibles ou violentes que soient les scènes dont l'enfant est le témoin, c'est encore dans la famille qu'il se trouve le mieux; à travers ses tristesses, ses craintes et ses souffrances, c'est encore de là que lui viennent ses meilleurs moments; dans cette foule agitée, inconnue qui l'entoure et où il est noyé, au milieu des dangers invisibles dont il a le vague pressentiment, il comprend que là est encore son meilleur appui, son recours, son refuge, et que nulle part il n'a plus à attendre qu'au foyer.

Du reste en imitant ses père et mère, il est en règle avec sa conscience, avec l'opinion. L'autorité paternelle est assurément la moins contestable et la moins contestée; les autres autorités, sous lesquelles l'enfant se trouve momentanément placé, ne sont en réalité que des espèces de délégations; c'est au nom du père que l'instituteur parle, c'est l'autorité du père qu'il invoque pour affermir la sienne; on sent si bien que cette autorité est nécessaire, et qu'aucune autre ne peut la remplacer, qu'on se garde d'y porter la moindre atteinte, et que lorsqu'elle se montre, les autres s'effacent. L'opinion la soutient, l'État la consacre, il la maintient jusqu'à l'âge mûr; il entend que la famille lui prépare et lui livre des hommes faits; il n'entre en rapports directs avec l'enfant que lorsque celui-ci est lui-même devenu capable d'exercer à son tour l'autorité paternelle.

Puisque l'action de la famille est si forte par elle-même et par l'appui qu'on lui prête, puisqu'elle a pour elle la nature, le temps, l'affection, l'opinion, les lois, c'est donc à régler, à moraliser cette action qu'il faudrait s'appliquer avant tout. Réformer l'école est bien, réformer la famille serait infiniment mieux. Ce sont les parents eux-mêmes qu'il faudrait amener à l'école, ou encore ce sont des écoles qu'il faudrait ouvrir pour les parents. Excellente est la propagande par les livres, malheureusement ceux qui ont le plus besoin de livres sont aussi ceux qui lisent le moins. Et puis ce tout n'est pas de lire, il faut choisir ses lectures; les mauvais livres pullulent, ils sont bruyants, remuants, hardis, entreprenants; ils arrêtent les passants, ils forcent l'entrée des maisons. Enfin le livre, le bon livre surtout, produit peu d'effet sur le peuple, il profite à ceux qui ont l'habitude, le besoin et l'art de lire. C'est la parole, la parole vivante qui agit sur les hommes incultes, c'es telle qui les prend, qui les remue, qui les ébranle, qui leur inspire le désir d'aller ensuite chercher dans les livres le renouvellement des émotions qu'elle leur a données. Quelle belle et grande croisade à entreprendre, ou plutôt à poursuivre, car en plus d un point elle est commencée. Il y a bien des forces vives, bien des forces morales éparses dans notre pays, qu'on pourrait chercher, unir et diriger vers cet apostolat si nécessaire.

Le grand malheur de l'État c'est qu'il est sans action sur les parents; son influence moralisatrice peut bien s'exercer par l'école sur les enfants, elle est nulle sur les hommes. Tout au plus se fait-elle sentir d'une manière indirecte par le plus ou moins de fermeté qu'il déploie à faire respecter la morale publique et à arrêter la propagande de l'immoralité, et sous ce rapport on ne l'accusera de commettre ni des excès de zèle ni des abus de pouvoir.

Mais cette action purement protectrice ou défensive ne saurait aucunement se comparer à celle des religions et des philosophies qui embrassent toute la durée de la vie humaine, et continuent de parler à l'âge mûr et même à la vieillesse avec la même autorité qu'à l'enfance. Voilà ce qui rend si difficile la régénération des familles où l'on a rompu avec toute tradition religieuse sans accepter en échange aucune discipline philosophique.

En dehors de la croisade morale dont j'ai parlé plus haut, notre espoir est dans l'école, c'est-à-dire dans l'enfance. Dans plus d'une famille, dans celles où il reste un fonds d'honnêteté, l'enfant peut introduire l'éducation; par un touchant renversement des rôles, il peut, dans une certaine mesure, devenir l'éducateur de ses propres parents. Et pour cela, pas n'est besoin qu'il parle et donne des leçons; il n'a qu'à se montrer tel qu'on s'applique à le rendre à l'école, c'est-à-dire, bien élevé. Sans le vouloir, sans le savoir, il exercera autour de lui une douce influence. Si ses manières sont polies, si son langage est convenable, s'il est affectueux, respectueux, si sa physionomie ouverte respire la bonté et la santé de l'âme, insensiblement, involontairement, les parents seront amenés à faire un retour sur eux-mêmes et une comparaison entre eux et leur enfant; ils seront amenés à s'observer en sa présence, à se contenir, à le traiter avec plus de douceur, à prendre quelque chose des qualités qu'il montre. Alors naîtra peut-être dans leur âme ce sentiment si délicat du respect de l'enfance et l'éducation remontera. Mais cette action ascendante et en quelque sorte renversée sera toujours d'une rareté extrême et d'une médiocre vertu. Ce qui est possible autant que désirable, c'est de former des enfants qui soient un jour des pères de famille meilleurs que ne l'ont été leurs propres parents. Tel était le souhait d'Hector, embrassant son nouveau-né : « Puisse-t-il être meilleur que moi ! »

Mais il ne faut pas se borner à des vœux stériles; les temps demandent un effort énergique, général et prolongé.

CHAPITRE XIX

MOYENS DE FORTIFIER L'ESPRIT DE FAMILLE

SOMMAIRE. — Que la pensée de la famille doit toujours être présente à l'école. — Que celle-ci doit devenir l'école de la famille. — Qu'on peut très bien initier et former l'enfant aux devoirs d'un chef de famille. — Le placer en imagination dans le rôle qu'il aura plus tard à remplir. — Lui montrer que tout ce qu'il apprend aujourd'hui lui servira à mieux accomplir sa mission. — Le plaisir du père qui peut s'associer aux études de ses enfants. — Le repas de famille. — Que l'enfant travaille mieux qnand le père s'intéresse à ses travaux. — Qu'il doit se rendre chaque jour plus utile à l'aide du savoir qu'il acquiert. — Que le maître doit s'enquérir de la profession des parents afin de mettre l'enfant en état de leur rendre des services. — Que l'instinct domestique est plus fort chez les filles; que cependant il a besoin d'être développé et dirigé par un enseignement approprié à la con. dition des femmes. — Moyens de faire naître le respect des garçons pour les filles. — Moyens d'entretenir le respect filial même envers des parents indignes. — Rapports de l'instituteur avec les familles. — Du célibat des maîtres, ses dangers. — Que l'instituteur marié devrait avoir une situation meilleure. — Du célibataire. — Sa vie. — Sa vieillesse. — Sa mort. — Que la presque totalité des professions s'accommode mal du célibat. — De son influence déplorable sur la société contemporaine. — Tableau de la vie de famille. — Que l'idéal est un besoin pour l'homme, et en dépit du réalisme, une indestructible réalité.

Puisque l'influence de la famille est si puissante qu'elle va jusqu'à neutraliser ou détruire celle de l'école, puisqu'elle ne règne pas seulement dans le présent, mais qu'elle s'étend dans l'avenir, et que le père qui l'a subie l'exerce à son tour sur ses propres enfants, nous devons redoubler d'efforts pour que cette influence devienne efficace et bienfaisante. Que nous le voulions ou non, ce sont les parents qui sont et resteront les éducateurs de la nation ; songeons donc aux parents, songeons à l'éducation des éducateurs. Il faut dans le présent envisager l'avenir, dans la tige naissante voir l'autre mûr qui donnera un jour des rejetons semblables à lui-même, en un mot dans l'enfant il faut considérer le futur père de famille, et tourner en ce sens et vers ce but son esprit, son cœur et nos propres leçons. Que l'éducation se pénètre donc de l'esprit de famille, qu'elle soit sans cesse préoccupée de cet intérêt suprême, que l'enseignement du maître en inspire et en respire le respect et l'amour, qu'il y rapporte et reporte sans cesse ses pensées, que l'école soit comme entourée de l'atmosphère de la famille, qu'on la voie en perspective au bout de tous les enseignements, comme dans les beaux jardins, au fond de toutes les allées on aperçoit la maison; qu'elle soit toujours présente à l'école, que celle-ci n'en soit pour ainsi dire qu'une dépendance ou plutôt qu'elle devienne l'école même de la famille.

Pour y réussir, nous devons habituer l'enfant à considérer la famille comme le milieu naturel de l'existence et le rôle de chef de famille comme le plus digne de tous et le plus désirable. Comment, dira-t-on, vous allez parler à des bambins des devoirs de la paternité? Je réponds : oui. Un laboureur apprend bien à son enfant à soigner, à atteler, à dételer les chevaux, il en fait de bonne heure un petit laboureur, qui sait dans quelle saison, par quel temps il faut fumer, semer, labourer, moissonner, battre, faucher, bref qui a déjà dans sa petite tête tout le train de la vie des champs, et qui au besoin pourrait mener la maison. Eh bien, ce que le père fait pour son métier de laboureur, nous pouvons le faire aussi pour le métier d'homme. Nous pouvons développer dans l'enfant les aptitudes morales qu'il exige, la prévoyance, l'économie, l'habitude de songer aux autres avant de songer à soi, de se priver pour le plaisir des siens, de s'identifier à eux, de vivre de leur vie, de souffrir, de jouir en eux, de se préserver ou de se corriger des défauts ou des vices qui seraient nuisibles ou funestes à la communauté, enfin d'envisager toujours, quoi qu'il fasse ou qu'il dise, les conséquences que peuvent entraîner pour la famille entière la conduite de son chef. Oui, on peut traiter les enfants en hommes, les pénétrer à l'avance de l'importance et de la dignité du rôle qui les attend, et les préparer à le bien remplir. Je sais qu'il y a là matière à plaisanteries, mais je sais aussi que la plaisanterie s'attaque à tout et volontiers aux choses les plus graves. Le mieux est d'en prendre son parti, et de pousser au but. Aussi bien les plaisanteries déplacées retombent parfois sur les plaisants; et les vrais pères de famille ne riront pas.

Faisons donc vivre l'enfant en imagination dans l'avenir; habituons-le à se mettre à la place de ses parents pour juger de ce point de vue ses actions d'enfant. Cette habitude de se dédoubler, de sortir de soi-même, de se substituer mentalement aux autres, pour de là s'observer et apprécier sa propre conduite avec le jugement d'autrui, cette habitude, dis-je, est assurément l'une des meilleures qu'on puisse contracter dès l'enfance.

Quand donc l'enfant a commis une faute, changeons pour un moment les rôles, élevons-le à la dignité paternelle et qu'il se juge comme le ferait son père lui-même. De ce point de vue il comprendra mieux que tous ces bons sentiments qu'on cherche à lui inspirer affection, respect, dévoûment, toutes ces qualités qu'on s'efforce de cultiver en lui, docilité, franchise, amour du travail, ses parents seraient heureux de les trouver en lui, comme il sera lui-même heureux de les trouver plus tard dans ses propres enfants. Disons-lui que tout ce qu'il fait de bien et de bon dans l'école, tout ce qu'il y apprend lui servira un jour à mieux remplir ses devoirs de citoyen et de père; que, fortifié par la gymnastique, il supportera plus aisément les fatigues de la campagne ou de l'atelier; que, façonné par les travaux manuels, éclairé par la science, il sera cultivateur plus habile, ouvrier plus adroit, qu'il gagnera de meilleurs salaires, qu'il fera produire davantage à sa terre, et pourra ainsi nourrir plus aisément sa famille, et par ses économies lui constituer un capital. Disons-lui que chaque génération est un intermédiaire entre celle qui la précède et celle qui la suit, qu'elle reçoit de l'une le trésor commun de l'éducation pour le transmettre à l'autre enrichi par ses soins; que ce qu'il amasse aujourd'hui sera le patrimoine de ses propres enfants; que, grâce au savoir qu'il aura acquis, il pourra les instruire à son tour, les suivre, les aider dans leurs études, s'intéresser à leurs travaux, juger et apprécier leurs efforts et leurs progrès. Montrons-leur le père assis le soir à la table de famille, entouré de ses enfants, s'enquérant de ce qu'ils ont fait ou lu pendant le jour, réveillant ses propres souvenirs à leurs petits récits, heureux de voir leur esprit s'ouvrir, leur mémoire se meubler, leur jugement s'affermir, expliquant, racontant, complétant, tirant de son propre fonds et de l'expérience de la vie les développements et les applications, en un mot achevant l'œuvre commencée par le maître. Quelle différence entre ces repas ennoblis par d'utiles causeries et ces repas tantôt muets et tristes, et tantôt affadis par des banalités, ou assaisonnés par la médisance !

Il travaille bien mieux, avec plus de plaisir et de profit l'enfant qui travaille pour être agréable à ses parents, suivant en cela l'exemple de ses parents, qui eux aussi travaillent pour le bonheur de leurs enfants;

et les parents eux-mêmes, combien plus aisément ne portent-ils pas le poids des durs travaux et des longues fatigues, quand ils voient que leurs enfants comprennent et sentent leurs sacrifices et leur en témoignent de la reconnaissance! L'enfant grandit en dignité par la part qu'il prend au travail commun; il est alors bien réellement de la famille, il ne reçoit pas sans retour, il paye son écot, il contribue au bonheur des autres, il resserre l'union des siens, il éclaire l'avenir d'une douce lumière, il s'habitue par degrés à remplacer son père dans ce rôle si noble et si touchant de protecteur et d'éducateur.

Le maître doit donc diriger en ce sens toutes les pensées de l'enfant, l'engager à rendre à ses parents mille petits services, et faire tourner au profit de la famille le savoir acquis à l'école. Il ne s'agit pas bien entendu de le pousser à quitter l'école avant l'heure pour entrer en apprentissage ou vaquer aux travaux des champs ; ce serait sacrifier l'avenir au présent, et un intérêt capital à un minime intérêt. Mais par les services chaque jour plus nombreux et plus intelligents que l'enfant pourra rendre au père dans ses moments de liberté, il lui fera mieux comprendre combien il importe de le laisser jouir d'une éducation si féconde.

Que le maître s'enquière du métier et de la profession qu'exercent les parents et qu'il montre à l'enfant comment il peut se rendre utile, qu'il lui en suggère les moyens, qu'il les cherche de concert avec lui; il ménagera ainsi aux parents des surprises agréables et s'en fera d'utiles auxiliaires. Si le père est boutiquier, commerçant, l'enfant peut lui offrir de tenir le livre de comptes, de faire des factures, d'écrire des lettres; s'il est ouvrier, de lui dessiner un outil, un meuble, de lui dégrossir une planche, un morceau de fer; s'il est cultivateur, de lui mesurer un champ, une prairie; il peut demander au maître de lui enseigner ce qui a rapport au métier de son père afin de pouvoir l'aider, s'entretenir avec lui, s'intéresser à ses travaux. Le soir, à la veillée, il peut offrir de lire à haute voix quelque livre intéressant prêté par l'école, ou raconter quelque belle histoire, ou, dans l'occasion, chanter quelque beau chant moral ou patriotique. S'il trouve le moyen d'être utile à ses parents eux-mêmes, à combien plus forte raison pourra-t-il l'être à ses frères et sœurs, surtout quand ils sont plus jeunes que lui !

Cette utilisation des aptitudes de l'enfant, de ses premières connaissances, de ses goûts naissants, au profit de la famille, outre la satisfaction qu'elle procure aux parents, est assurément une des meilleures préparations à la vie en général, et en particulier à l'accomplissement des devoirs de la paternité.

Pour les filles, l'action de la maîtresse, sans être inutile, est beaucoup moins nécessaire. En elles la voix de la nature parle plus haut, l'instinct domestique s'éveille plus tôt. De bonne heure elles se créent une petite famille à côté de la grande, elles font les petites mamans, elles habillent, elles soignent leurs poupées, elles remplissent envers elles les devoirs d'une maternité imaginaire, et préludent par une imitation instinctive à l'accomplissement des devoirs de la maternité véritable.

De ce qu'elles entrent naturellement dans leur rôle, ce n'est pas une raison pour les abandonner à elles-mêmes, et laisser agir la nature toute seule. D'abord, il en est dont l'esprit prend de bonne heure une autre voie ; il en est en qui l'instinct est faible, il en est qui s'arrêtent à la poupée et qu'il faut aider à passer du jeu au sérieux de la vie ; il en est en qui l'étude elle-même, s'y l'on n'y prend garde, étouffe l'instinct domestique. Il faut le dire, dans beaucoup d'écoles, surtout d'écoles urbaines, les institutrices se bornent trop exclusivement à enseigner ; elles s'enferment dans les programmes et ne regardent pas assez du côté de la vie réelle ; elles sont trop maîtresses et pas assez maternelles ; elles ne considèrent l'instruction qu'en elle-même, et pas assez dans ses applications ; leur horizon est formé par l'enceinte de l'école et leur vue ne s'étend pas au delà, elles ne voient dans leurs élèves que des écolières et non de futures ménagères et de futures mères de famille ; leur enseignement a quelque chose de théorique et d'abstrait, au lieu d'être approprié à la condition, à la destinée de la femme ; et cependant ce n'est pas pour le présent qu'elles enseignent, ce n'est pas pour l'enfance qu'elles doivent former l'enfant, mais bien pour la maturité, ce n'est pas pour que leurs élèves possèdent le savoir à la manière des livres, mais pour qu'elles sachent en tirer profit, pour qu'elles le répandent autour d'elles, et en nourrissent un jour leur famille. Il ne s'agit pas de remplir des citernes, mais de faire jaillir des sources.

Si les filles elles-mêmes ont besoin d'être soutenues dans la voie où la nature les pousse, à combien plus forte raison faut-il y aider les garçons, en qui l'instinct paternel est plus sourd, et dont l'esprit est de bonne heure sollicité dans d'autres directions. La différence et la variété de leurs jeux indique assez d'autres tendances et d'autres préoccupations; leur esprit se tourne naturellement vers la vie du dehors, comme celui de la jeune fille vers la vie du foyer. Si nous réussissons à donner cet objectif à leur activité intellectuelle et morale, à rallier en ce sens leurs pensées éparses, à leur faire non seulement accepter, mais désirer cette destinée, nous aurons contribué efficacement à rendre à la famille sa force, son charme et sa dignité.

Dès l'école nous verrons changer les rapports des sexes et naître ce sentiment délicat du respect des garçons pour les filles, s'ils sont habitués à considérer en elles de futures mères comme à voir en eux-mêmes de futurs pères de famille, si on les entretient dans la pensée des égards dus à la faiblesse et de la réserve que la force commande, si on leur inspire la crainte de nuire moralement à des êtres pour qui l'opinion est si sévère, dont la réputation est si facile à ternir, et la destinée si pleine d'incertitudes et de dangers, si on les engage à se conduire envers les filles comme ils se conduisent eux-mêmes et comme ils veulent que les autres se comportent à l'égard de leurs propres sœurs.

Il faudra donc faire connaître aux enfants les devoirs qu'ils auront à remplir un jour, et que par conséquent leurs parents ont à remplir envers eux. Mais ne craindrons-nous pas, en traçant ce tableau, de porter atteinte au respect filial? Entendant énumérer les devoirs de la paternité, maint enfant ne va-t-il pas baisser la tête, devenir pensif et triste, et comparer involontairement l'idéal qu'on lui propose avec la réalité qu'il connaît?

Pour éviter le dommage que pourrait causer au respect filial ce rapprochement inévitable, n'oublions pas de rappeler aux enfants que, quels que soient les torts de leurs parents, ils n'ont pas le droit de les juger avec sévérité, ni de se prévaloir de leurs faiblesses, ni de prendre leurs torts pour excuses de leurs propres manquements, ni de se départir du respect qui leur est dû. Indépendamment du respect qui s'attache à la personne et qui est la conséquence naturelle de sa conduite et de ses vertus, il y a un respect obligatoire qu'exigent la fonction elle-même, le rôle, la mission, le principe sur lequel toute autorité repose, et qui est une obligation morale d'ordre supérieur ; au-dessus du père il y a la paternité. Un père, a-t-on dit, est toujours un père, en faisant allusion à l'inépuisable trésor de la bonté paternelle. Le mot n'est pas moins vrai en ce sens qu'un père, fût-il répréhensible, fût-il coupable, fût-il criminel, doit conserver encore aux yeux de l'enfant un caractère sacré. Ce n'est pas à l'enfant qu'il appartient de le condamner, ni de s'affranchir du sentiment qu'impose la paternité ; et de même qu'il y a toujours au fond d'un cœur paternel un reste d'indulgence pour le fils le plus ingrat, ainsi faut-il qu'il reste toujours dans le cœur d'un fils un indestructible respect pour le père le plus indigne ; un fils doit toujours être un fils ; les fautes de l'un ne détruisent pas les devoirs de l'autre. Heureusement il en est presque toujours ainsi ; et c'est là une preuve de la puissance unique de ces liens formés par le sang. Au lieu que, dans les relations ordinaires de la vie, le moindre tort suffit à relâcher et parfois à rompre les nœuds de l'amitié, ceux de la famille résistent aux plus fortes secousses ; même séparés par les conséquences de leurs fautes, les membres de la famille restent encore moralement unis.

Pour atteindre le but que nous cherchons, il faut que l'école et la famille s'accordent et que parents et maîtres marchent pour ainsi dire la main dans la main. Que l'instituteur paraisse de temps à autre au foyer, qu'il y prenne place, qu'il s'entretienne avec les parents, qu'il voie par lui-même comment l'enfant se conduit à leur égard. Mieux renseigné sur ses qualités comme sur ses défauts, il sera plus à même de le conduire sûrement, il s'épargnera des tâtonnements inutiles et des méprises dangereuses. Entre son père et son maître, l'enfant marchera d'un pas plus égal.

Que l'instituteur prêche d'exemple et vive lui-même de la vie de famille ; qu'il se marie de bonne heure et apprenne à élever les enfants des autres, en élevant ses propres enfants. Nous n'avons que trop d'instituteurs, surtout dans les villes, qui s'attardent dans un célibat aussi peu profitable à l'école qu'à eux-mêmes. Ils prennent, dans cette vie inconsistante et décousue, des goûts et des habitudes qui ne sont pas moins contraires à la vie de famille qu'à l'exercice de leur profession. Je voudrais que l'État assurât des avantages sensibles à l'instituteur marié et père de famille. L'on me dira que le principe de l'égalité s'y oppose. Cette opposition est plus apparente que réelle ; les traitements doivent être réglés sur les aptitudes et les services ; or l'instituteur marié est plus propre que l'autre à l'œuvre de l'éducation. Je ne prétends pas que des jeunes gens qui ont l'esprit de famille ne puissent être utilement associés à cette œuvre ; je me borne à dire qu'un instituteur marié et père, indépendamment des services qu'à ce double titre il rend à l'État, est plus apte qu'un célibataire à donner l'éducation ; il est donc plus utile au pays, et par conséquent il mérite une situation meilleure. Si ce n'est pas là de l'égalité civile, au sens strict du mot, c'est de l'équité, ce qui vaut mieux.

Pour que l'instituteur puisse parler aux enfants du bonheur domestique, il ne faut pas qu'il s'expose à s'entendre dire par quelque écolier malin : « Mais, monsieur, vous n'êtes pas marié. »

Sans doute le célibataire peut se consacrer tout entier au bonheur de ses semblables, et sa vie peut n'être qu'un long dévoûment. Dans ce cas l'absence de tout autre lien lui permet de se livrer sans réserve à sa noble passion. Mais, en dehors de ces vocations qui sont rares autant que belles, le célibat n'a qu'un attrait passager, dangereux, et l'arrière, goût en est amer ; et pourquoi ne le ferait-on pas comprendre à l'enfant ? A la salutaire préoccupation des intérêts domestiques il substitue la constante et fastidieuse préoccupation de l'intérêt personnel ; à des liens naturels et durables, il substitue des liens accidentels ou fragiles. Les relations, les amitiés qui en font quelque temps le charme, se relâchent, se brisent ; le vide se fait par degrés autour du célibataire, l'expérience le dégoûte des relations nouvelles, il est peu à peu ramené à lui-même et enfin réduit ou laissé à lui seul. S'il est las des autres, les autres aussi se lassent de lui ; car il perd inévitablement dans le frottement et le froissement de la vie cette première fraîcheur d'impressions, cette vivacité d'esprit, cette belle humeur, et cette souplesse de caractère qui le rendaient aimable et le faisaient rechercher. Il finit par être à charge à lui-même; la solitude lui pèse; les quatre murs de sa chambre déserte l'étouffent. Il sort, il va chercher au dehors des distractions parfois violentes, malsaines, pour s'arracher à lui-même et secouer son ennui. Il rentre plus triste encore et plus dégoûté. Malade, personne à son chevet, ou quelque mercenaire indifférent et distrait; s'il est pauvre, l'hôpital l'attend; vieux, personne qui s'intéresse à lui, qui l'aide à supporter ses infirmités; mourant, personne à son lit de mort, pour lui fermer les yeux et adoucir l'amertume du moment suprême. Il meurt seul, ayant vécu pour lui seul; il ne laisse rien après lui, pas même un souvenir, sa tombe elle-même, s'il a une tombe, reste solitaire.

Sans doute il n'en est pas ainsi pour tous; mais pour combien, surtout dans la classe ouvrière, ce tableau est-il l'image de la triste réalité? Excepté dans certaines situations où la vie n'est qu'un étourdissement continuel, où l'homme ne s'appartient pour ainsi dire qu'aux heures du sommeil, le célibat est un état dont l'apparente tranquillité recouvre un incurable fond d'ennui, de tristesse et de dégoût. Les professions, et elles sont les plus nombrenses, qui astreignent l'homme à une vie régulière, partagél entre les heures de travail et les heures de loisir; toutes ces professions sont naturellement ennemies du célibat.

Et je n'en parle qu'au point de vue du bonheur

personnel; que serait-ce donc si nous envisagions le célibat dans ses conséquences morales, ou pour mieux dire démoralisatrices? Mais ce n'est pas à l'école primaire qu'on peut achever ce tableau; ce n'est pas à des enfants qu'on peut dire ce que le célibat coûte à la société, combien de forces vives il lui enlève, de combien de dangers il entoure la vertu des jeunes filles et l'honneur des familles, quelles recrues chaque jour plus nombreuses il embauche pour les ménages honteux et la prostitution, et avec quelle effrayante activité, aidé de la richesse, il travaille à l'affaiblissement du pays. A l'école, bornons-nous à présenter le célibat dans ses effets sur le caractère de l'homme, qu'il condamne à un égoïsme croissant, s'il ne le donne tout entier au dévoûment. Entre ces deux extrêmes, rares sont les exceptions.

En regard de cette vie d'isolement volontaire plaçons l'image de la vie domestique, sa plénitude, ses joies doublées, ses douleurs allégées par le partage, chacun vivant dans les autres et pour les autres, cet ennoblissement des vulgarités et des misères de la condition humaine par le sentiment du devoir et l'affection, ce courant continuel qui passe par tous les cœurs et les fait battre à l'unisson. Représentons la mère douce, active, vigilante, prévoyante, prodiguant ses soins, répandant son amour, pensant à tout et à tous, excepté à elle-même, suivant du regard l'enfant qui est près d'elle et de la pensée celui qui est absent. Représentons le père rentrant au foyer, heureux d'y trouver l'ordre, la tendresse et la paix; heureux de voir que, tandis qu'il était à l'atelier ou aux champs, pensant aux siens, peinant pour eux, ceux-ci de leur côté songeaient à lui, et lui préparaient le délassement de ses fatigues et le dédommagement de ses peines.

Mais, nous dira-t-on, c'est un idéal que vous placez-là sous les yeux de l'enfant. Sans doute toutes les familles n'offrent pas l'image parfaite de la concorde et du bonheur; aussi n'avons-nous pas à donner aux enfants des leçons de réalisme; assez d'autres s'en chargent, et plût à Dieu que nos littérateurs voulussent bien employer à peindre les beaux côtés de la vie, le talent qu'ils dépensent à en retracer les laideurs et les hontes ! Ce que nous voulons, c'est inspirer de bonne heure aux enfants le désir et l'amour d'une vie saine et forte, remplie d'une activité féconde et ennoblie par le devoir.

L'idéal, d'ailleurs, est pour l'homme un besoin plus élevé que les autres, mais un besoin réel, je dirais une nécessité ; sans idéal la vie n'est qu'une vie animale ; c'est une terre sans ciel et sans étoiles. Quoi qu'en puissent dire une philosophie et une littérature fourvoyées, l'homme en a le goût la soif, la passion ; ses yeux se tournent d'eux-même et s'élèvent vers lui; partout où il en entrevoit une image, une lueur, une ombre, il la suit du regard avec ravissement, avec envie; c'est l'idéal qui dans les œuvres d'art fait couler des larmes plus douces que la joie et arrache à l'âme saisie des cris d'admiration; c'est à lui que nous devons nos plus pures jouissances, c'est lui qui nous soutient, qui nous ranime, qui nous console, qui fait le charme et le prix de la vie humaine. En dépit de l'aveugle et brutal réalisme, l'idéal est la plus haute et la plus indestructible des réalités. L'homme l'adore, il maudit les passions basses qui l'en éloignent et l'empêchent d'y atteindre, et il méprise ces écrivains indignes, détracteurs blasés, et corrupteurs corrompus de l'âme humaine; il les méprise tout en les lisant, comme l'esclave de l'abrutissante absinthe maudit la liqueur funeste tout en la savourant.

CHAPITRE XX

DE L'ÉDUCATION AU POINT DE VUE RÉPUBLICAIN

SOMMAIRE. — Quelle est l'âme du principe républicain? — Le respect mutuel. — Source de ce respect. — Liberté morale et responsabilité. — But de l'éducation républicaine. — Former le citoyen. — Que la première qualité du citoyen est le respect de la loi et pourquoi? — Que le républicanisme consiste bien plus encore dans l'accomplissement du devoir que dans l'exercice du droit, et pourquoi? — Qu'il manque un pendant à la Déclaration des droits de l'homme; c'est par l'énumération des devoirs correspondants qu'il faut combler cette lacune à l'école. — De la liberté. — Ses limites. — Devoirs qu'elle impose. — De la tolérance politique. — De l'égalité. — Des illusions qu'elle engendre. — Exemple tiré de l'histoire romaine. — La véritable égalité. — Ses limites. — L'égalité à l'école. — Que la fraternité doit tempérer les enivrements de la liberté et modérer les prétentions de l'égalité. — La fraternité à l'école. — Moyens de la développer. — De l'importance du jugement dans la vie politique. — Du jugement de l'enfant. — Moyens de l'exercer. — De la qualité la plus nécessaire dans les fonctions électives.

Qu'est-ce qui constitue le principe républicain, quelle en est l'essence et par conséquent quelle doit être l'âme de la République et l'âme de l'éducation qui prépare à la vie républicaine?

Je n'hésite pas à répondre: C'est le respect de

l'homme pour l'homme, du citoyen pour ses concitoyens.

Tout principe politique est issu d'une conception de l'humanité.

Quelle est la conception républicaine? C'est une conception analogue à celle du christianisme ; pour celui-ci tous les hommes sont égaux, parce qu'ils ont tous été créés par Dieu et tous rachetés par lui ; ils ont aux yeux de la Divinité une même valeur originelle. Dans la conception républicaine les hommes sont égaux parce qu'ils sont tous doués du libre arbitre, c'est-à-dire, libres de bien ou de mal faire, et par conséquent responsables. C'est là, c'est au fond de la conscience, dans le domaine inaccessible et inviolable où se meut la volonté, que gît la véritable, la seule et unique égalité naturelle, l'égalité dans la liberté morale et par suite dans la dignité personnelle ; c'est là que se retranche l'homme qu'une puissance extérieure prétend contraindre ; c'est là qu'il puise ce sentiment de fierté qui lui fait assumer la responsabilité de ses actes, quels qu'ils soient. Hors de là, commencent les innombrables et indestructibles différences physiques et morales contre lesquelles vont et iront se briser sans cesse les rêves insensés de l'égalité absolue. Par contre c'est sur ce fondement inébranlable de l'égalité dans la liberté morale que s'appuie la doctrine de l'égalité civile et politique : c'est parce que tous les hommes sont moralement libres qu'ils doivent être placés tous dans les conditions indispensables à l'exercice normal de leur liberté; c'est parce qu'ils sont libres moralement, c'est-à-dire parce qu'ils ont des devoirs, qu'ils doivent aussi posséder les droits nécessaires à l'action de leur volonté, au développement de leurs facultés, à la plénitude de la vie intellectuelle et morale.

Les républicains modernes sont-ils bien convaincus de cette vérité pourtant élémentaire ? Est-ce par le respect mutuel qu'ils se distinguent des autres hommes? Dans leur conduite et leur langage ont-ils assez d'égards envers la dignité humaine? Se respectent-ils toujours eux-mêmes dans leurs semblables? Ne traitent-ils pas quelquefois leurs égaux avec plus de dureté et de mépris que le noble d'autrefois n'en témoignait au vilain? Je crois inutile de répondre. Changer de gouvernement n'est pas toujours facile ; il y a pourtant quelque chose de plus difficile encore, c'est de changer les mœurs, ou, ce qui revient au même, de changer les hommes. Il y faut du temps, si l'on y travaille ; que sera-ce, si l'on s'en remet à la seule vertu des principes? Ces principes sont des abstractions ; pour les convertir en règles de conduite, il est plus sûr de s'adresser aux enfants qu'aux hommes, et l'éducation est encore le meilleur moyen d'y réussir.

Une éducation vraiment républicaine doit donc avant tout inspirer aux enfants le respect dû à la personne humaine, puisque la doctrine républicaine n'est après tout qu'une affirmation et une revendication de la dignité personnelle méconnue et rabaissée. Pour former de bons citoyens, elle doit aussi pénétrer les enfants d'un respect religieux pour la loi. C'est là en effet la première vertu du citoyen; car le régime républicain n'est que le règne de la loi; du moment qu'on cesse d'obéir à la volonté d'un seul, ou à la volonté de quelques-uns, il ne reste qu'à obéir à la volonté du plus grand nombre, ou à sortir de la société; en d'autres termes, hors de la monarchie et de l'oligarchie, il n'y a de possible que la république. Aussi celui qui refuse obéissance à la loi, celui-là n'a-t-il plus le droit de se dire républicain.

Comment donc se fait-il qu'il y ait en république non seulement des particuliers, mais des corps élus, des conseils municipaux, voire des conseils généraux, qui tiennent parfois la loi pour non avenue, et même qui la violent de parti pris? C'est que dans nombre d'esprits, l'idée de la loi n'est encore ni claire ni précise, et que pour eux la république est le régime où l'on fait prévaloir sa propre volonté et non celui où l'on se soumet à la volonté générale. Ces prétendus républicains sont des roitelets qui disent chacun à la façon du grand roi: L'État, c'est moi.

Faisons donc bien comprendre aux enfants que tant qu'une loi n'a pas été abrogée, elle doit être observée. Puisqu'elle est l'expression de l'opinion dominante, c'est l'opinion qu'il faut changer, si l'on veut arriver au changement de la loi. Les citoyens ont pleine et entière liberté de parler et d'écrire, c'est-à-dire de modifier l'opinion ; mais, tant que cette modification ne s'est pas produite et traduite en une loi nouvelle, l'ancienne subsiste et a droit au respect.

S'affranchir de ce respect, c'est substituer une volonté individuelle à la volonté générale, c'est violer le principe fondamental des institutions républicaines, c'est se mettre soi-même hors de la république. Or, si l'on comprend la révolte de tous contre une volonté arbitraire, on ne peut comprendre la révolte d'un seul ou de plusieurs contre la volonté de tous. Sans ce respect nécessaire, il n'y a plus que conflits perpétuels de volontés individuelles, et par suite anarchie.

On croit assez volontiers que le républicanisme consiste dans l'exercice des droits ; il consiste bien plus dans l'accomplissement du devoir ; le premier est chose relativement facile et même agréable ; l'autre est chose difficile et souvent pénible. User d'un droit, c'est en somme s'accorder à soi-même une satisfaction légitime ; remplir un devoir, c'est presque toujours se refuser une satisfaction illégitime. Dans le premier cas, il n'y a qu'à se laisser aller, dans le second il faut se retenir ou s'efforcer et même se forcer. Le droit représente l'intérêt personnel, le devoir, l'intérêt général ; le droit c'est notre part, c'est nous ; le devoir, c'est la part des autres, c'est le prochain ; le droit, c'est l'égoïsme permis, le devoir, c'est l'altruisme obligé. Or, l'égoïsme est de sa nature avide, insatiable; il faut le surveiller, le régler, le contenir, le mater, c'est-à-dire il faut une action énergique et incessante de la volonté sur l'instinct et la passion, en un mot il faut de la vertu. Ils se trompent étrangement ceux qui s'imaginent qu'une société républicaine peut se passer de vertu, grâce à l'égalité. Sans la subordination volontaire de l'intérêt personnel et du droit au devoir, on n'a qu'une lutte aveugle, violente et bientôt sanglante de toutes les passions déchaînées; est-ce là la république?

C'est pourtant en ce sens que sont tournés la plupart des esprits; faire valoir ses droits, tout est là. Beaucoup se croient des républicains modèles, parce qu'ils votent, discutent, écrivent à leur gré. Mais voter est un droit, bien voter est un devoir, et c'est chose plus rare; soutenir son opinion est un droit, et chacun en use; respecter celle d'autrui est un devoir, et fort peu le remplissent.

Combien il est regrettable que l'Assemblée constituante, en rédigeant son immortelle Déclaration des droits de l'homme, n'ait pas cru devoir y joindre une énumération des devoirs correspondants. C'eût été un complément naturel et j'ajouterai nécessaire; car par cette omission, involontaire sans doute, l'Assemblée n'a pas peu contribué à former cette erreur grossière autant que dangereuse, que le républicanisme consiste exclusivement dans l'exercice des droits; que par suite tout est plaisir et profit sous cette forme de gouvernement; que la république assure tous les avantages et dispense de tous les sacrifices, qu'on a tout à en attendre et rien à lui donner en retour; elle a montré l'endroit de la médaille et caché le revers; elle a fait prendre à maint républicain cette attitude agressive, ce ton rogue particuliers aux gens qui réclament et auxquels on n'a rien à réclamer.

Cet oubli s'explique par les circonstances; quand on est dans l'enivrement de la victoire on songe naturellement bien plus aux biens conquis qu'aux moyens d'en affermir la conquête. Or, ces droits de l'homme que la Constituante enregistrait et proclamait avec orgueil, le peuple en avait été toujours privé; il entrait en jouissance, il oubliait les devoirs qui jusqu'alors avaient été son lot, sans compensation. Il n'est pas trop tôt de combler cette lacune et c'est dès l'école qu'il importe de commencer. Lorsque l'instituteur arrive à l'histoire de la Révolution française, lorsqu'il lit et explique la fameuse Déclaration des Droits de l'homme, qu'il ne manque pas de mettre en regard de chacun d'eux le devoir qui y répond, qu'il habitue l'enfant, après avoir vu ce qui lui est permis, à considérer ce qui lui est prescrit, à comprendre que l'un ne va pas sans l'autre, que le devoir est la condition du droit, et le droit la récompense du devoir; qu'il l'habitue à ne jamais penser à soi sans songer aussitôt aux autres, et à se conduire envers eux comme il veut qu'ils se conduisent envers lui. La justice est un équilibre, et il n'y a pas d'équilibre possible, si l'on charge un des plateaux sans rien mettre dans l'autre. Ces vérités sont à la portée des enfants, et, bien que le temps de la scolarité soit court, ou plutôt parce qu'il est court, plus court que ne le voudrait l'intérêt du pays et de la République, mettons-le à profit et jetons dans les esprits une semence saine et féconde.

Ce n'est pas sans raison que dans la devise républicaine aux mots de Liberté et d'Égalité on a joint le mot Fraternité. Bien comprise, la fraternité résume presque tous nos devoirs, elle modère les entraînements de la liberté, elle rabat les prétentions de l'égalité; c'est à nous à faire en sorte qu'elle ne reste pas un vain mot.

La liberté fait songer plutôt à ce qu'on peut entreprendre et se permettre sur les autres qu'à ce que l'on doit se refuser et s'imposer à soi-même; elle semble ouvrir à l'activité qu'elle stimule un champ sans limites et sans obstacles. Elle a pourtant des limites parfaitement définies, d'un côté par les lois civiles qui en règlent l'exercice et en répriment l'abus, de l'autre par cette loi naturelle, qui domine toutes les autres et régit l'humanité tout entière, la loi morale. Elle rencontre aussi des obstacles sans nombre, et il est bon d'en avertir l'enfance, d'abord dans notre propre faiblesse, dans les défaillances et les contradictions de notre volonté, dans la hauteur démesurée de nos ambitions, dans la disproportion constante entre nos forces et nos désirs, dans l'effort des passions rivales ou contraires, dans la supériorité intellectuelle ou morale de nos adversaires ou de nos compétiteurs, enfin dans ce fonds de contrariété inhérente à la nature des choses et qui nous suscite à toute heure des difficultés nouvelles ou nous découvre des dangers imprévus. Énorme est la différence entre la liberté et le pouvoir de faire; ce qui est permis n'est pas toujours possible; entreprendre n'est pas réussir. Aussi l'usage de la liberté demande-t-il de la prudence, la connaissance de ses forces, et de la prévoyance. Mais ce qu'il demande avant tout, c'est le respect de la liberté d'autrui; et par là je ne veux pas dire seulement que nous ne devons pas enlever à nos semblables l'exercice des droits qui leur appartiennent, car c'est là un acte que la loi interdit et réprime, mais que nous ne devons pas, par notre intolérance et nos violences, leur faire expier l'exercice de ces droits et les en dégoûter. C'est pourtant là un abus qui n'est pas rare. Je prends un exemple.

En république tous les citoyens doivent jouir de la liberté de penser et d'exprimer leur pensée, mais cette liberté devient illusoire, ou ingrate si l'on n'en peut user contre l'opinion régnante sans s'exposer aux injures. On comprend encore que les adversaires déclarés de la liberté ne respectent pas l'usage d'un droit qu'ils nient ; mais que des partisans convaincus de la liberté de la presse s'emportent en invectives contre ceux qui n'ont d'autre tort que de penser autrement qu'eux, c'est à la fois une inconséquence manifeste et une intolérance coupable. Il faut de bonne heure habituer les enfants à souffrir la contradiction comme un effet de l'égalité civile et de la diversité des esprits, et leur bien faire comprendre que si la liberté comporte la discussion même vive, ardente, passionnée, elle exclut la menace et l'outrage, puisque par ces moyens on enlève aux autres l'exercice de leur droit, ou qu'au moins on les détourne d'en user.

Si dans les relations ordinaires de la vie nous employions le langage familier à certains publicistes, ces relations deviendraient impossibles et tourneraient bientôt en rixes et en querelles ; et cependant, l'homme qui écrit a le temps de peser ses termes et de les choisir ; il devrait être plus mesuré que l'homme qui parle et s'échauffe en parlant. Il n'en est rien ; les excès calculés de la presse égalent, s'ils ne les dépassent, les écarts souvent involontaires de la discussion orale. On traite en ennemi celui qui professe une opinion contraire et on lui rend impraticable en fait ou tout au moins pénible et dangereux, l'exercice d'un droit qu'on lui accorde en principe et dont on abuse contre lui. Ce n'est point là de la liberté, mais de la licence, et une véritable tyrannie. Cette manière de pratiquer la liberté rappelle la fable du lion en chasse; le lion fait la part de ses compagnons de chasse, mais s'ils y touchent, il les étrangle. Ainsi en est-il de certains des droits; si l'on en use, on est sûr de recevoir coups de griffes et coups de dents.

Pas de vraie liberté sans la justice, sans cette réciprocité de la tolérance qui fait de l'exercice des droits un plaisir et non un danger. A quoi bon avoir combattu l'intolérance religieuse si on la remplace par l'intolérance politique? Soyons un peu moins sévères pour les opinions et un peu plus sévères pour la conduite; et quand nous avons affaire à un honnête homme, permettons-lui même de n'être pas républicain, si nous voulons qu'il le devienne.

L'égalité qui vient en seconde ligne dans l'immortelle devise, est un principe d'une simplicité redoutable; suivant la valeur morale et l'intelligence des hommes qui l'appliquent, il devient un instrument de progrès ou de ruine, un levier puissant ou un pesant niveau. L'égalité a ceci de particulièrement dangereux, qu'elle se conçoit en dehors de la liberté, et même en son contraire, dans l'esclavage, et qu'elle est si ardemment désirée que, pour la posséder, les peuples vont jusqu'au sacrifice de la liberté même, c'est-à-dire, jusqu'à l'avilissement. C'est l'histoire du peuple romain; il commandait encore au monde, que déjà il obéissait à un maître, roi au dehors, esclave au dedans. Cette histoire est courte, mais instructive. Rome fut d'abord une monarchie, puis une aristocratie qui s'appelait république, mais n'en avait que le nom. Les patriciens possédaient tout. Pendant quatre siècles, les plébéiens luttèrent sans trêve et conquirent un à un tous les droits civils et politiques. Une fois en possession de ces droits, ils s'aperçurent qu'ils s'étaient mépris sur leur efficacité, et que, s'ils avaient gagné en dignité et en pouvoir, ils n'avaient pas gagné en fortune; grande fut la déception. Ils crurent avoir lâché la proie pour l'ombre. Dès lors leur programme politique se réduisit à un seul point, le partage des terres, et malgré des luttes terribles, n'ayant pu l'obtenir, ils finirent par se donner un maître qui, à défaut de terres, leur assura du moins le pain et le théâtre, *panem* et *circenses*.

La méprise des plébéiens de Rome ne leur est point particulière; le peuple en général, faute d'éducation politique, est porté à s'exagérer la vertu des droits politiques, et à croire qu'en l'élevant à la dignité de citoyen, ils lui donneront par surcroît la fortune. C'est cette erreur, suivie d'inévitables déceptions, ce sont les colères qu'elles allument, qui engendrent toutes ces sectes, qui sous les noms divers de socialistes, anarchistes, collectivistes et autres, poursuivent en réalité le même but, c'est-à-dire le partage de la richesse publique et privée; ces sectes seraient disposées à accepter un maître, quel qu'il fût, pourvu qu'il leur assurât le partage; ce sont elles qui par la terreur qu'elles inspirent, ont relevé le second Empire, perdu la liberté et failli perdre la patrie. Du reste telle est la force démoralisatrice de ces théories insensées, qu'elles en arrivent rapidement à la justification, et même à la glorification des crimes les plus odieux, des attentats les plus horribles, et à la négation, à la répudiation de la patrie elle-même. Elles ne voient dans la possession des droits et de la liberté politiques qu'une immense mystification, et concluent à l'anéantissement d'une société qui, les faisant libres, les a laissées pauvres.

Heureusement la société française n'est pas la société romaine. Chez nous le travail des mains est en honneur; à Rome le citoyen ne travaillait pas, et le seul moyen de s'enrichir était le partage des terres conquises et l'acquisition des esclaves qui les cultivaient. Grâce à la Révolution française qui a multiplié le nombre des propriétaires, grâce à la liberté du commerce et de l'industrie, le citoyen laborieux, économe, peut arriver sinon à la fortune, au moins à l'aisance, et la société peut se défendre victorieusement contre les entreprises renaissantes des forcenés qui la menacent.

Ce n'en est pas moins un devoir impérieux pour l'éducation de s'attacher à faire la lumière, la pleine lumière autour de ces mots décevants de liberté et d'égalité, d'en montrer le véritable sens, la véritable portée; de faire bien comprendre que la liberté ne constitue pas un privilège, qu'elle ne dispense pas de l'effort et du travail qui sont la condition commune de tout progrès et de toute amélioration des destinées individuelles; que prétendre mettre une partie de la société à la charge de l'autre, c'est détruire cette égalité même sur laquelle s'appuient ces revendications contradictoires.

Mais laissons cette prétendue égalité inique et spoliatrice, et revenons à l'égalité véritable et honnête, à celle qui a sa place dans la devise républicaine entre la liberté et la fraternité, celle qui doit se concilier avec la première et se tempérer par la seconde, celle qui doit régler les rapports des citoyens entre eux et dont l'enfant fait l'apprentissage et recueille les fruits dès son séjour à l'école. Entrons dans une école; voici sur les mêmes bancs des enfants venus de toutes les classes de la société. Si cette école n'existe pas encore en France, on la trouve en Suisse, on la trouve aux États-Unis, et nous l'aurons un jour, car c'est la véritable école républicaine.

Donc parmi ces enfants les uns sont forts et vigoureux, les autres faibles et chétifs; les uns sont beaux et gracieux, les autres laids et gauches, ceux-ci sont bien faits, bien venus; quelques-uns boiteux ou difformes. En voici qui respirent la santé et la gaieté, et à côté en voilà qui ont l'air triste et souffrant. Ce n'est pas tout : les uns ont l'esprit vif et ouvert, les autres ont l'esprit lent et borné; ceux-ci ont de la mémoire, de l'imagination, du goût, de l'initiative, mais parmi leurs camarades les uns n'ont pas ces qualités, ou les ont à un moindre degré. Enfin il en est qui sont riches, et d'autres qui sont pauvres. Sur cet amas d'inégalités créées par la nature et la naissance va s'établir la seule égalité possible, celle qui est due à la société; celle qui est le fruit des efforts de l'homme et des progrès de la raison et de la justice humaines. Pauvres ou riches, intelligents ou bornés, laids ou beaux, tous ces enfants, tous, vont être traités de la même manière et mis sur le pied de l'égalité; tous prendront part aux mêmes travaux, aux mêmes jeux; tous recevront les mêmes leçons, les mêmes conseils, tous soumis à une règle commune seront récompensés et punis de la même manière pour les mêmes mérites ou les mêmes fautes; tous enfin auront la même part dans la bienveillance et les soins de leur maître. Mais voici que sous cette égalité bienfaisante se développe déja inévitablement dès l'école même une inégalité d'un autre genre avec ses conséquences logiques, immédiates ou lointaines; c'est l'inégalité morale, celle du mérite et du démérite. Celle-ci n'est pas le fait de la nature, elle n'est pas davantage l'œuvre de la société: elle est une conséquence du libre arbitre dont tous sont également doués, et de l'usage que chaque enfant fait de sa liberté. Ils profiteront plus ou moins de l'instruction commune qu'ils reçoivent, ils suivront plus ou moins les conseils qu'on leur donne; les uns avanceront, d'autres resteront stationnaires, d'autres reculeront; les uns deviendront meilleurs, les autres pires. Mais cette inégalité qui va naître, et qui plus tard s'accusera dans la vie, élevant les uns, abaissant les autres, cette inégalité, dis-je, c'est la justice même, c'est-à-dire la conséquence de la conduite; celle-là n'est imputable qu'à l'enfant et à l'homme lui-même, elle est une des sanctions de cette loi morale qu'il leur est loisible de respecter ou d'enfreindre. En un mot, elle dépend d'eux, elle est volontaire. Dès l'école elle porte ses fruits, doux pour les uns, amers pour les autres; mais qui songe à s'en plaindre, qui songe à protester? Quel ne serait pas au contraire le concert de plaintes, si les paresseux étaient récompensés à l'égal des enfants laborieux, ou si le travail était puni comme la fainéantise, si les mauvaises qualités étaient encouragées comme les bonnes et le bien loué comme le mal? Mais chacun se soumet à une inégalité juste et nécessaire, parce que chacun sent qu'on ne peut s'en prendre qu'à lui de ce qu'il fait de mal, parce que chacun veut qu'on n'attribue qu'à lui seul ce qu'il fait de bien, en un mot parce qu'il a dès l'enfance le sentiment de sa responsabilité.

Ce qu'il faut donc bien et nettement déterminer et faire toucher du doigt, ce sont les limites de l'égalité civile et politique comprise entre les inégalités naturelles et fatales qui la précèdent, et l'inégalité morale et volontaire qui la suit, afin qu'un jour ces enfants devenus des hommes ne soient pas tentés d'imputer à la société qui n'en peut mais, des inégalités dont la nature est la source, ou dont ils sont eux-mêmes la cause.

Mais ce n'est pas assez de circonscrire le domaine où se meut la liberté et de tracer le cercle où l'égalité doit s'enfermer. Ces limites, si bien marquées qu'elles puissent être, ne suffiront pas toujours à retenir et à contenir les élans de la passion.

La liberté est un vin capiteux qui trouble l'esprit et dont les fumées empêchent de voir distinctement les bornes qui séparent les domaines, et de démêler dans l'avenir les conséquences des résolutions du moment ; elle nous enfle d'un sentiment exagéré de notre puissance, elle rapetisse les obtacles qui encombrent notre chemin, elle pousse au mépris de l'autorité, de la prudence et de ses conseils, de l'amitié et de ses prières ; impatiente de tout frein, imprévoyante, agressive, elle s'exalte par l'idée même des dangers auxquels elle court, et par l'illusion qu'engendre le courage ; elle ne voit dans les droits qui l'entourent que gêne, rivalité, qu'hostilité même. L'homme qui prononce la formule sacramentelle : Je suis libre, se pose volontiers, en face du reste de l'humanité, dans l'attitude du défi. Il faut tempérer cet enivrement dangereux.

De son côté l'égalité est rude, revêche, âpre ; toujours sur le qui vive, toujours prête aux réclamations, aux revendications, aux récriminations; créancière impitoyable, elle tient le registre du Doit et Avoir; elle traite volontiers les autres en débiteurs de mauvaise volonté ou de mauvaise foi. Toujours elle se croit lésée, rabaissée, méprisée. Jalouse, ombrageuse, irritable, intraitable, elle toise les supériorités, exigeant le respect en retour du mépris. Il faut polir ces aspérités et adoucir cette humeur maussade et quinteuse ; c'est le rôle de la fraternité.

A côté de bien des défauts la nature a mis en nous un fonds de bonté, elle a pétri le cœur de douceur et de pitié; elle nous fait trouver du plaisir dans le commerce de nos semblables, elle fait de ce commerce un besoin, une nécessité ; elle met une saveur exquise dans le plaisir d'obliger et une volupté sublime dans l'abnégation même ; ce sont là les éléments et comme les sucs nourriciers de ce divin sentiment de la fraternité qui, s'il remplissait toutes les âmes, nous rendrait superflue la déclaration des droits et la déclaration des devoirs.

Mais, à part quelques natures privilégiées, les unes inoffensives et débonnaires qui se laissent tout prendre et ne se plaignent point, les autres, généreuses et dévouées, qui donnent tout et ne demandent rien, la plupart des hommes n'apportent en naissant que le germe de ce sentiment exquis, germe qu'il faut cultiver avec soin, avec art, avec amour, et cultiver dès l'enfance.

L'âme de l'enfant est merveilleusement propre à recevoir cette culture ; elle n'a pas encore été endurcie par les souffrances, desséchée par le calcul, aigrie par les déceptions. C'est une terre vierge, fraîche et tendre, où la sève abonde, où tout prend, où tout pousse rapidement et vigoureusement ; profitons de ce moment, unique dans la vie, pour y enfoncer le germe précieux.

La fraternité consiste à donner plus qu'on ne doit; elle contient l'égalité et la dépasse. Elle consiste aussi à ne pas faire tout ce qu'on pourrait faire ; elle domine donc la liberté et la modère ; elle oublie ses droits ou feint de les ignorer; elle voit dans l'homme non un égal ou un rival, mais un frère ; elle ne commande pas, elle demande ; elle n'exige pas, elle offre, elle donne; ce n'est pas dans la raison superbe qu'elle réside, mais dans le cœur; elle se résume en un mot : l'amour.

Avec l'égalité et la liberté on n'a qu'une réunion d'hommes ; avec la fraternité on a l'union; avec les premières on n'a que frottements, froissements, heurts et conflits ; par l'autre naissent les relations, le commerce, la société enfin. L'école est assurément le lieu le plus propice au développement de la fraternité; le lien fraternel est plus fort entre les enfants, les différences sont moins nombreuses et moins accusées qu'entre des hommes mûrs, et ces différence, la vie commune tend encore à les amoindrir ; l'école est presque une famille, et si le maître se conduit en père à l'égard des enfants, ceux-ci arriveront à se conduire en frères les uns envers les autres.

Que font les frères entre eux ? l'aîné protège le plus jeune, il veille sur lui, le relève s'il tombe, le console s'il pleure, le porte s'il a peine à marcher, prend sur sa part pour augmenter la sienne. Sont-ils du même âge, ils se soutiennent, s'entr'aident, se conseillent. Eh bien, qu'à l'école tous les enfants soient habitués à sentir et à agir en frères.

Dans les travaux, se réjouir du succès de ses camarades ; dans les jeux, se plier à leurs goûts, à leurs préférences; s'ils ne connaissent pas le jeu, prendre la peine de le leur apprendre, au lieu de les laisser s'ennuyer à l'écart : s'ils ont des défauts, ne pas les relever; s'il ont quelque difformité ou quelque infirmité, ne pas paraître s'en apercevoir, et surtout ne pas s'en moquer, ne pas souffrir que les autres s'en moquent ; s'ils sont trop bons enfants, ne pas en faire des jouets et des souffre-douleurs; s'ils sont malades, s'enquérir de leur santé, chercher à les voir ; s'ils sont souffrants, les reconduire à la maison ; s'ils ont le goût de la lecture, leur prêter ses meilleurs livres ; s'ils font des herbiers, des musées, des collections, contribuer à les enrichir ; s'ils ont la bourse mal garnie, les aider sans qu'il y paraisse ; ne pas souffrir qu'on les batte, qu'on leur cherche querelle ou qu'on les injurie, voilà comment les écoliers peuvent se former à la pratique de la fraternité.

On devra donc inspirer aux enfants le respect de

la loi, le respect des personnes et le sentiment du devoir, leur donner l'intelligence de la véritable liberté, de la véritable égalité et le goût de la fraternité, si l'on veut en faire des citoyens utiles à leur pays, utiles à leurs semblables, utiles à eux-mêmes.

Il est encore une qualité à développer en eux, qualité particulièrement nécessaire aujourd'hui, c'est la sûreté du jugement.

Dans notre société démocratique, qu'on le veuille ou non, les rôles personnels vont et iront diminuant en importance et en nombre, les rôles collectifs, ceux des conseils et assemblées de tout genre deviennent et deviendront plus nombreux et plus importants. Bientôt il n'y aura plus un seul citoyen, si modeste que soit sa fortune, si humbles que soient ses fonctions, qui n'ait sa part d'influence dans la gestion commune des affaires, et qui ne soit associé en quelque mesure à l'action politique, judiciaire ou administrative du pays. L'élection, c'est-à-dire le choix par en bas et par tous, tend à se substituer partout à la nomination, c'est-à-dire au choix par en haut et par un seul ou plusieurs. Il est donc sage et prudent de préparer les générations au rôle qui les attend, d'exercer, d'affermir ce jugement auquel la société doit par la suite avoir si souvent recours et qui fera sa force ou sa faiblesse, sa perte ou son salut.

Il ne s'agit point de transformer l'école en corps électoral, d'y mettre tout en discussion et aux voix, de faire voter à tout propos, d'initier prématurément les enfants aux mœurs et aux habitudes de la vie politique, d'en faire de petits orateurs, de petits conseillers, de petits personnages et de leur donner une idée fausse, exagérée de leur importance. Il s'agit de mettre de temps à autre leur jugement à l'essai, surtout dans les choses d'un caractère moral, là où les enfants sont déjà éclairés intérieurement par la conscience et où l'erreur, du reste sans conséquence, peut être redressée sur-le-champ par l'expérience et l'autorité du maître.

En matière d'instruction et de science l'enfant est mauvais juge, puisqu'il est encore dans l'ignorance, et ne peut comparer; mais il n'en est pas de même si on lui donne à juger une action, à apprécier un caractère, et même l'ensemble d'une conduite, parce qu'il a au dedans de lui une règle pour ces jugements et que le sens moral et le bon sens y suffisent.

De toutes les opérations de l'esprit, celle du jugement est la plus simple; de plus elle est la première en date, car, même dans la perception, il y a déjà une première ébauche de jugement; enfin elle est spontanée; de sorte que le maître n'a pour ainsi dire qu'à la régler et à en provoquer l'expression. L'enfant ne peut rien voir faire de bien et de mal, sans se dire intérieurement: Voilà qui est bien, voilà qui est mal. Il ne reste donc au maître qu'à faire arriver jusqu'aux lèvres ce jugement qui s'est formé dans l'esprit, afin de le redresser en cas d'erreur, et de le corriger dans un sens ou dans l'autre, s'il y a eu excès d'indulgence ou de sévérité.

Comme une bonne conduite est pour l'homme la chose la plus importante et la plus nécessaire, aussitôt que l'homme est en état d'agir, il se trouve aussi en état de juger ses actions. Mais il juge mieux les autres que lui-même, parce que dans ce dernier cas il est juge et partie. Cette faculté vraiment maîtresse, on peut à l'école lui fournir mainte et mainte occasion de s'exercer dans l'intérêt commun.

Elle s'exerce bien du reste sur les maîtres eux-mêmes, tantôt à leur avantage, parfois aussi à leurs dépens. Je n'apprendrai rien à nos maîtres en leur disant que les élèves sont juges et même assez bons juges de leur mérite moral, ils ne sont même pas tout à fait incompétents en fait d'enseignement. C'est qu'il n'est pas malaisé de voir quand le maître s'embarrasse ou quand il reste court, ou quand il ne quitte pas le livre secourable. Ils savent également fort bien discerner si le maître est clair ou obscur, c'est-à-dire s'il se fait ou non comprendre. Mais c'est surtout l'homme qu'ils excellent à juger; j'irais presque jusque à dire que sous ce rapport leur jugement est sans appel ; j'entends non pas le jugement de tel ou tel enfant qui peut avoir eu à se plaindre de trop de sévérité ou à se louer de trop d'indulgence, mais le jugement d'une classe prise dans son ensemble.

La qualité qu'ils sont particulièrement aptes à

juger, c'est la justice. Oh ! sous ce rapport, ils sont sévères et ils ont raison de l'être. Malheur au maître qui a deux poids et deux mesures! eût-il toutes les autres qualités, il sera pesé dans la balance et trouvé léger. Et si le maître n'est pas consciencieux, s'il ne prépare pas sa classe, s'il ne corrige pas les devoirs ou s'il les corrige mal, s'il ne s'intéresse pas à son enseignement, au progrès de ses élèves, qu'il ne se flatte pas de tromper leur clairvoyance, il sera jugé et condamné. Mais aussi un maître juste et consciencieux peut impunément être sévère ; non seulement les enfants lui pardonneront sa sévérité, ils l'aimeront par surcroît. Il faut les entendre quand ils sont entre eux et qu'ils dissertent gravement sur nos qualités et nos défauts, sur nos torts et sur nos travers ! Comme ils nous détaillent, comme ils nous épluchent ! ils nous corrigent comme nous faisons leurs devoirs ; ils nous donnent des notes et des places ; c'est toute une petite revanche.

Si les enfants peuvent juger leurs maîtres, à plus forte raison peuvent-ils se juger les uns les autres, et ils s'y entendent fort bien, non qu'ils soient de [illegible]s appréciateurs en toute occasion et de tout genre de mérite, ou qu'ils soient assez sévères pour certains défauts ; mais dans l'ensemble ils ne se trompent pas beaucoup plus sur le compte de leurs camarades que sur celui de leurs maîtres. Grands admirateurs de la force, de la hardiesse, de l'adresse, ils sont impitoyables pour la vanité, pour l'orgueil, pour la déloyauté. Leur vocabulaire d'écoliers est riche en termes expressifs pour qualifier ces défauts. Ils ont même leur justice, leurs tribunaux, leur code pénal; il n'est pas rare de voir un écolier frappé d'ostracisme pour avoir commis quelque grave infraction aux lois de l'honneur. On peut donc dans l'occasion mettre à l'essai leur jugement, et tantôt leur déférer un coupable, en les chargeant de prononcer la sentence, sauf à se réserver l'appel et le droit de grâce, tantôt leur soumettre un trait de politesse, de complaisance, d'honnêteté, de bonté, ou même l'ensemble d'une conduite, les inviter à proposer une récompense, sauf à en montrer l'insuffisance ou l'exagération, et à tout ramener à la vraie mesure. Lorsqu'on leur raconte une histoire, une fable, une anecdote, on ne manque jamais de leur demander quel est le personnage qui a tort, quel est celui qui a raison, quel est le coupable et quel est l'innocent; pourquoi n'en userait-on pas avec eux comme avec ces personnages et ne les habituerait-on pas à porter des jugements les uns sur les autres? Mais, dira-t-on, on court grand risque de semer la discorde sur les bancs de l'école et de provoquer des disputes, des querelles, voire des haines et des batailles. Je conviens que cette participation des élèves à l'appréciation mutuelle de leur conduite demande du tact et de l'à-propos, qu'il serait imprudent d'en user dans les cas douteux ou difficiles et qu'il ne faut y recourir que lorsqu'on est sûr d'avoir pour soi la presque unanimité. Alors le danger disparaît et l'effet est certain; car une récompense ainsi décernée au nom de tous a un bien autre prix, comme le blâme infligé a un bien autre effet.

Il va sans dire que la part faite aux enfants dans l'appréciation de leur conduite et de leur caractère doit être proportionnée à leur âge; en cela, comme en toute chose, il y a à trouver le point de maturité et à suivre une gradation réglée sur le développement moral de l'enfance.

Ce qui importe, c'est de tourner de bonne heure en ce sens l'esprit des enfants, c'est, une fois cette direction prise, de ne plus souffrir qu'ils s'en écartent; ce qui importe, c'est de les habituer de bonne heure et pour la vie à priser par-dessus tout les qualités du cœur, de la conduite et du caractère. Il faut aussi et surtout leur faire sentir et comprendre l'importance de la probité, non seulement dans la vie privée, mais aussi et surtout dans la vie publique; il faut leur apprendre que les ressources des communes, des départements, du pays, sont entre les mains des conseillers communaux, des conseillers généraux et des députés, et que, par suite, les électeurs, dans leur choix, doivent avant tout se préoccuper et s'enquérir de la valeur morale des candidats. Lorsqu'un particulier veut placer un dépôt, il ne le jette pas dans les premières mains qu'il rencontre et qui se tendent vers lui ; à combien plus forte raison fautil y regarder de près quand il s'agit des deniers publics et du patrimoine commun.

Dans une maison de commerce, dans une administration, avant de prendre un commis, un employé, un caissier, on se renseigne, on va aux informations; combien l'enquête serait plus nécessaire encore lorsqu'il s'agit de placer un candidat dans un conseil ou dans une assemblée! La moralité privée est le gage de la moralité publique, et la valeur professionnelle une garantie d'aptitude politique; car la politique demande sans doute de l'instruction et des lumières, mais elle exige surtout de l'honnêteté et du bon sens. Ce n'est donc pas à des hommes de mœurs dissolues ou relâchées, de situations irrégulières, ce n'est pas non plus à ceux qui ont échoué dans l'exercice de leur profession ou qui n'en ont aucune, qu'il faut confier le dépôt de la fortune publique et le soin des affaires. Pour la sécurité du pays, pour l'honneur du suffrage, pour l'avenir de nos institutions, les élus doivent être exempts de reproche, au-dessus du soupçon et en possession de l'estime et du respect de tous.

Formés par ces leçons, nos enfants, devenus citoyens, seront plus prudents et plus scrupuleux dans leurs choix; ils auront un sentiment plus vif de leur responsabilité et une intelligence plus nette de leurs devoirs; ils jugeront les candidats non plus sur leurs déclarations et leurs promesses, mais sur leurs actes et leur passé, et, avant de jeter un nom dans l'urne, ils voudront s'assurer que ce nom est sans tache.

CHAPITRE XXI

PARTI QU'ON PEUT TIRER DE L'ENSEIGNEMENT AU PROFIT DE L'ÉDUCATION.

SOMMAIRE. — Qu'il n'est aucun genre d'enseignement dont on ne puisse tirer quelque leçon de morale. — Que ces leçons demandent de l'à-propos, de la variété, de l'imprévu. — Comment les sciences se prêtent à ces leçons. — Que la poésie est une merveilleuse éducatrice. — Qu'elle parait trop rarement à l'école primaire. — Que le peuple en a particulièrement besoin et pourquoi. — Que l'exercice de style ou composition peut être, par la discipline qu'il impose à l'esprit, et par le choix des sujets, un moyen d'éducation. — Apprendre à diriger son esprit, c'est apprendre à se diriger soi-même. — Que le maître doit choisir lui-même ses sujets et les préparer. — Des proverbes et maximes. — de la grammaire et de la langue française. — Quel secours cet enseignement peut apporter à l'éducateur. — du choix des exemples donnés à l'appui des règles. — De la lecture. — Qu'il n'est pas que meilleur auxiliaire que la lecture à haute voix. — Qu'elle exige une étude sérieuse. — Du choix des lectures. — De l'histoire. — Comment elle s'enseigne encore. — Qu'elle doit être un perpétuel exercice de jugement. — Que la forme biographique convient à l'école primaire.

Tout enseignement a par lui-même une vertu moralisatrice, d'abord parce qu'en exerçant ou fortifiant l'esprit, il le rend plus apte à se diriger lui-même, ensuite parce qu'en l'éclairant, ou le fécondant, il fournit à la volonté de puissants auxiliaires dans sa lutte contre les passions. Mais, indépendamment de cette vertu générale inhérente à l'enseignement, on peut dire qu'il n'est pas une science, pas un art, pas un métier même qui n'ait quelque rapport plus ou moins sensible avec la morale, et dont l'enseignement bien donné, bien compris ne puisse tourner au profit de l'éducation.

Nous ne voulons pas dire que dans un enseignement quelconque il faille faire intervenir la morale à tout prix, ou la ramener régulièrement à la fin de chaque leçon, comme le refrain après chaque couplet d'une chanson. Il faut la dégager des leçons qui la contiennent et non la faire entrer dans celles qui ne la comportent pas. Elle perdrait de son efficacité à être ainsi introduite de vive force et comme on dit tirée par les cheveux. En la voyant revenir inévitablement comme une conclusion obligée, au bout de chaque exercice, les enfants n'y verraient bientôt plus que le signal du départ, ils ne lui prêteraient plus qu'une oreille distraite, comme on fait à ces orateurs qui s'obstinent à parler après la clôture de la discussion et retardent le moment impatiemment attendu.

Le mieux est donc qu'elle se fasse sentir sans trop se faire remarquer, invisible et présente, ou qu'elle entre sans se faire annoncer, à son heure et sans bruit; qu'elle ne se croie pas toujours obligée aux longs discours; parfois une réflexion, une allusion, un mot suffisent, jetés comme par hasard dans le courant de la leçon.

L'enseignement littéraire est par sa nature essentiellement moral. La littérature, c'est l'étude de l'homme, c'est l'homme même ; la nature ne nous offre que le théâtre et la scène; elle ne nous intéresse guère que par ses rapports avec l'homme; tout l'intérêt se porte sur les acteurs et sur le drame, c'est-à-dire sur la vie humaine. Or la vie de l'homme n'est qu'une suite d'actions, rarement indifférentes, presque toujours bonnes ou mauvaises, c'est la lutte éternelle du bien contre le mal, du devoir contre la passion; la morale en fait donc le fond et comme la substance. Il n'y a pas à la chercher, elle s'offre d'elle-même, ou, pour mieux dire, elle s'impose. Je ne parle pas de cette littérature qui voit dans l'homme non pas même un animal raisonnable, mais simplement un animal; cette littérature-là, si elle convient à certains hommes, n'est pas faite à coup sûr pour l'enfance et pour l'éducation.

Autre est le caractère de l'enseignement scientifique; comme il a pour objet les êtres inanimés ou privés de raison, les phénomènes et les abstractions, la morale ne s'y trouve pour ainsi dire qu'à l'état latent ou diffus, dans les lois mêmes que les sciences découvrent, exposent et appliquent et dont la constance et l'harmonie révèlent une intelligence souveraine. Elle se retrouve aussi dans les considérations auxquelles peuvent donner lieu, la naissance, le développement des sciences, leur utilité, leur passé, leur avenir, les dévoûments qu'elles engendrent, les bienfaits qu'elles répandent, les obstacles qu'elles ont rencontrés et surmontés, leurs luttes, leurs progrès, leurs triomphes. Il ne faut donc pas mêler indiscrètement et inopportunément la morale à l'enseignement scientifique; c'est seulement de loin en loin, quand on s'arrête pour reprendre haleine, quand on se retourne pour mesurer l'espace parcouru, quand on embrasse dans cette vue rétrospective une portion importante de la science enseignée, qu'on peut s'élever à des considérations générales, à moins que tel phénomène, telle loi, tel fait, par son caractère particulier, par les souvenirs qu'il réveille, ne provoque en quelque sorte une digression morale et une leçon d'éducation..

Une merveilleuse éducatrice, c'est la poésie; elle dépose dans les âmes des germes de vertu qu'amollissent et fécondent les larmes de l'émotion et de l'admiration; les beaux vers, ceux qui sont remplis de grandes pensées, de sentiments sublimes, entrent dans l'âme jusqu'au fond, ils n'en sortent plus; et ne croyez pas qu'ils y restent inertes et stériles; ils assainissent l'âme, ils l'ennoblissent, et leur présence active s'y révèle dans l'occasion par des élans inattendus.

La poésie apparaît trop rarement dans l'enseignement primaire et c'est une des causes de sa sécheresse et du terre-à-terre auquel il semble condamné. Quelques fables apprises par cœur, quelques menus morceaux, souvent mal choisis, et c'est tout. N'est-ce pas un tort fait au peuple, un véritable dommage moral, que cette parcimonie avec laquelle on lui mesure un cordial puissant et généreux ?

Le peuple est sensible à la poésie; les beautés de la nature le touchent, les grandes infortunes l'émeuvent, les grandes vérités le saisissent, le dévoûment, l'héroïsme le transportent.

La poésie, la vraie poésie, est une élévation de l'âme; elle n'est pas seulement agréable au peuple, elle lui est particulièrement bonne et salutaire; il en a d'autant plus besoin, que ses travaux étant presque tout matériels tendent à le matérialiser lui-même, que la lutte pour l'existence engendre une lassitude à la fois morale et physique, que le rude frottement de la réalité durcit peu à peu le cœur, qu'à force de peiner et de souffrir on finit par ne plus voir dans la vie qu'un ensemble de nécessités douloureuses et de réalités triviales. Il faut donc lui préparer une échappée vers les hauteurs, lui donner le goût et le besoin de ces fuites vers l'idéal, lui ménager enfin au milieu des labeurs ces haltes réparatrices et rafraîchissantes d'où l'on redescend meilleur et retrempé. Il faut surtout prendre les devants, occuper l'âme de l'enfant, la munir de sentiments nobles, qui soient pour l'avenir un préservatif et une garantie de santé morale; il faut, par ces temps de plate et basse littérature, tenir l'esprit des enfants à une certaine hauteur, là où l'air est pur et vivifiant.

De tous les exercices scolaires, le plus utile au point de vue moral, c'est l'exercice de style ou composition. D'abord par cela même qu'il force l'enfant à réfléchir, à trouver, à choisir, à ranger ses idées, et par suite à les comparer entre elles et à se rendre compte de leur valeur relative, il constitue la meilleure préparation à la vie morale, à l'accomplissement de l'acte moral par excellence et par essence, c'est-à-dire à l'acte volontaire. En effet, accompli dans des conditions normales, l'acte volontaire implique une revue et un examen comparatif des motifs et des mobiles qui sollicitent la volonté, examen sans lequel la détermination n'est qu'un acte plus spontané que réfléchi, et parfois l'effet d'une surprise ou d'un entraînement. Or, le travail de la composition n'est lui-même qu'une série de menus actes volontaires, un choix attentif entre les idées qui se présentent à l'esprit, qui le sollicitent et l'assiègent au fur et à mesure qu'il avance dans le développement d'un sujet.

De plus, en le forçant à embrasser des séries d'idées, à en rechercher le lien, l'enchaînement, tantôt à se porter en avant pour éclairer sa marche et la diriger vers un but marqué, tantôt à se reporter en arrière pour s'assurer que la direction a été bien prise et le chemin bien tracé, en le forçant à voir d'ensemble un principe avec ses conséquences, un tout avec son commencement, son milieu et sa fin, il plie la volonté à une véritable discipline, il l'habitue à l'attention, à la circonspection, à la prévoyance, toutes qualités aussi nécessaires dans la conduite de la vie que dans la conduite d'un sujet.

La faiblesse intellectuelle provient surtout de l'incohérence des idées, de l'impuissance où l'on est d'en fixer la mobilité, d'en régler le désordre, de les coordonner et de les subordonner d'après la nature de leurs rapports, d'après leurs analogies ou leur dépendance, de convertir le mouvement spontané de l'esprit en mouvement volontaire, de suspendre parfois ce mouvement, d'attacher l'attention à telle ou telle idée importante, complexe ou obscure pour en dissiper l'obscurité, pour en compter les éléments, pour en mesurer la portée. Que peut-on attendre de ces hommes inconsistants, dont l'esprit saute sans cesse d'une idée à l'autre, ou tourne sans arrêt, également incapable et de rester en place et de se mouvoir en droite ligne, c'est-à-dire de réfléchir et de raisonner? Pour combattre ces défauts naturels, pour donner à l'esprit de la suite et du poids il n'est pas de meilleur exercice que celui de la composition ; apprendre à diriger sa pensée, c'est apprendre à se diriger soi-même.

Mais si l'on veut conduire l'esprit des autres, fussent-ils des enfants, il faut s'être rendu maître du sien, et si l'on donne un sujet à traiter, il faut l'avoir choisi et traité soi-même.

Nous touchons ici un point faible, le plus faible

peut-être de l'enseignement primaire. Ils sont rares, très rares, les maîtres qui savent corriger un exercice de style, et cela pour deux causes, d'abord parce qu'ils n'ont pas appris à le faire, ensuite parce qu'ils croient n'avoir pas besoin de l'apprendre. On compte les instituteurs qui choisissent eux-mêmes leurs sujets et qui prennent la peine de les méditer. Sans doute un instituteur n'est pas un professeur de faculté, et on ne peut lui demander de mettre des journées entières à préparer une leçon d'une heure. Mais, si humbles que soient ses exercices, si jeunes et si simples que soient ses auditeurs, il ne peut pas, il ne doit pas se dispenser de choisir et de préparer. S'il le fait, cet exercice deviendra entre ses mains un puissant instrument d'éducation.

D'abord, en choisissant bien ses sujets, en les puisant tantôt dans la vie scolaire, tantôt dans la vie ordinaire, parfois dans l'histoire, quelquefois même dans le roman ou la fable, en les disposant, en les ordonnant, il arrivera à se former un cours complet d'éducation qui ira s'enrichissant et se renouvelant d'année en année ; ensuite, par la préparation, il réussira à donner de la vie, de l'intérêt et de la vertu à cet exercice aujourd'hui si languissant, si fastidieux et si stérile.

Quand on prend le premier sujet venu dans l'un de ces journaux complaisants, et du reste bien faits, qui apportent régulièrement à l'instituteur sa provision de la semaine, et le dispensent obligeamment de toute recherche et de tout effort, lorsque ensuite on se borne à lire d'une voix indifférente et monotone un corrigé tout fait qu'on n'a pas même lu par avance, que peut être la correction, sinon ce qu'elle est en effet, c'est-à-dire un exercice aride et sec, presque purement grammatical ? Le maître prend une copie, se traîne de phrase en phrase, ici posant une virgule, là reboutant un membre boiteux, ressassant quelque règle de la syntaxe, prononçant ces jugements monosyllabiques, ces *bien* et ces *mal*, suprême effort d'une critique improvisée et vraiment puérile.

Mais si l'instituteur a choisi son sujet, poussé par quelque préférence instinctive ou par quelque intention arrêtée, s'il s'est bien rendu compte du parti qu'il en peut tirer, s'il l'a fécondé par un peu de réflexion, s'il s'est remué et échauffé l'esprit, et si, avant d'entrer dans le menu détail de la correction individuelle, il développe le sujet de vive voix et parle d'abondance, oh ! alors il verra les oreilles se dresser, les yeux briller, il entendra le silence de l'attention, il sentira se former ces courants électriques qui mettent l'âme de celui qui parle en communication avec les âmes des auditeurs, il sera suivi, soutenu, porté ; la chaleur de la parole, le mouvement d'un esprit déjà entraîné, les regards et les mouvements du petit auditoire feront jaillir des idées nouvelles qui viendront se mêler aux idées déjà recueillies et disposées, il se sentira convaincu et il trouvera l'accent de la conviction, il se sentira ému et saura émouvoir, et il conduira et il façonnera à son gré toutes ces petites âmes charmées. Il est maître dans toute la force du terme, celui qui sait parler, non pas pérorer ou déclamer ou réciter, mais simplement exprimer ses pensées à lui et les sentiments de son propre cœur.

Il y a un instrument d'éducation trop négligé dans nos écoles et qui cependant par sa forme et sa nature me semble tout à fait approprié à l'enseignement primaire; c'est le proverbe.

Le proverbe contient la morale condensée sous un petit volume; c'est une sorte de monnaie courante et qui a cours en tout pays; il y a bien quelques pièces fausses, mais elles sont faciles à reconnaître; dans les autres on trouve bien un peu d'alliage, mais l'or y domine. Grâce à son exiguïté, le proverbe pénètre partout; grâce à son tour net, vif, précis, il se loge aisément dans les mémoires et s'y conserve sans altération. C'est sous cette forme brève, sonore, colorée, figurée, que le bon sens arrive d'abord à l'oreille et à l'esprit de l'enfant du peuple. Rare dans les maisons somptueuses, le proverbe court la rue, il court les champs; il habite la mansarde, l'atelier, la chaumière; il est dans l'air. Deux hommes se rencontrent, en passant, ils échangent un proverbe sur le temps, sur la saison, sur leurs travaux, sur tout. Le proverbe est sur les lèvres de la nourrice, il sort souvent de la bouche des vieillards, lié aux souvenirs du passé comme aux sensations de l'heure présente, prologue ou conclusion de leurs longs récits.

Les proverbes sont comme des points clairsemés et détachés, sur lesquels l'accord se fait entre les esprits les plus divers, et où se reconnaît et se retrouve l'unité de la raison humaine, au milieu de l'infinie variété des jugements. Pour les enfants qui n'ont qu'un aperçu de la vie, le proverbe n'est qu'à demi clair; ils le répètent longtemps avant de le bien comprendre. A l'école, c'est un excellent exercice oral ou écrit; soit que, la plume à la main, à tête reposée, faisant appel à sa précoce expérience, l'enfant cherche la solution de ce petit problème, soit que, proposé à la classe entière, le proverbe mette en mouvement tous les esprits, provoquant les efforts, exerçant la sagacité, piquant la curiosité comme une énigme. Le proverbe ne contient pas toujours une morale très pure, mais beaucoup de cette morale qu'on appelle vulgaire, c'est-à-dire un peu suspecte, douteuse et presque toujours mêlée d'une forte dose d'égoïsme. C'est affaire au maître d'y regarder de près, et de faire toucher du doigt la différence et l'écart entre la morale courante et la morale véritable.

Indépendamment de ceux qui ont cours par tout pays, il y a les proverbes du cru, qui ont trait aux mœurs locales; ceux-là aussi ont leur saveur et leur prix; l'instituteur fera bien de ne pas les dédaigner, de recueillir tous ceux qui sont à la portée de l'enfant ; il puisera dans ce recueil à l'occasion ; le train de la vie scolaire lui fournira plus d'une occasion de les appliquer et par conséquent de les mieux faire comprendre.

L'enseignement de la grammaire et de la langue paraît au premier abord entièrement étranger à la morale ; il peut cependant de temps à autre suggérer des réflexions propres à reveler cette étude, à stimuler le zèle des enfants et à leur inspirer de nobles sentiments. Pourquoi en effet ne leur ferait-on pas remarquer que dans la grammaire comme dans la vie tout est soumis à des règles qu'on doit apprendre et observer ; qu'il ne faut faire de solécismes ni dans le langage ni surtout dans la conduite, et leur citer les vers si sensés de Molière :

> Le moindre solécisme en parlant vous irrite,
> Mais vous en faites, vous, d'étranges en conduite (1).

qu'un Français doit tenir à honneur de bien parler la langue française, que le patriotisme lui en fait un devoir, et qu'il est honteux de se trouver sous ce rapport au-dessous d'un étranger; illustrée par d'innombrables chefs-d'œuvre, on doit la respecter et ne pas la salir en y mêlant des termes grossiers ou abjects. Pourquoi ne leur dirait-on pas, qu'elle est le fruit du long travail des siècles, l'œuvre du

(1) *Les femmes savantes*. Acte II, scène VII.

peuple tout entier, et par suite un bien commun sur lequel on doit veiller avec un soin jaloux ; qu'elle a les qualités de notre race, la vivacité, la clarté, la franchise, qu'elle est universellement parlée et goûtée, qu'elle a été choisie entre toutes comme l'instrument diplomatique par excellence, et que notre devoir est de la maintenir à son rang et de la propager ; que, lorsqu'on sait bien sa langue, on apprend plus aisément les autres, parce que toutes les langues ont entre elles des rapports sensibles et quelquefois des ressemblances frappantes, qu'on y trouve les mêmes éléments et les mêmes lois, la nature et l'esprit étant partout les mêmes ; enfin qu'aujourd'hui plus que jamais l'on doit tenir à bien parler, à bien écrire sa langue, puisque sous un régime de liberté et de suffrage, il n'est pas un citoyen, si humble que soit sa condition, qui ne puisse être appelé à prendre la parole ou la plume soit dans un conseil communal, soit dans une société de bienfaisance ou autre, soit dans une réunion politique, et que le plus sûr moyen de faire prévaloir ses idées est encore de les bien exprimer.

Ainsi, sans vouloir à tout prix moraliser cet enseignement, on peut en dégager quelques idées qui l'éclairent et le dominent. J'ajouterai que dans le choix des exemples cités à l'appui des règles, exemples qu'on imprime dans les jeunes mémoires, on devrait donner la préférence aux maximes, aux sentences, aux proverbes, aux vers qui renferment de bonnes et belles vérités, de bons et beaux sentiments.

De toutes les ressources mises au service de l'éducateur, il n'en est pas de plus précieuse, de plus abondante, de plus variée que la lecture. C'est un trésor inépuisable et toujours ouvert, où l'on peut prendre à son heure, à son gré, parmi toutes les richesses du monde. Si le maître a un avertissement à donner, un reproche à faire, un éloge à décerner, il peut toujours choisir une lecture qui réponde aux besoins du moment. Qu'il veuille corriger tel ou tel défaut, encourager telle ou telle qualité, inspirer tel ou tel sentiment, il trouvera toujours une page de prose, un morceau de poésie, pour amener ou appuyer ses leçons, pour leur donner plus de poids et d'intérêt. La lecture à haute voix, faite et commentée par le maître, est de toutes la plus féconde; mais il faut qu'elle soit préparée, et malheureusement les instituteurs se dispensent ou croient pouvoir se dispenser de la préparation. Par excès de confiance en eux-mêmes, ou par ignorance des difficultés qu'offre cet exercice facile en apparence, ils s'aventurent dans un texte inconnu, et se trouvent impuissants soit à le faire goûter par le charme du débit, soit à le faire comprendre par la clarté du commentaire.

Lire, après avoir lu, est déjà un art difficile; mais lire à livre ouvert, déchiffrer, comme disent les musiciens, est un talent rare, très rare. Il suppose, en effet, tout un ensemble de qualités distinguées, une grande vivacité d'esprit, une grande souplesse d'organe, et presque de la divination ; car de même que l'orateur qui improvise doit songer à la fois et à ce qu'il dit et à ce qu'il va dire, ainsi le lecteur qui déchiffre doit voir d'un coup d'œil et ce qu'il lit et ce qu'il va lire. Il doit, pour éviter les hésitations, les surprises, pour ne pas broncher, fausser ou détonner, il doit toujours jeter les yeux en avant et éclairer sa marche.

Une lecture est comme l'exécution d'un morceau de musique ; suivant la valeur de l'exécutant et, il faut bien le dire aussi, de l'instrument, c'est un régal ou un supplice. Mal lire ou jouer faux, c'est tout un.

Il y a un joli proverbe italien sur les traducteurs, *traduttore, traditore;* traduire, c'est trahir. Le mot peut s'appliquer à la plupart des lecteurs; leur lecture n'est pas une traduction ; c'est une trahison.

Mais ce n'est pas seulement en lisant lui-même que l'instituteur peut être utile aux enfants, c'est en les faisant lire, c'est surtout en leur donnant le goût de la lecture et des bonnes lectures. Chercher des livres qui soient en rapport avec leur âge, avec la nature de leur esprit et de leur caractère, avec le degré et les besoins de leur culture morale, quel service à leur rendre! Les livres ne manquent pas, car jamais on n'a plus et mieux écrit pour l'enfance; née d'hier, cette littérature est déjà riche et variée.

L'instituteur qui se composerait une bibliothèque d'éducation, qui prendrait la peine de suivre les enfants dans leur développement moral, de former des séries d'ouvrages correspondant aux phases diverses de ce développement, celui-là réussirait non seulement à préserver l'enfant des dangers qui le menacent dans le présent, mais à le prémunir contre les dangers de l'avenir.

On a souvent appelé l'histoire la leçon des peuples et des rois; elle est aussi une source abondante de leçons pour les particuliers, et un précieux auxiliaire de l'éducation.

C'est là, ce semble, une vérité banale; et cependant à la façon dont l'histoire s'enseigne encore, on ne se douterait guère qu'elle soit si riche en enseignements. Presque partout, c'est la mémoire du maître qui parle et qui s'adresse à la mémoire de l'élève; des deux côtés, le jugement reste inactif.

L'abrégé fait tous les frais de cet enseignement, et un abrégé que l'on abrège encore et que l'on réduit à de maigres arbres généalogiques et à d'arides tableaux chronologiques; ce sont des défilés de noms propres, des paquets de faits tout secs, liés avec des dates; c'est l'histoire à l'état de squelette, sans chair, ni sang, ni vie. Cependant l'histoire n'est intéressante qu'à la condition d'être vivante et présentée sous forme de portraits, de tableaux, de récits; alors elle prend tout l'attrait d'un roman épique à grandes aventures, à grands personnages; au lieu d'être un fardeau pour la mémoire, elle devient un aliment pour l'esprit, un stimulant pour l'imagination, un exercice pour le jugement.

En effet, l'histoire n'est qu'une série d'actes individuels ou collectifs dont chacun peut servir à provoquer la réflexion. Si on les laisse passer comme dans un long défilé, ce mouvement uniforme et continu, cette succession monotone et ininterrompue, ne laisse dans l'esprit qu'alourdissement, fatigue et confusion; il faut ralentir et parfois suspendre cette marche, arrêter les personnages et se donner le temps de les voir, de les entendre, de les juger.

Tant que le maître n'est pas arrivé à l'âme, qu'il n'a pas réussi à faire naître ces sentiments de haine ou d'amour, d'admiration ou de mépris qu'éveille la représentation d'un drame, il n'a pas pénétré assez avant dans l'histoire, il ne l'a pas fait revivre, il n'a fait mouvoir que des noms, des formes vides et non des hommes. C'est l'être responsable qu'il faut atteindre, parce que c'est de la conscience que découle l'intérêt, et que les actes dont on ne voit pas les mobiles, que les faits dont on ne voit pas les auteurs, sont sans signification aucune et partant sans attrait ni valeur. Assurément il y a dans l'histoire autre chose que des hommes; il y a de grands événements où la fatalité semble dominer, il y a ces grands êtres collectifs qu'on nomme les nationalités et dans la vie desquels l'individu ne joue en apparence qu'un rôle inutile ou secondaire; il y a des lois générales, du reste encore obscures, sous lesquelles se meuvent la liberté et l'activité humaines; il y a les religions, les gouvernements, les sciences, les lettres, les arts, l'agriculture, le commerce, l'industrie, en un mot la civilisation. Que ne trouve-t-on pas dans l'histoire, et ne peut-on pas dire qu'elle est de toutes les sciences la plus vaste et la plus compréhensive? Ces grandes faces de l'histoire, on ne doit donc pas les laisser dans l'ombre; mais j'estime qu'à l'école primaire c'est surtout aux hommes qu'il convient de s'attacher, c'est sous forme de biographies qu'il faut présenter cette science, parce qu'ainsi elle est plus à la portée des enfants, qu'elle les intéresse davantage, et qu'elle offre plus de ressources à l'éducateur. Racontées par le maître, à l'aide de ses souvenirs, avec des lectures ou citations bien choisies, ces biographies peuvent se terminer par un résumé auquel la classe tout entière est associée, où l'on passe en revue les qualités et les défauts, les vices et les vertus, les grandes actions ou les crimes du personnage et qui laisse dans les esprits une idée nette et durable de sa valeur morale et de son influence heureuse ou funeste.

Arrêtons-nous surtout en présence des grands hommes, apprenons aux enfants à pénétrer dans leurs âmes, à y décourvrir les sentiments qui les ont animés et soutenus dans leurs épreuves et dans leurs entreprises; mettons en lumière les qualités, les vertus qui en ont fait des bienfaiteurs, des héros, des martyrs. Si nous devons de la reconnaissance à ceux qui nous ont obligés, à quel degré ne doit pas être porté ce sentiment envers ceux qui ont étendu leurs glorieux services à la patrie, à la société, à l'humanité tout entière? Odieuse est l'ingratitude; efforçons-nous d'en préserver la démocratie française.

CHAPITRE XXII

DU PARTI QU'ON PEUT TIRER DE L'ENSEIGNEMENT AU PROFIT DE L'ÉDUCATION (SUITE).

SOMMAIRE. — De la science des nombres. — Qu'elle est une langue universelle, l'auxilaire de toutes les sciences, des arts et même des métiers. — Des sciences naturelles. — Dangers que présente cet enseignement; moyens de les éviter. — Comment on peut vivifier, élever cet enseignement. — Exemples. — De la vertu moralisatrice des arts. — De la musique scolaire. — Son insignifiance actuelle. — Ce qu'elle devrait être. — De l'abus des hymnes patriotiques. — La Marseillaise. — Le dessin. — Services qu'il rend. — De l'abus du crayon. — La caricature. — Devoir des maîtres.

Il n'est pas jusqu'aux sciences exactes elles-mêmes qui ne puissent fournir à l'éducateur un contingent d'idées morales et de considérations élevées. On peut faire remarquer aux enfants que la science des nombres est une langue universelle qui se comprend d'un pôle à l'autre, une preuve convaincante et permanente de l'unité de l'esprit humain, une réponse péremptoire et sans réplique aux paradoxes du scepticisme; car ce qui est une fois démontré, l'est à tout jamais, et pour tous les hommes. On peut leur faire comprendre que cette science universelle est l'auxiliaire indispensable de toutes les autres, de tous les arts et même des métiers ; leur faire retrouver le rôle de cette science souveraine dans l'histoire dont elle établit la chronologie, dans la géographie où elle mesure et fixe les distances, dans l'économie politique où elle sert à l'évaluation de la richesse, dans la physique dont elle représente les lois et les forces, dans la chimie à laquelle elle fournit ses coefficients et ses formules, dans l'astronomie dont elle prépare et contrôle les découvertes, dans l'architecture, dans la peinture, dans la sculpture et dans le dessin qui lui doivent l'harmonie des formes et l'exactitude des proportions, dans la musique où elle détermine la valeur et les rapports des sons, dans les plus humbles métiers qu'elle guide et dans les plus simples outils qu'elle dirige et seconde. N'est-ce pas elle encore qui préside à toutes les opérations du commerce, à tous les travaux de l'industrie et de l'agriculture, qui sert à l'évaluation même de la valeur artistique et intellectuelle, à l'appréciation des délits et des peines, qui clôt les débats politiques par le dénombrement des suffrages, et qui par les tableaux de la statistique éclaire la marche du progrès et mesure les étapes de la civilisation? Science vraiment unique, support et ressort de toutes les autres, élément nécessaire et subtil mêlé à tous les mouvements de la pensée, comme à toutes les combinaisons de la matière.

Il sera bon d'ajouter que, cultivée en elle-même et

pour elle même, elle risque de donner à l'esprit de la sécheresse et de la raideur ; que l'on ne pourrait sans danger porter dans la vie ordinaire la rigueur des raisonnements abstraits ; que la riche et mobile complexité de la nature humaine diffère essentiellement de la constante simplicité des éléments numériques, et qu'on ne peut raisonner sur des hommes comme on le fait sur des nombres.

L'introduction des sciences naturelles dans l'enseignement primaire est une heureuse innovation; elle répond aux besoins du temps, elle assure un progrès nécessaire. Mais s'il n'est pas de sciences qui ouvrent à l'esprit des horizons plus vastes, de plus riches perspectives, qui soient plus propres à stimuler et à solliciter dans tous les sens la curiosité naturelle de l'enfance, il n'en est pas qui, sèchement et étroitement enseignées, risquent plus de fausser et de rapetisser l'esprit.

En effet, si l'on s'en tient à l'étude du détail, si l'on n'observe et ne considère jamais les êtres qu'un à un, partie par partie, l'esprit se rétrécit, se resserre et se réduit aux proportions mêmes des objets auxquels il s'attache ; il perd la notion de l'importance relative des choses, il perd la véritable règle du jugement, qui ne se trouve et ne se conserve que par la comparaison fréquente des parties entre elles et du tout avec les parties, par le passage alternatif et réitéré du détail à l'ensemble et de l'ensemble aux détails. Si au contraire, après avoir observé les merveilles que recèle tel ou tel organisme, tel ou tel objet, on le remet par la pensée en son lieu et place, si on l'envisage dans le tout dont il n'est souvent qu'une insignifiante parcelle, si l'on remonte au point de vue élevé d'où l'on embrasse l'ensemble des choses, alors l'esprit reprend son équilibre et son élasticité, et l'on n'est plus exposé à s'exagérer l'importance de ce qu'on vient d'apprendre, par une indifférence volontaire pour ce qu'on néglige ou qu'on ignore. Je connais deux hommes qui en sont arrivés à ne plus voir dans la nature, l'un que des oursins et l'autre des lichens, et qui professent une indifférence complète pour le reste de la création et un mépris souverain pour les aveugles qui peuvent vivre dans l'ignorance des lichens et des oursins. Sans doute il faut donner à l'esprit des habitudes d'observation attentive et le goût des connaissances précises, mais il faut aussi l'habituer à sentir et à comprendre l'ordre et l'harmonie qui règnent dans la nature et à en admirer la grandeur et la beauté.

Un autre danger de cet enseignement, quand il n'est pas de temps à autre ou relevé par des vues d'ensemble ou fécondé par la réflexion, c'est de matérialiser l'intelligence. A force de décomposer, d'analyser, de classer, l'esprit finit par s'arrêter aux formes visibles et tangibles, il s'attache à la surface; la vie et le principe de la vie lui échappent. Dans la fleur, par exemple, on compte les sépales,

les pétales, les étamines, mais on ne se demande pas par quelle force régulatrice et mystérieuse la sève puisée par les racines, aspirée par la tige, distribuée dans la plante; arrive à former toujours et dans un ordre invariable feuilles, fleurs et fruits ; quelle est cette vertu secrète qui divise, répartit les sucs nourriciers pour en produire des effets si divers ; cette volonté insaisissable et pourtant manifeste et constante qui dirige la sève et l'arrête toujours aux mêmes limites, aux mêmes contours, et la répand dans les mêmes formes, invisibles et immuables; qui avec cette sève commune à toute la plante nuance, nacre ou pointille les feuilles de la corolle, en peint les bords, en colore le fond et toujours des mêmes couleurs et toujours sur le même dessin, depuis que le monde est monde et que la fleur est fleur. N'y a-t-il pas cependant dans cette reproduction constante des phénomènes les plus compliqués et les plus délicats, dans cette marche secrètement réglée d'éléments subtils le long des lignes idéales qui les attendent, les arrêtent et les contiennent, dans cette intelligence muette et docile à refaire toujours sur le même plan des chefs-d'œuvre de fraîcheur et de grâce, fragiles et éphémères et pourtant indestructibles en leur type éternel et leur vitalité renaissante, n'y a-t-il pas, dis-je, une source de réflexions propres à vivifier et ennoblir un enseignement qui, réduit à l'application des procédés scientifiques et à la mécanique des classifications, perdrait son véritable sens et son efficacité morale?

Cet enseignement s'adresse surtout à de futurs paysans, puisque les enfants de la campagne forment les trois quarts au moins de la population scolaire. C'est un grand service à leur rendre que de leur inspirer le goût et de leur donner l'intelligence des beautés au milieu desquelles ils vivent sans les comprendre et presque sans les voir.

En effet, le paysan, et ce n'est pas sa faute, ne voit la nature qu'à travers les dures nécessités de la vie; son regard ne cherche dans la terre que l'argent qu'il lui faut en tirer pour sa subsistance. A l'aspect des belles prairies, des belles moissons, des beaux vergers, il n'admire pas, il suppute. Longtemps élevé dans la misère et l'ignorance, l'utile seul le touche, le beau lui échappe; l'habitude aussi le blase; c'est la ville qu'il admire, comme le citadin la campagne. L'enfant élevé dans nos écoles ne sera plus désormais aussi insensible aux merveilles qui l'entourent; grâce aux leçons qu'il y reçoit, grâce à ces petits musées scolaires qu'il contribue lui-même à former de ses trouvailles, grâce aux livres illustrés qui se répandent et qui resteront entre ses mains, grâce aux promenades scolaires où on lui apprend à lire dans ce grand livre merveilleusement illustré de la nature, la terre sur laquelle il marche aujourd'hui sans la connaître, parlera à son esprit, le ciel qui l'entoure parlera à son cœur. Quand il se promènera pensif, la tête baissée, comme il a coutume de le faire, toute cette multitude d'êtres qui rampent, courent, volent à ses pieds et autour de lui, provoqueront sa curiosité, attireront, fixeront ses regards ; la vue des montagnes qui l'entourent réveilleront parfois dans sa mémoire le souvenir des révolutions géologiques qui les ont suscitées ; la nuit, ses yeux, en s'élevant vers le ciel, ne s'arrêteront plus à la voûte apparente ; il scrutera les profondeurs étoilées, sachant que tous ces points brillants sont autant de soleils, que ces blancheurs lactées sont des amas de mondes ; il se fera une idée plus haute de la puissance divine et une plus juste idée de la valeur de l'homme.

L'école l'aura initié non seulement aux merveilles de la terre et du ciel, mais à celles aussi de son propre organisme. Ici encore prenons garde que cette étude se borne à la forme et au jeu des organes, et se contente de satisfaire une curiosité banale, sans provoquer la réflexion, sans éveiller l'admiration. Là où s'arrête la science, la morale poursuit ; là où finit la tâche du physiologiste, commence celle de l'éducateur. Je prends un exemple.

Quand l'enfant aura appris que l'œil se compose du nerf optique, de la rétine, de la sclérotique ou cornée opaque, de la choroïde, de l'humeur aqueuse, du cristallin, de l'humeur vitrée, quand il aura démonté et remonté les pièces de cet incomparable organe, il restera à en faire admirer l'incompréhensible puissance ; il restera à se demander comment dans un si étroit espace peuvent entrer et tenir les images énormes des montagnes, les images infinies des plaines et des mers; comment dans ce microscopique miroir peuvent se refléter avec leurs proportions et leurs distances, avec leurs formes, leurs mouvements et leurs couleurs, les innombrables objets que renferme le cercle de l'horizon visuel; comment un monde d'une immense étendue, d'une richesse incroyable peut se mouvoir à l'aise dans ce petit globe de l'œil, sans confusion, sans altération, sans réduction; comment encore, à mesure que l'homme avance, marche, court, vole, qu'il est emporté par le galop d'un cheval ou par un train lancé à toute vitesse, des milliers, des millions d'objets passent et se succèdent sans trouble et sans interruption dans cette petite lunette vraiment magique qui concentre le monde extérieur et le met en communication avec l'âme.

Il est bien d'apprendre à l'enfant comment il voit, comment il entend, comment il respire, mais n'oublions pas de lui rappeler que ces organes délicats et puissants ne sont pas le tout de l'homme. Il y a en lui quelque chose de plus admirable encore et de plus incompréhensible. Au centre de l'organisme il y a l'âme qui le meut et lui commande; il y a la conscience avec laquelle l'enfant doit compter de bonne heure, qui lui fait sentir si cruellement ses fautes et goûter si délicieusement ses bonnes actions; il y a la raison qui lui fait concevoir un idéal de perfection morale, guide et lumière de la vie. Mais ni la conscience, ni la raison ne se voient, ne se touchent ; à peine le doigt du savant peut-il indiquer vaguement le point où elles résident ; et cependant elles nous dirigent et nous gouvernent, et leur invisible présence se révèle par d'éclatants effets. Le corps est une belle habitation dont on a réussi à connaître les pièces, la distribution, l'arrangement ; mais le maître qui l'habite, nul ne l'a jamais vu, nul ne peut le voir ; et cependant il est là toujours présent, et sa volonté se manifeste énergiquement à toute heure.

C'est par des considérations de ce genre que nous empêcherons l'enfant de glisser insensiblement sur la pente d'un matérialisme grossier ; c'est ainsi qu'à côté d'un monde admirable sans doute de réalités sensibles, nous lui rappellerons l'existence d'un monde bien autrement admirable encore de réalités invisibles.

Le véritable éducateur ne se borne donc pas à enseigner, à exposer, à décrire ou à peindre, il va au fond, au cœur des choses ; il cherche à atteindre le principe même de la vie, et partout où il entrevoit une image de beauté, il la met en lumière.

Sous quelque forme que le beau se révèle, dans a puissance mystérieuse de l'âme ou dans les merveilles de la science, dans le tressaillement d'un acte héroïque ou dans le saisissement d'une pensée sublime, sousles transparences sonores et rhythmées de la musique et de la poésie, ou sous les contours précis du marbre et de l'airain, sous la chaude et brillante parure des couleurs ou sous le vêtement simple et froid de la gravure et du dessin, sous les grandes lignes sévères de l'architecture, toujours il touche, il émeut, il élève. L'admiration qu'il inspire a une vertu singulièrement moralisatrice ; c'est comme un assainissement, un épanouissement de l'âme, dans les hauteurs sereines, sous l'influence bienfaisante d'une lumière plus vive et d'un air plus pur. L'âme en sort comme d'un bain de rosée matinale, rafraîchie et reposée.

Nous sommes reconnaissants envers ceux qui ont ouvert aux enfants de nos humbles écoles le domaine de l'art qui jusqu'ici leur était presque fermé. Dans un temps où les arts comme les lettres s'abaissent et se défigurent sous prétexte de se mettre à la portée de tous, c'est une louable entreprise que d'élever l'âme du peuple jusqu'à l'intelligence des véritables chefs-d'œuvre et de la hausser jusqu'à l'idéal. Puisse ce mouvement généreux ramener les littérateurs et les artistes fourvoyés au sentiment de leurs devoirs envers une démocratie dont il faut épurer le goût et non flatter les instincts !

La musique, comme tous les arts, peut être aussi utile que nuisible, suivant le caractère qu'on lui donne et les sentiments qui l'inspirent. Malheureusement les chants dont retentissent nos écoles sont encore pour la plupart d'une insignifiance extrême ;

airs et paroles y sont marqués au coin de la banalité. Combien il serait à souhaiter que nos bons compositeurs voulussent bien faire pour la musique scolaire ce que plusieurs de nos bons écrivains ont déjà fait pour la langue! Si modeste qu'elle puisse paraître, l'œuvre a pourtant sa grandeur. C'est quelque chose de contribuer à la régénération d'un pays, et tout en songeant aux hommes faits, de travailler à faire des hommes. La simplicité qu'exige une musique destinée à l'enfance n'est pas du reste si aisée à trouver, qu'on ne puisse être tenté de chercher à l'atteindre. Rendre dans leur fraîcheur les sentiments qui s'éveillent dans l'âme encore naïve et tendre n'est peut-être pas moins difficile que de peindre les passions effrénées ou d'exprimer les sentiments raffinés; c'est une tâche à coup sûr aussi noble de faire vibrer de jeunes cœurs que de désennuyer un public blasé. La création d'une bonne, saine et forte musique scolaire serait d'autant plus désirable, que la musique ordinaire des théâtres et des cafés concerts n'est pas précisément faite pour épurer le goût ni pour élever l'âme, et que les refrains de la rue, qui forcent l'oreille et, bon gré mal gré, se logent dans la mémoire, n'ont absolument rien de moralisateur. Pour un musicien qui aspire à la célébrité, ce n'est pas non plus un auxiliaire à dédaigner que la mémoire de l'enfance, car elle est sûre et fidèle; on oublie parfois les airs appris dans l'âge mûr, mais ceux que l'oreille encore vierge a entendus tomber des lèvres d'une mère, ceux qui ont fait résonner l'école, ceux qui ont traduit les impressions premières et accompagné la naissance des premières passions, ceux-là restent gravés dans la mémoire, et les années passent sans les emporter.

Il nous faudrait, dans nos écoles, des chants qui respirent à la fois l'honnêteté et la gaîté ; de ces chants qui annoncent la santé de l'âme et la bonne humeur des consciences paisibles, des vies bien réglées, des devoirs facilement et résolument remplis.

On entendait bien autrefois retentir dans les rues quelques accents fiers et généreux, quelques douces et touchantes mélodies, mêlées aux inévitables refrains bachiques, qui sont de tous les temps. Aujourd'hui il semble que la musique courante ait pris à tâche d'abêtir et d'abrutir. Ne cherchez dans les paroles ni la malice et la raillerie, ni la bonne et franche gaîté, ni l'ardeur des grandes passions, ni même l'épicurisme sceptique et rieur ; les paroles sont simplement niaises quand elles ne sont pas grossières, et les airs, à l'avenant, respirent une sorte de bestialité.

Reste un chant patriotique et puissant, mais dont on use et abuse, et qui serait usé s'il n'était d'une vitalité indestructible, qui serait défiguré s'il ne portait l'empreinte d'une inaltérable beauté : c'est la *Marseillaise*. Ce chant patriotique, il ne faut pas le prodiguer et l'entonner à tout propos ni surtout en tout lieu; il ne faut pas en dénaturer le caractère, ni en forcer le rhytme, ni en rabaisser la grandeur. J'éprouve une impression pénible quand j'entends des buveurs à moitié ivres entonner la *Marseillaise*, ou un orchestre forain en faire le prélude d'une danse ou d'une parade; c'est une véritable profanation. La *Marseillaise* veut la solennité et le recueillement; apprenons à nos enfants à respecter cet hymne sacré; rappelons-leur dans quelles tragiques circonstances elle a pris naissance; quels efforts gigantesques elle a secondés, quels héroïsmes elle a enfantés; ils ne seront plus tentés alors de la fredonner, de la siffler ou de la crier à tue-tête; la *Marseillaise* se chante et ne se braille pas.

Indépendamment du secours qu'il prête aux autres arts, à la science, à l'industrie, à presque tous les métiers, le dessin peut rendre des services d'un ordre plus élevé, il peut venir en aide à l'histoire, à la poésie, à la morale, à l'éducation. N'est-il pas une véritable langue qui parle aux yeux et au cœur, langue comprise sans étude, sans effort, avec une rapidité instantanée par ceux-là même qui ne savent pas lire, langue qui traduit avec une admirable clarté les sentiments, les passions, les pensées? Seul et sans le secours des couleurs, par la puissance de la forme et des traits, le dessin réussit à imiter la vie, il arrive à l'illusion, il atteint à la beauté; il peut toucher, émouvoir, ravir, il peut faire naître dans l'âme de nobles désirs, de grandes pensées, de généreuses ambitions. Grâce au dessin, à la sûreté de ses imitations, à l'exactitude et à la facilité de ses reproductions, nous pouvons contempler les portraits de ces hommes illustres dont le temps ou la distance nous dérobent la vue, et que l'on brûle de connaître, parce qu'ils sont les plus beaux types moraux de l'humanité; grâce au dessin, tous ces chefs-d'œuvre de la sculpture et de l'architecture que leur nature attache au sol et qui sont loin de nous et loin les uns des autres, ces chefs-d'œuvre nous arrivent de tous les points du monde et se rassemblent sous nos yeux; grâce au dessin, auxiliaire précieux des livres qu'il illustre, l'enfant de nos écoles voit se transformer les noms en portraits, les récits en tableaux; autrefois vides et ternes, les pages s'animent, les abstractions prennent corps et vie, l'histoire devient un théâtre, la lecture un spectacle, les sciences naturelles et physiques une représentation. A son utilité pratique et morale, cet art joint donc encore une utilité esthétique et didactique.

Mais de tout ce qui est utile et bon on peut faire un mauvais usage; l'art du dessin peut donc être rabaissé, avili et perverti. Je ne parlerai pas de la prostitution trop fréquente du crayon mis au service d'une plume licencieuse; il n'est rien au monde de plus pernicieux.

Sans descendre jusqu'à cette complicité dégradante, le crayon s'égaie volontiers, et non toujours innocemment ni sans dommage dans un genre très français et très populaire, je veux dire la caricature.

Sans doute, il y a une espèce de caricature que l'art ne désavoue pas et que la morale approuve, qui a ses grands noms et ses chefs-d'œuvre, et qui est une des formes de la satire. Celle-là cache toujours une instruction morale, elle est utile aux mœurs. Par le relief saisissant qu'elle donne aux défauts ou aux vices, par les laideurs, les difformités, les monstruosités qu'elle étale, et où nous reconnaissons les effets de la démoralisation, elle inspire un dégoût ou un mépris salutaires, elle est un avertissement, elle contient une leçon.

Mais il y a une autre espèce de caricature qui est à l'art ce que la blague est à la littérature, et l'opérette d'Offenbach à l'opéra de Meyerbeer, qui s'attaque aux hommes illustres, aux belles choses pour les défigurer, les rendre ridicules et grotesques, et faire rire de ce qui devrait faire pleurer.

Sans être précisément immorale, cette sorte de caricature est dangereuse à l'art ; elle affaiblit, elle dessèche le sentiment de l'admiration ; car la vue du chef-d'œuvre réveille inévitablement le souvenir de sa caricature et ce souvenir gêne et gâte l'impression ressentie, il en détruit ou au moins il en compromet l'efficacité. Ce genre pourtant est fort à la mode, il répond à notre goût naturel pour la moquerie, il flatte l'instinct secret de la jalousie, enfin il est à la portée des talents les plus médiocres.

Un chef-d'œuvre, à quelque genre qu'il appartienne, devrait être sacré et préservé de toute profanation par le respect; l'art ne devrait pas se tourner contre l'art, et les types de perfection morale ou de beauté plastique créés par le génie des poètes et des artistes, ne devraient jamais avoir à subir ces altérations volontaires et ces déformations irrévérencieuses.

C'est à nos maîtres à développer de bonne heure ce sentiment élevé et délicat du respect des belles choses, à réagir là comme ailleurs contre cette manie et cette habitude de chercher partout matière à rire, à seconder ainsi les efforts éclairés du Ministre qui, par l'institution de la commission de l'imagerie scolaire, par l'envoi dans les écoles primaires d'un certain nombre de reproductions des chefs-d'œuvre plastiques, s'efforce d'y faire naître le goût de la véritable beauté et commence ainsi l'éducation esthétique des classes populaires.

CHAPITRE XXIII

RÉSUMÉ ET CONCLUSION

En résumé, nous avons constaté que l'affaiblissement de la foi religieuse laisse un vide qui tend à s'agrandir; que des symptômes fréquents et divers font craindre une certaine altération du sens moral et des idées régulatrices de la conduite privée comme de la vie publique, un certain appauvrissement des sentiments généreux qui sont le signe et la condition de la santé morale chez les particuliers et chez les peuples; nous avons dit que le temps presse et que cette situation réclame une large extension de l'enseignement moral et un puissant et général effort en faveur de l'éducation; que l'école n'a jamais été une véritable éducatrice, que la discipline y est purement répressive et presque exclusivement subordonnée aux intérêts de l'enseignement; nous avons essayé de faire voir comment elle pourrait s'étendre, s'enrichir et embrasser toute la vie morale de l'enfance; nous avons énuméré les qualités dont l'état de nos mœurs, les défauts de notre caractère et la nature de nos institutions rendent le développement particulièrement désirable; enfin, comme la valeur morale de la famille et la stabilité des institutions sont les premiers intérêts et les premiers besoins d'un pays, nous avons montré comment l'enfant peut être préparé dès l'école à l'accomplissement des devoirs qu'il aura un jour à remplir comme chef de famille et comme citoyen.

La conclusion qui sort tout naturellement de cet ouvrage, c'est qu'il faut des instituteurs qui puissent donner à l'enfance l'éducation reconnue nécessaire. Sans vouloir rabaisser nos maîtres, nous pouvons dire que, si, parmi eux, nous comptons de bons éducateurs, il en est beaucoup qui ne sont encore que capables de le devenir, et beaucoup aussi qui ne le deviendront jamais. Et il y aurait de l'injustice à le leur reprocher, comme il y aurait de la naïveté à s'en étonner. Les portes de l'enseignement primaire sont ouvertes à deux battants, et l'on peut dire sans exagération, qu'on y entre sans frapper. Le modeste examen qui en garde l'entrée mérite à peine le nom d'épreuve. Que demande le programme à ceux qui se présentent? l'*a b c* du métier; d'éducation, il n'en est pas question. Quoi d'étonnant si les aspirants ignorent ce qu'ils n'ont pas appris, et s'ils n'apportent pas les garanties qu'on n'exige pas d'eux?

Le certificat de bonne vie et mœurs autrefois demandé, n'avait qu'une valeur négative; on y a renoncé. Que reste-t-il en fait de garanties? Les renseignements que les inspecteurs d'académie se fournissent les uns aux autres ne sont pour l'ordinaire qu'un témoignage de bonne conduite, quelquefois un certificat d'aptitude à l'enseignement, rarement, presque jamais, une preuve d'aptitude à l'éducation. A l'homme qui va prendre en main non-seulement la direction intellectuelle, mais la direction morale de l'enfance, en réalité, on ne demande rien qu'un modeste parchemin. Il est vrai qu'on prend de tout jeunes gens, presque des enfants, auxquels on livre l'enfance.

On ne manque aucune occasion de dire et de répéter à nos maîtres : « Vous devez être des éducateurs. » Le conseil est bon, mais il ne suffit pas. Il y aurait des mesures à prendre pour développer chez ceux qui la possèdent l'aptitude à l'éducation et pour reconnaître et écarter ceux qui en sont dépourvus. Ne pourrait-on introduire dans l'examen une épreuve spéciale et éliminatoire ? Ne pourrait-on choisir pour la composition française non pas une question d'instruction morale et civique, dont l'aspirant peut trouver la réponse dans sa mémoire, mais une question d'éducation dont il fût obligé de tirer la réponse de son propre fonds, et qui permît de voir s'il a quelque connaissance de la nature humaine, s'il sait ce qu'est l'enfance, s'il est en état de développer une qualité, de combattre un défaut, de redresser une idée fausse, de juger un principe, une règle de conduite (1).

(1) Le sujet donné à la dernière session s'est trouvé de

Ne pourrait-on aussi exiger les qualités extérieures sans lesquelles un maître est sans action ; une bonne tenue, de bonnes manières, une élocution convevenable, en un mot les dehors de l'homme bien élevé ; car il ne suffit pas que l'éducation s'adresse à l'esprit, il faut qu'elle parle aux yeux.

Je n'ignore pas les objections qu'on peut élever contre ces exigences, et je n'en méconnais pas la portée. En ce sujet, comme en bien d'autres, c'est l'argent, ou pour mieux dire, le manque d'argent qui paralyse tout. Il en est des hommes comme de toutes les choses précieuses ; pour les avoir ou les former, il faut y mettre le prix. Mais en fait d'éducation et dans les conjonctures présentes, il y va d'un si grand intérêt qu'un sacrifice me semblerait un bénéfice, et la plus large dépense le meilleur des placements.

Je voudrais donc que la condition de l'instituteur fût assez améliorée pour devenir enviable et pour être enviée, je voudrais qu'au prix de cette amélioration nécessaire, on échappât à la nécessité présente du recrutement banal, qu'on acquît le pouvoir de choisir, le droit d'exiger des futurs maîtres les preuves d'une maturité suffisante et d'une vocation véritable.

L'apprentissage des maîtres et l'épreuve de la vo-

genre. Les résultats ont prouvé la nécessité de la réforme que je demande ; l'immense majorité des candidats a pris pour vérité une grossière erreur morale.

cation se font au détriment du pays; il ne faut pas qu'on vienne à nous parce qu'on ne peut aller ailleurs et l'enseignement devrait être une carrière de choix et non un pis aller.

Si, comme le dit M. Spencer, l'art de l'éducation est de tous les arts le plus difficile, ce n'est pas à des mains novices ou malhabiles, qu'il convient d'en confier l'exercice.

En votant la loi du 28 mars 1882, loi qui double le nombre des matières de l'enseignement obligatoire, le législateur a certainement prévu les conséquences que devait entraîner cette loi bienfaisante. C'est à lui qu'il appartient de prendre les mesures sans lesquelles elle risquerait de demeurer inapplicable ou ne serait qu'à demi appliquée. Commencée dans l'instruction, la réforme se poursuivra dans l'éducation, et la pleine exécution de la loi du 28 mars sera le gage d'un progrès si nécessaire.

CORBEIL. — IMPRIMERIE B. RENAUDET

www.ingramcontent.com/pod-product-compliance
Ingram Content Group UK Ltd.
Pitfield, Milton Keynes, MK11 3LW, UK
UKHW020259230726
13925UKWH00001B/128

9 782016 197967